FERNSEHFRAUEN IN
DEUTSCHLAND
im Gespräch mit Eva Herman

FERNSEHFRAUEN IN DEUTSCHLAND

im Gespräch mit Eva Herman

Krüger Verlag
Frankfurt am Main

Originalausgabe
© Eva Herman, Hamburg 2001
Für die deutsche Ausgabe © Wolfgang Krüger Verlag GmbH,
Frankfurt am Main 2001
Satz: Pinkuin Satz und Datentechnik, Berlin
Druck und Einband: Clausen & Bosse, Leck
Printed in Germany 2001
ISBN 3-8105-0930-2

Inhalt

Zur Geschichte dieses Buches

Vor zwei Jahren wurde ich als Gast in die NDR-Sendung »Talk vor Mitternacht« eingeladen.

Das Thema: Frau statt Rau!

Die Vorgeschichte: Die ehemals amtierende Präsidentin der Kunsthochschule Hamburg, Adrienne Göhler, hatte dem damaligen Ministerpräsidenten von Nordrhein-Westfalen, Johannes Rau, eine Aufforderung geschickt, er möge zugunsten einer Frau auf die Kandidatur für das Bundespräsidentenamt verzichten.

Das, aber auch ihre Forderung, Frauen müssten bedeutend zahlreicher in Führungs- und Leistungspositionen in allen Bereichen unserer Gesellschaft vertreten sein, nahm der NDR zum Anlass, eine Gesprächsrunde zusammenzustellen, an der neben Frau Göhler Rita Süssmuth, Inge Meysel, Hera Lind und ich teilnahmen. Geleitet wurde die sechzigminütige Diskussion von Hans-Jürgen Börner.

Während in dem hitzigen und engagierten Gespräch die einen die so genannte berufliche Emanzipation der Frau beschworen, argumentierten andere, zu denen auch ich gehörte, dass nicht beides zugleich ohne Einbußen möglich sei: Karriere und Kinder.

Nach meiner Meinung wird der berufliche Erfolgsweg der Frauen in den meisten Fällen durch Kinder unterbrochen.

Die Karriere stagniert oder geht ganz den Bach runter. Die Entscheidung, die Frauen heute treffen müssen, ist also viel schwieriger und weitreichender als allgemein zugegeben wird.

»Ein ganzes Jahrhundert haben Sie uns zurückgeworfen«, bemerkte Rita Süssmuth etwas resigniert, als wir uns zum Schluss voneinander verabschiedeten. Mit dieser Reaktion hatte ich nicht gerechnet.

Beim Verlassen des Studios bekam ich dann aber noch einen anerkennenden Schlag auf die Schulter. Als ich mich umdrehte, strahlte mich eine ältere Dame an. »Bravo, denen haben Sie es aber gegeben«, lobte sie. »Das fehlte schon lange mal. Entweder eine Frau ist emanzipiert, oder sie ist es nicht!« Schön, dachte ich, das ist die Position einer Vertreterin der älteren Generation. Die haben nichts anderes kennen gelernt. Doch auch die junge Maskenbildnerin, die mich abschminkte, pflichtete mir bei. Sie war eine allein erziehende Mutter.

Als ich einer leitenden Redakteurin, die ich sehr schätze und die mich bis dato zumindest immer so behandelt hatte, als würde sie mich für voll nehmen, auf einem langen Flur begegnete, warf sie den Kopf in den Nacken und ging grußlos vorüber.

Kurzum, die Reaktionen nach der Sendung waren sehr geteilt.

Umso mehr wunderte es mich, dass wenige Tage später eine Literaturagentin anrief und fragte, ob ich über dieses Thema ein Buch schreiben wollte. Nein, das wollte ich nicht, denn meine Meinung dazu war in wenigen Sätzen, im günstigsten Fall auf einer Seite formuliert. Außerdem hatte ich die Nase voll von dieser Frage und dachte nicht im Traum daran, mich zur Zielscheibe der selbsternannten Feministinnen dieser Welt zu machen.

Sie ließ aber nicht locker und überzeugte mich schließlich.

Nach lebhaften Diskussionen und vielen Überlegungen kamen wir gemeinsam zu dem Ergebnis, dass es eine Menge so genannter Karrierefrauen gibt, die einiges zum Themenkreis Karriere und Familie zu sagen haben.

Ich entschloss mich, Frauen, die im Fernsehen, also in dem Medium, in dem auch ich seit vielen Jahren arbeite, zu befragen. Dazu führte ich Interviews mit Kolleginnen, die man in Deutschland kennt, weil sie täglich Nachrichten präsentieren oder Informationssendungen moderieren. Meine Wahl fiel auch auf so genannte Hierarchinnen, Funkhausdirektorinnen und Chefredakteurinnen großer Sender. Als meine Liste zusammengestellt war, bekam ich von einer einzigen Wunschkandidatin einen Korb. Alle anderen waren dabei!

Im nächsten Schritt setzte ich mich mit einem befreundeten Sozialwissenschaftler zusammen, und wir erarbeiteten einen Fragenkatalog. Bei der Auswertung sollte dann ein systematischer Wert herauskommen. So etwas wie ein kleinster, gemeinsamer Nenner.

Schlussendlich war die Liste von Fragen nicht nur lang, sondern besonders lang. Und als ich mich telefonisch bei den Kolleginnen anmeldete, bereitete ich sie vorsichtshalber auf eine Interviewdauer von drei bis vier Stunden vor. Das war vorausschauend, denn in keinem Fall waren unsere Gespräche kürzer, manchmal aber entschieden länger. Dabei arbeiteten wir den Fragenkatalog nicht stur ab, sondern ließen uns auch vom Verlauf des Gesprächs treiben.

Und dann, wenn ich ein Interview beendet hatte, geschah etwas Erstaunliches: Auf den Heimweg überkam mich jedes Mal ein tiefes Glücksgefühl. Ich fühlte mich wohl als Kollegin. Und wunderbar als Frau. Ich verstand. Stellte fest, dass alle Probleme, große und kleine, nicht mir allein vom Schicksal auferlegt worden waren. Da gab es so viele schmale Schultern, sensible Seelen im Land, die ihr Geschick scheinbar mühelos bewältigten, wenn man dem offiziellen Bild Glauben schenkte.

Starke Frauen! Karrierefrauen! Mit einem Rasiermesser im Ärmel?

In Wirklichkeit ticken wir alle ziemlich gleich. Und zwar auf nahezu allen Ebenen. Das ist mein persönlicher, unwissenschaftlicher, systematischer Befund nach den Gesprächen! Mein kleinster, gemeinsamer Nenner.

Wir sind verletzt, wenn wir Respekt und Achtung vermissen, und wir reden darüber. Unbequem und undiplomatisch. Emotional. Manchmal bis zur Dummheit. Wir denken nicht über Strategiepläne nach wie viele unserer männlichen Kollegen, um anschließend in Siegerpose die Erfolge zu feiern.

Oder, wenn wir doch bis zum Pläneschmieden kommen, scheitern wir letztlich oft an unseren Skrupeln oder mangelndem Machthunger. Vielleicht haben wir auch im entscheidenden Moment gerade die Kinder zum Arzt gebracht, den Mann vom Flughafen abgeholt, seinen neuen Pullover mit den Ketchupspritzern eingeweicht oder Windeln eingekauft.

Es gab Momente während oder nach den Gesprächen, in denen ich schluckte, um nicht loszuheulen. Vor Glück, aber auch aus Achtung oder Verbundenheit, manchmal auch aus Trauer. Wir mussten die Interviews für das Buch zwar stark kürzen, doch die entsprechenden Stellen kann man eigentlich nicht überlesen. Meine Interviewpartnerinnen haben mich nicht nur fasziniert, sondern auch bewegt und aufgewühlt.

Heute bin ich ein bisschen stolz darauf, dass ich damals

nicht den Kopf in den Sand gesteckt, sondern die Herausforderung dieses Themas angenommen habe. Außerdem bin ich dankbar, weil ich in den Interviews viel gelernt habe. Und ich bin optimistisch, dass dieses Buch etwas vom guten Geist der Fernsehfrauen in Deutschland vermittelt.

FRAUEN IM JOURNALISMUS

Seit einigen Jahren spielen die Medien, insbesondere das Fernsehen, eine herausragende Rolle, wenn Jugendliche die eigenen Wünsche und Vorstellungen für ihre berufliche Zukunft formulieren.

Journalistische Formate wie Informations- oder Nachrichtensendungen ziehen junge Leute genauso an wie Musiksendungen oder Soap Operas.

Nach »Big Brother« und anderen Reality Shows scheint der Weg ins Fernsehen einfacher geworden zu sein. Doch solche Ausflüge sind meist von kurzer Dauer. Wegen fehlender Qualifikationen ist eine zweifelhafte Gesangs- oder Schauspielkarriere für die meisten »Quereinsteiger« in der Unterhaltungssparte recht bald wieder beendet.

Bei den Frauen, um die es in diesem Buch geht, ist kaum vorstellbar, dass sie ihren beruflichen Weg in einem Container begonnen hätten. Das wird besonders deutlich, wenn man die Interviews systematisch betrachtet. Bis auf eine Ausnahme haben die befragten Kolleginnen entweder studiert oder aber eine Journalisten- oder Schauspielschule absolviert. Dabei hatten nur wenige von Anfang an das konkrete Ziel, beim Fernsehen zu arbeiten, vor Augen.

Allerdings haben viele der Frauen schon früh Lust und Talent für öffentliche Präsentationen bewiesen, sei es als

Schul- oder Klassensprecherin, bei Schulauftritten oder in Theatergruppen. Individuelle Begabungen, das Streben nach Leistung, Selbstbehauptung und Unabhängigkeit ließen sich bereits relativ früh erkennen.

Die Lebenswege der einzelnen Kolleginnen zeigen in einigen, wichtigen Bereichen auffallende Ähnlichkeiten. Eine spannende Erkenntnis aus den Gesprächen ist, dass neun von elf der befragten und durchweg erfolgreichen Frauen eindrucksvolle Väter hatten oder haben.

Väter, die sie prägten und die ihnen eine besondere Souveränität für das Leben vermittelten. Auf der rationalen Ebene genauso wie auf der emotionalen. Viele der »Vatertöchter« sehen ihren Vater als Vorbild, der ihnen wichtige Tugenden wie Zuverlässigkeit, Ausdauer, Sachlichkeit, Moral und Ethik vermittelt hat.

Der Vater scheint auch eine entscheidende Rolle bei der Entwicklung von Ehrgeiz und Leistungsbereitschaft zu spielen. Ihm wollten die Töchter beweisen, bewusst wie unbewusst, dass sie selbst zu außerordentlichen Leistungen fähig sind.

Doch auch Selbstständigkeit und Berufstätigkeit der Mütter waren wichtig und sind als nachahmenswertes Modell beschrieben worden. Acht von elf Kolleginnen hatten berufstätige Mütter. Auch starke Großmütter werden als Vorbilder genannt. Mangelnde berufliche Aktivität wird von den Befragten als Defizit betrachtet, als fehlende Möglichkeit, sich selbst zu entwickeln und zu verwirklichen.

Grundsätzlich galt in nahezu allen Elternhäusern die Devise: Eine gute Ausbildung ist selbstverständlich. Immer wieder weisen die Frauen in den Gesprächen darauf hin, dass die Eltern sich für die Bildung ihrer Kinder engagierten und viel Zeit und Geld dafür aufwendeten.

Wenn man die Berufsbiographien meiner Gesprächspartnerinnen betrachtet, wird deutlich, dass die Karrieren scheinbar von Zufällen abhängig waren. Entsprechend der so genannten Stolperthese wurden sie oft mehr gebeten und geschubst, als dass sie sich selbst für höhere Positionen ins Spiel gebracht hätten.

Alle interviewten Frauen sind der Meinung, dass es geschlechtsspezifische Unterschiede im Berufsleben gibt, und die Mehrheit glaubt, dass dies an den unterschiedlichen gesellschaftlichen Rollenverteilungen liegt.

Als typisch weibliche Eigenschaften werden die so genannten »soft skills« genannt, die weichen Fertigkeiten, wie Sensibilität, Einfühlungsvermögen, Phantasie, Emotionalität, Intuition, Geduld und Hartnäckigkeit.

Demgegenüber stehen die spezifisch männlichen Eigenschaften: Machtbewusstsein, Durchsetzungsvermögen, Rücksichtslosigkeit und Eitelkeit.

Diese sind jedoch nicht durchgängig negativ bewertet, da sie für Karrierezwecke als beinahe unverzichtbar gelten.

Auf die Frage, ob es grundsätzlich möglich oder gar nötig ist, männliche Rollenmuster zu übernehmen, reagieren die Kolleginnen skeptisch. Sie sind mit ihrem eigenen, weiblichen Weg zufrieden, trotz der männlich geprägten Berufswelt.

Einige Frauen schreiben sich selbst bestimmte als männlich definierte Eigenschaften zu: körperliche Robustheit, geringe Krankheitsanfälligkeit, hohe psychische Belastbarkeit und Nervenstärke. Auch die Stressbelastungen, die durch Live-Situationen entstehen können, machen den routinierten Kolleginnen wenig aus. Alle Frauen bezeichnen sich als entscheidungsfreudig, was unter anderem mit ihrer positiven Grundeinstellung zum Leben in Zusammenhang gebracht werden kann. Doch Initiative entwickeln sie, wie gesagt, nicht unbedingt bei der Eroberung anvisierter Positionen, sondern eher wenn es um Inhalte geht.

Die Ausgangsfrage für dieses Buch, die Frage, wie Fernsehfrauen über die Vereinbarkeit von Familie und Karriere denken, lässt sich nicht verallgemeinernd beantworten. So unterliegt die Entscheidung für oder gegen Kinder höchst individuellen Motiven. Jede Frau denkt und fühlt anders.
Einig sind sich die Kolleginnen, die Kinder haben – es sind fünf der elf Befragten –, dass Kinder und Karriere bei einer guten Organisation des Alltags vereinbar sind. Einig sind sie sich auch darin, dass sie oft ein schlechtes Gewissen haben oder traurig sind.
Berufliches Innehalten wird und wurde in fast allen Fällen nur für eine kurze Dauer erwogen und vollzogen. Nur eine der fünf Mütter blieb einige Jahre zu Hause, um die Kinder großzuziehen. Die Väter haben bis auf eine Ausnahme ihr Berufsleben nicht verändert, um sich der Betreuung der Kinder zu widmen.

Selbstbewusstsein, Durchsetzungskraft und Selbstdisziplin werden von meinen Kolleginnen als grundlegend für den Erfolg von Frauen in den unterschiedlichen, journalistischen Bereichen des Fernsehens angesehen.
Auch die bereits erwähnten weiblichen Wesensmerkmale wie Einfühlungsvermögen und Beharrlichkeit erscheinen unabdingbar.
Hinzu kommt ein attraktives Äußeres, das acht von elf Frauen für wichtig halten. Wer im Fernsehen moderiert, müsse eine gute Bildschirmpräsenz haben, wobei eine so genannte »telegene« Ausstrahlung Abweichungen vom ästhetischen Idealbild ausgleichen kann.
Doch gutes Aussehen allein gewährleistet noch keinen Er-

folg. Erst wenn alle genannten Eigenschaften zusammenkommen, machen Frauen Karriere.

Im Gegensatz zu vielen Männern sprechen die meisten der befragten Kolleginnen von viel unverhofftem Glück auf ihrem beruflichen Weg. Und sie erzählen von Menschen, die sie geradezu an die Hand genommen und an den Platz geführt haben, an dem sie sich heute befinden.

Die Arbeitsmarktsituation von Journalistinnen hat sich in den vergangenen zehn Jahren sehr günstig entwickelt. Die Gründe liegen in der Veränderung der Medienlandschaft. Sowohl die ständige Erweiterung des Printmarktes als auch die Einführung kommerzieller TV- und Rundfunksysteme haben vielfältige neue Möglichkeiten eröffnet, um in diesem Beruf zu arbeiten. Auch die Ausweitung des Marktes durch die Wiedervereinigung 1990 spielt eine wichtige Rolle.

Da im Fernsehen die so genannten »harten« Themenbereiche wie Politik, Wirtschaft, Wissenschaft und Sport noch eine Männerdomäne sind, finden sich Journalistinnen vor allem in den Redaktionen Soziales, Familie, Unterhaltung, Feuilleton und Ratgeber / Service wieder. So beträgt in allen Medien der Frauenanteil im Bereich Soziales / Familie 54 %, Unterhaltung 52 %, Feuilleton 44 %, Politik / Aktuelles 26 %, Wirtschaft 22 % und im Bereich Sport 8 %.

Doch die Tendenz geht deutlich in Richtung einer einseitigen Auflösung dieser Zuordnung: Frauen besetzen in zunehmendem Maße auch die bislang »männlichen« Sperrbezirke und bleiben gleichzeitig in ihren Themenbereichen bestimmend.

GABI BAUER

Als ich mit Gabi Bauer das Interview führte, war noch nicht absehbar, dass sie ein paar Monate später ihre Position als Anchor-Frau der Tagesthemen aufgeben würde, weil sie schwanger geworden war.

Gabi, die das Leben in der Anonymität liebte und ihre privaten Angelegenheiten bis zu diesem Zeitpunkt weitgehend aus der Öffentlichkeit herausgehalten hatte, fand sich plötzlich in allen bunten Blättern des Landes wieder. Aber auch die seriösen Zeitungen titelten mit ihrem Gesicht und der Frage, wie sich ihr Leben mit Zwillingen nun gestalten sollte.

Als sie beschloss, das erste Jahr zu Hause zu bleiben, um danach mit ihrem Mann neu zu entscheiden, wie es weitergehen sollte, wurde sie in den Medien des ganzen Landes gefeiert. Als sei es in Deutschland noch nie da gewesen, dass eine Mutter ihren Beruf vorübergehend aufgibt, um sich um ihre Kinder zu kümmern.

Die aktuelle Entwicklung im Leben Gabi Bauers betrifft die Ausgangsfrage unseres Buches: Karriere und Kind, wie bekommen Frauen diese beiden wichtigen Lebensinhalte unter einen Hut?

Zum Zeitpunkt unseres Gesprächs war Gabi noch nicht schwanger und sie hatte konkrete Vorstellungen davon, was

Männer beim Großziehen der Kinder leisten sollten. Wenn dieses Buch erscheint, werden die Kinder auf der Welt und einige Monate später zwischen Zwillingskinderwagen und Fläschchenwärmer die Karten womöglich neu gemischt sein. Wer weiß?

Im folgenden Interview spricht Gabi Bauer auch über die wichtigsten Kernpunkte ihrer Arbeit, Machtspiele zwischen Männern und Frauen, die unendliche Leichtigkeit des privaten Seins und Falten im Alter.

Eva Herman: Du bist eine der führenden Medienfrauen in Deutschland. Kannst du Eigenschaften nennen, die für deinen Job erforderlich sind?

Gabi Bauer: Stressfestigkeit. Allgemeinbildung. Aktuelles Wissen täglich auf den neuesten Stand gebracht. Journalistische Erfahrung und viel Livesicherheit. Man muss die journalistische Arbeit in allen Feldern im Griff haben, also Recherche, Beurteilung von Quellen, Analyse von Informationen. Dazu kommt das typische Moderatorenhandwerk: aus einer Menge von Fakten schnell herauszufiltern, was für die Zuschauer wichtig ist und ihnen das Thema am besten nahe bringt. Meine Theorie ist, dass Moderatoren nicht nur informieren, sondern auch eine Art verbaler Angelhaken auswerfen sollten, um die Zuschauer zum Filmbeitrag mitzunehmen.

Eva Herman: Was waren die Stationen deiner Ausbildung?

Gabi Bauer: Studium der Geisteswissenschaften, also Literatur, Linguistik, Sozialkunde, Geschichte in den Fächern Anglistik und Romanistik. In Hamburg hätte man dazu noch das kleine Latinum vorweisen müssen, das war dann nichts für mich, deswegen bin ich wieder aus Hamburg weggegangen zur Uni Hannover.

Eva Herman: Bist du in Hannover groß geworden?

Gabi Bauer: In Celle. Das ist etwas kleiner. Und Hannover war dann fürs Erste genau das richtige Mittelding. In Celle war es gemütlich. Du kennst die halbe Stadt. Zumal wenn man wie ich in einem Sportverein groß wird, dann kennst du tausend Leute. Samstagsvormittags gehst du in die Stadt, das war schon immer so: Einkaufen und Leute treffen und im Sommer draußen sitzen, und es kommen noch mehr Bekannte vorbei. Heute würde ich mich gefangen fühlen, aber damals fand ich mich sehr aufgehoben.

Eva Herman: Was war das für ein Sportverein?

Gabi Bauer: MTV Celle. Ich habe Handball gespielt – bin sozusagen durch meinen Vater da reingewachsen. Und geblieben, weil Handball ein Mannschaftssport ist. Wir waren fast alle Schulfreundinnen und haben gleichzeitig im Verein miteinander gespielt. Es war eine wunderbare Clique.

Eva Herman: Wie ging deine Ausbildung weiter?

Gabi Bauer: Im letzten Jahr meines Studiums war ich immer noch unentschlossen, was ich machen wollte. Mir war klar, dass mir dieses Studium an sich viel bringt, aber es führte direkt auf ein Referendariat und auf eine Karriere als Studienrätin zu – und das wollte ich dann doch nicht.

Eva Herman: Hast du mal im Ausland gelebt?

Gabi Bauer: Direkt nach dem Abitur bei einer Familie in Kalifornien. Das ist eine nette Geschichte. Ich saß mal im Flugzeug neben dieser amerikanischen, sehr, sehr, sehr, sehr wohlhabenden und ziemlich renommierten Arztfamilie. Wir unterhielten uns eine Stunde, die Ehefrau und ich, und fanden uns sehr nett. Sie war begeistert, dass ich mich – ich war dreizehn oder vierzehn – richtig gut auf Englisch mit ihr unterhalten konnte. Sie dachte: »Dieses Mädel ist ein irrsinniges Naturtalent!« Hätte ich ihr ernsthaft aufs Brot schmieren sollen, dass in Deutschland alle ziemlich gut Englisch sprechen, viel besser als umgekehrt? Sie meinte von da ab, dass man mir die Chance eröffnen müsste, mal nach Amerika zu gehen. So begann unsere Briefbekanntschaft. Irgendwann hat sie meiner Mutter geschrieben, dass sie mich einlädt und meine Mutter sich keine Sorgen machen sollte. Also verbrachte ich drei Monate bei ihnen, und Mrs. Stoughton hat mir ganz Kalifornien gezeigt. Jahre später war ich ein Semester in Michigan am Kalamazoo College und – auch als Teil des Studiums – ein Jahr in Grenoble, in Frankreich.

Eva Herman: Warum Grenoble?

Gabi Bauer: Ehrlich gesagt hatte ich mir Grenoble ausgesucht, weil es dort eine gute Zweitliga-Handballmannschaft gab. Und als wir zu einem Pokalspiel in Paris waren, sprach mich ein Mensch vom französischen Handballverband an. Deutscher Handball war damals sehr renommiert, mit Heiner Brandt und Andreas Thiel. Er fragte mich, ob ich nicht für die französische Verbandszeitung über deutschen Handball schreiben könnte. Mal ein Porträt über einen Spieler oder ein Interview. Das hab ich gemacht!

Eva Herman: War das dein erster Kontakt mit dem Journalismus?

Gabi Bauer: Wenn man das so nennen will, ja.

Eva Herman: Und wie ging es weiter?

Gabi Bauer: Ziemlich unwissend und naiv. Ich dachte mir: Du liest doch hier in Frankreich »Geo« und »Cosmopolitan«, und in Deutschland liest du die auch. Da werden doch sicherlich nicht zwei völlig unterschiedliche Zeitschriften gemacht, das kostet doch viel zu viel Geld. Sie werden einen Teil der Geschichten, die kompatibel sind, von der einen Redaktion in die andere übernehmen. Dafür brauchen sie Leute, die sich in beiden Sprachen, in beiden Ländern, der Mentalität und der speziellen Zielgruppe auskennen. Fand ich jedenfalls. Der Personalchef von Gruner + Jahr, an den mich ein entfernter Verwandter vermittelt hatte, sagte milde lächelnd: »Den Job gibt es nicht. Aber ich kann Ihnen ein Praktikum anbieten.« Ein paar Monate später saß ich also bei »Sandra«, einer Handarbeitszeitschrift. Bestimmt ein tolles Blatt, aber der Text ist eher eintönig: Drei Reihen eins rechts eins links, zwei Zentimeter glatt rechts, das ganze fünfmal wiederholen. Naja, sie wollten sowieso nicht von mir, dass ich lerne, wie man Texte schreibt. Ich wurde direkt ins Sekretariat gesetzt und die Sekretärin sagte: »Schön, dass Sie da sind. Hier haben wir Unmengen von Briefumschlägen und Briefen, und jetzt tüten Sie die doch bitte ein.«

Eva Herman: Wie lange hast du es dort ausgehalten?

Gabi Bauer: Zwei oder drei Tage, dann saß ich wieder bei diesem Personalchef: »Können wir nicht noch was Richtiges finden?« An der Stelle kam die erste Frau ins Spiel, die mir geholfen hat. Der Personalchef sagte zunächst: »Ich kann Sie als Praktikantin nicht in den großen Zeitschriften unterbringen, die nehmen nur Leute von der Gruner + Jahr-Journalistenschule. Nicht einfach irgendjemanden … Ach Mensch, mir fällt was ein!« Und ruft eine Ressortleiterin beim »Stern«, Ingrid Kolb, an. Sie ist heute Leiterin der Hamburger Journalistenschule, Nachfolgerin von Wolf Schneider. »Frau Kolb, Sie sind doch so frauenbewegt. Jetzt hab ich hier eine junge Frau, da können Sie mal was tun, wollen Sie nicht mal …« Und sie sagt am anderen Ende, offensichtlich breitgeschlagen: »Schicken Sie sie her, irgendwas werden wir schon mit ihr anfangen.« Plötzlich war ich beim »Stern«. Und saß wieder drei Tage im Sekretariat. Aber in diesem war wenigstens was los! Ich kriegte viel mit: Debatten, die Redakteure, die kamen und gingen, was sie machten, wie sie redeten. Trotzdem gehen sie letzten Endes doch wieder in ihre Zimmer und arbeiten an ihren Texten. Und du sitzt dir den Hintern platt und sagst: »Und nun?« Dann kam der nächste, der mir auf die Sprünge half: einer der Redakteure, Uwe Behringer. Im Rückblick gab es während meiner gesamten Laufbahn immer wieder Menschen, Männer und Frauen, die merkten, sie können mir was zutrauen, und mich dadurch weiter gebracht haben. Indem sie mich ein kurzes Stück an die Hand nahmen oder mir einen Tritt in den Hintern gaben. Also diesen Redakteur sprach ich an, und er sagte: »Ja, geh doch mal zu dieser Pressekonferenz!« Ich bekam zwei für den »Stern« popelige Termine. Eine DAG-Pressekonferenz über Jugendliche, die durch Praktika ausgebeutet werden. Wie passend! Dazu einen Prozess, Vergewaltigung in einer Arztpraxis durch den Arzt. Natürlich war das alles superspannend, sodass ich in der Redaktion viel davon erzählt habe – aber danach war für mich schon wieder Ende der Fahnenstange. Bis Uwe Behringer sagte: »Schreib es auf! Setz dich hin und schreib es auf!« Na gut. Ich brauchte immerhin wahrscheinlich einen dreiviertel Tag, um diese einhundertzwanzig Zeilen zu basteln, die er aber nicht schlecht fand. Er hat einiges korrigiert: »So und jetzt muss es jemand drucken!« Ich: »Wer soll das denn drucken?« »Wie wäre es denn mit deiner Heimatzeitung?« »Hm …« Also hab ich da angerufen. Ich hatte natürlich den Türöffner, indem ich sagen konnte: »Mein Name ist soundso, ich mache gerade ein Praktikum beim ›Stern‹!« Ich durfte also den Text rüberfaxen und er wurde gedruckt. In der Hannoverschen Allgemeinen Zeitung!

Eva Herman: Kannst du dich noch an die Gefühle erinnern?

Gabi Bauer: Klar, kurz vor dem Größenwahn!

Eva Herman: Aber angefangen hast du doch später beim Radio, oder?

Gabi Bauer: Ja, aber das hatte auch hier seine Anfänge, in dem zweiten »Stern«-Termin, dem Prozess. Wieder trieb mich der Redakteur: »Es gibt doch da bei dir in Niedersachsen dieses neue Privatradio ffn. Ruf die an, verkauf denen die Geschichte, erzähl, wie beeindruckend das war!« Und das habe ich wieder gemacht: »Bin Praktikantin beim ›Stern‹, hab da eine interessante Geschichte, vielleicht für

Ihre Nachrichten.« Prompt sagt ein Chef vom Dienst namens Cassian von Salomon: »Ja, hört sich spannend an, wollen wir es gleich live machen?« Schock! »Ööh ... können wir es vielleicht auch in einer Stunde senden?« Und dann hab ich geschrieben: einen kurzen Text, wie ich mir vorstellte, dass man ihn im Hörfunk schreiben müsste, und ihn per Telefon auf Band gesprochen. Mit total zitternder Stimme. Geschrieben hatte ich auch schon mit schweißnassen fliegenden Fingern. Eine Stunde für eine Nachricht ist heute lächerlich, aber damals war das richtig Zeitdruck. Du weißt ja gar nicht, was muss da alles rein, wie fängst du an, wie hörst du auf. Schließlich saß aber die halbe Redaktion im Sekretariat des »Stern«, ein Kofferradio angeschaltet, auf ffn gedreht, und wir hörten meinen Aufsager in den Nachrichten: »Großartig! Gut gemacht und du kriegst noch Geld dafür.« Es war eine faszinierende Zeit, in der sich alles überschlug.

Eva Herman: Es stand dir plötzlich alles offen.

Gabi Bauer: Zumal der Chef vom Dienst danach anrief und sagte: »Das hat uns gut gefallen, was Sie gemacht haben. Wo arbeiten Sie denn sonst?« »Ich studiere.« Nach den Semesterferien bin ich vorbeigefahren, und er schlug vor: »Machen Sie doch noch einmal ein richtiges Stück für uns. Etwas Schönes zum Muttertag! Keine langweilige Labernummer, sondern irgendwas Spannendes!« Was Spannendes zum Muttertag. Super Idee! Spannend wurde es nicht, hat mich aber trotzdem zwei Wochen gekostet. Ich habe angefangen mit dieser Nagra, einem Aufnahmegerät, zu üben. Reinsprechen, abhören. Wie nah muss man es ranhalten und so. Für die O-Töne. Nach zwei Wochen hatte ich meinen ersten Beitrag fertig. Mit großem Aufwand, aber auch mit Riesenspaß. Zwei Wochen für drei Minuten zehn. Aber immerhin: »Sendefähig! Nehmen wir.« Mensch, war ich stolz. Bin nach Hause gegangen, hab mein Staatsexamen gemacht, dabei im Hinterkopf gehabt, wenn alles andere nichts wird, kann ich zum Radio gehen. Und genau das ist dann auch passiert. In der Pionierphase des privaten Rundfunks damals war das einfach, ist aber mit Geduld und Spucke, Talent und Hartnäckigkeit heute immer noch möglich. Der Rest war learning by doing.

Eva Herman: Warst du dann lange freie Mitarbeiterin?

Gabi Bauer: Damals wurden überall Regionalstudios aufgebaut, und ich wurde im Studio Braunschweig die zweite Kraft als feste Freie. Da habe ich im Endeffekt in zwei Jahren alles gelernt, was du für den Job brauchst. An der Basis. Ähnlich wie im Volontariat bei einer Regionalzeitung. Und zum Glück fiel auch noch das Ende der DDR in meine Zeit an der innerdeutschen Grenze.

Eva Herman: Und danach hast du in der Nachrichtenredaktion gearbeitet. Als Moderatorin?

Gabi Bauer: Es war so, dass alle Redakteurinnen und Redakteure in ihren Schichten die Nachrichten schrieben, dann damit ins Studio gingen – oder rannten – und die Sendung auch präsentierten.

Eva Herman: Wie lange hast du das gemacht?

Gabi Bauer: Gute zwei Jahre. Nach einem Jahr wurde ich Vize-Chefin, nach zwei Jahren bin ich zum NDR gegangen.

Eva Herman: Hast du dich beim NDR beworben?

Gabi Bauer: Ja, zweimal, bis ich die Stelle beim Hörfunk hatte.

Eva Herman: Wie kamst du zum Fernsehen?

Gabi Bauer: Total zufällig. NDR 2, der Hörfunk, war eigentlich mein Traumziel. Als ich diesen Job hatte, war ich völlig aus dem Häuschen und superglücklich. Es gab aber auch dieses andere Gefühl, dass es ziemlich erschreckend ist, wenn du mit dreißig deine Traumstelle hast. Was konnte danach noch kommen? Eigentlich nichts, und du willst auch nicht, dass noch was anderes danach kommt. Schon komisch. Dann kam aber das, was immer passiert. Anderthalb Jahre später wurde die Chefetage und damit das Konzept ausgewechselt. Ich war als Journalistin gekommen und nun sollte ich vor allem DJ sein. Der Anteil an Informationen wurde zugunsten von Unterhaltungselementen ausgedünnt. Bis ich dachte: Nee, das will ich eigentlich gar nicht mehr. Das ist nicht das, was ich immer machen wollte. Aber was dann? Na ja, wie es so läuft: ein paar Monate war ich unzufrieden, fand keine echte Alternative, dann rief eine frühere Kollegin von Radio ffn an, ob sie mich nicht gewinnen könne, für das NDR-Fernsehen in Hannover, wo sie inzwischen arbeitete. Sie bräuchten noch eine Moderatorin. Also ging ich nach Hannover, um zu moderieren und Filmemachen zu lernen.

Eva Herman: Von dort ging es praktisch direkt in die Tagesschau!

Gabi Bauer: Tagesschau um fünf! Das war eine tolle Zeit, in einer frischen, neu zusammengestellten, sehr energiegeladenen Redaktion. Die erste Tagesschau, die statt von Sprechern von Redakteuren geschrieben und präsentiert wurde. Und danach kamen die Tagesthemen.

Eva Herman: Du bist Einzelkind?

Gabi Bauer: Ja. Und hätte immer gern einen großen Bruder gehabt.

Eva Herman: Wer prägte dich mehr, Vater oder Mutter?

Gabi Bauer: Kann ich nicht sagen. Beide in völlig unterschiedlicher Art und Weise, aber gleichgewichtig.

Eva Herman: Was macht deine Mutter?

Gabi Bauer: Sie ist gerade in Rente gegangen. Sie war physikalisch-technische Angestellte in einer Farbenfabrik. Hat Druckvorlagen geprüft und ich weiß nicht was. Wenn die Bildzeitung zum Beispiel ein Zeitungsblatt schickt, und sagt: »Eine Farbe funktioniert momentan nicht so richtig, die verschmiert!« Bild-Zeitung ist ein schlechtes Beispiel, die verschmiert immer, aber sollte DIE WELT das machen, war meine Mutter da, prüfte alles durch und stellte fest, was an der Farbe falsch war.

Eva Herman: Hast du etwas vermisst, weil deine Mutter gearbeitet hat?

Gabi Bauer: Sie hat immer nur halbtags gearbeitet. Und wir wohnten früher mit meiner Großtante – sie war im Alter einer Oma und war auch wie eine Oma für mich – in einem Haus. Die hat mich vormittags betreut, mich in den Kindergarten gebracht und wenn ich aus der Schule kam, das Mittagessen gekocht, richtig schön deutsche Küche. »Du musst aber noch eine Kartoffel essen, Kind, Kartoffeln sind gesund!«

Eva Herman: Welcher Spruch deiner Eltern nervte dich früher?

Gabi Bauer: »Mach mal deinen Kragen ordentlich, wenn du weggehst!« Schrecklich. Oder weißt du, dieses hier (*wischt an meinem Kragen*). Das hast du sicherlich auch schon mal bei deinem Sohn gemacht, wenn der irgendwo einen Fleck hatte.

Eva Herman: Mit Spucke!

Gabi Bauer: Oh, es ist scheußlich! Du darfst es nie nachmachen!

Eva Herman: Was macht dein Vater?

Gabi Bauer: Er ist Architekt. Er ist der logische, der mathematische, vernunftbetonte Typ, der zum Beispiel gesagt hat: »Du musst lernen, mit Geld vernünftig umzugehen! Nicht einfach hundert Mark verdienen und für irgendetwas Schönes ausgeben, sondern was zurücklegen, vernünftig anlegen.« Mit ihm hatte ich immer diese heißen Teenagerdiskussionen: Solidarität und Leistung. Ich war für den sozialen Ausgleich und er dafür, dass nur Leistung bezahlt wird.

Eva Herman: Auf mich wirkst du, neben dem Tiefgang, sehr fröhlich. Petra Schürmann fragte neulich: »Wie heißt noch deine Kollegin mit den lustigen Augen?« Ist das etwas, das du öfter hörst?

Gabi Bauer: Schalk in den Augen oder verschmitzt, ja, das finden viele Zuschauer.

Eva Herman: Wie steht es um deine psychische und physische Belastbarkeit?

Gabi Bauer: Was ich sicher bin, ist stressresistent! Das ist auch Mindestvoraussetzung im aktuellen Journalismus. Wenn mal wieder alles drunter und drüber purzelt, hilft Aufregen gar nichts. Dann muss man irrsinnig schnell, aber dennoch in allen einzelnen Teilen schön nacheinander abarbeiten, was anliegt. Ich finde es unschön, in allerkürzester Kürze Anweisungen zu geben und manchmal denke ich hinterher: Oh, meine Güte! Oder ich entschuldige mich bei den Leuten. Ich sage ungern: Mach dies. Mach das. Aber es ist oft einfach keine Zeit für »Bitte«, »Danke« und Erklärungen.

Eva Herman: Hast du im Laufe deines Berufslebens bessere Erfahrungen mit Männern oder mit Frauen gemacht?

Gabi Bauer: Darüber habe ich schon oft nachgedacht. Etwas zu pauschalierend würde ich sagen: mit Frauen. Da gibt es automatisch eine Sprachebene und eine Wellenlänge, auf der man sich einfacher verständigen kann. Profilierungsgeschichten sind nach meiner Erfahrung bei Frauen viel weniger ausgeprägt als bei Männern. Sie diskutieren sachlicher, ohne auf die Außenwirkung zu achten. Ob der Chefredakteur dabei ist oder nicht, Frauen diskutieren in derselben Art und Weise miteinander. Während Männer – nicht alle, aber viele – ihre Außenwirkung wichtiger nehmen.

Eva Herman: Das typische Gockelgehabe?

Gabi Bauer: Na ja, es ist leider nicht so ganz falsch. Selbstdarstellung fördert erfahrungsgemäß die Karriere. Also sollten Männer und Frauen gegenseitig von einander lernen: die einen mehr sachorientierte Kommunikation, die anderen mehr Kommunikation ihrer Leistungen und Ambitionen nach außen.

Eva Herman: Wie stehst du zur Quotenregelung?

Gabi Bauer: Ich bin überzeugt davon, solange es um gleichwertig qualifizierte Bewerber geht. Wenn die Quote noch nicht erreicht ist, sollte auf jeden Fall die Frau genommen werden.

Eva Herman: Ja?

Gabi Bauer: Ja, denn alles andere spricht dafür, dass der Mann genommen wird: dass in den Chefetagen Männer sitzen, dass Männer auswählen, wer eingestellt wird, dass ohnehin Männer besser beurteilt werden, dass Männer immer noch die bessere Außendarstellung haben, alles das spricht für den Mann bei gleicher Qualifikation. Nur die Quote spricht dagegen und deshalb finde ich sie in diesem begrenzten Rahmen absolut nötig.

Eva Herman: Ist Macht für Männer wichtiger als für Frauen?

Gabi Bauer: Wer kennt *den* Mann? Ich weiß es nicht. Da werden ja viele schlaue Bücher drüber geschrieben. Meine eigene private Theorie sagt: Männer identifizieren sich in der Regel sehr viel mehr über ihren Beruf und damit auch über die Position, als Frauen das im Durchschnitt tun. Und wenn du deine größte Identifikation über den Beruf ziehst, dann musst du natürlich dort besser abschneiden, musst höher kommen, mehr Status erreichen.

Eva Herman: Hat es mit dem alten, biologischen Muster zu tun, die Frau richtet Heim und Herd und der Mann erlegt das Wild?

Gabi Bauer: Klar, damit sind wir ja alle aufgewachsen, und auch heute wachsen die meisten noch damit auf. Die Frau kann durchaus irgend einen netten Nebenjob haben, ansonsten drei tolle Kinder großziehen und auch noch ihr Heim und ein Ehrenamt im Charitybereich managen. Beim Mann wäre das anders. Er hätte damit kein gesellschaftliches Ansehen. Insofern sind Männer auch getrieben von ihrer selbstgeschaffenen gesellschaftlichen Norm.

Eva Herman: Stehen nicht auch Frauen durch die Forderungen der Emanzipation unter dem Druck, alles unter einen Hut zu bringen?

Gabi Bauer: Getrieben oder verlassen? Verlassen von Männern, die sich als Wochenend-Väter verstehen, vom Staat, der an Betreuungsangeboten spart, von Arbeitgebern, die sich nicht auf flexible Arbeitsbedingungen einrichten können? Warum sollen wir uns erzählen lassen, dass *wir* alles unter einen Hut bringen müssten? Das ist ja gerade das Problem.

Eva Herman: Glaubst du, dass es möglich ist, in Führungs- und Leistungspositionen zahlenmäßig mit den Männern gleichzuziehen?

Gabi Bauer: Ich hoffe, dass Frauen das nicht so einfach wollen!

Eva Herman: Dass sie es nicht wollen?

Gabi Bauer: Nein! Nicht unter den gegebenen Umständen. Wie die Arbeitswelt strukturiert ist, hoffe ich, dass Frauen sich diesen Strukturen nicht einfach anpassen. Dann bliebe ja alles beim Alten. Ich glaube, dass Frauen ganz andere Chancen in den Händen halten. Das beginnt damit, auch Führungspositionen zu teilen. Statt durchschnittlicher Vierzehn-Stunden-Jobs für Spitzenkräfte zehn Stunden und noch Zeit, dem Leben auf der Spur zu bleiben. Es gibt inzwischen gute Beispiele, die zeigen, dass es geht, auch Top-Positionen flexibler zu besetzen, aus zwei mach drei zum Beispiel. Voraussetzung dafür ist natürlich eine hohe und qualifizierte Kommunikationsfähigkeit, aber gerade die bringen Frauen ja mit.

Es könnte auch normal werden, dass Männer wie Frauen Phasen einlegen, in denen die Familie vorübergehend etwas mehr in den Vordergrund tritt. Aber das wird erst so sein, wenn ein Erziehungsjahr nicht mehr automatisch – zumindest in den höheren Ebenen – als Karrierebremse wirkt. Ich hoffe, dass Frauen es schaffen, dieses Bewusstsein auch in die Führungsetagen hineinzutragen, sonst führt uns Gleichberechtigung in die falsche Richtung. Und Frauen hätten noch höheren Druck, genau wie du sagst, alles unter einen Hut zu bringen.

Eva Herman: Glaubst du, dass du deinen Job weitermachen könntest mit Kindern?

Gabi Bauer: Natürlich nur mit meinem Mann, es sind ja immer zwei, die Kinder kriegen. Einer müsste vorübergehend seinen Job einschränken, und das würden wir, denke ich, gleichberechtigt besprechen.

Eva Herman: Findest du dich attraktiv?

Gabi Bauer: Schön nicht, attraktiv ja.

Eva Herman: Und warum nicht schön?

Gabi Bauer: Attraktiv aber auch nur, wenn ich will. Warum nicht schön? Schön ist etwas Klassisches, mehr der Norm entsprechend.

Eva Herman: Wie wichtig ist attraktives Aussehen in deinem Beruf?

Gabi Bauer: Wichtig, glaube ich. Auch wenn man das gar nicht so gerne zugeben möchte, und sicherlich kannst du heute noch Unterschiede zwischen Männern und Frauen machen. Es würden nie zwei Frauen, die aussehen wie Kienzle und Hauser, im Fernsehen so eine Sendung kriegen.

Eva Herman: Kommt für dich ein Lifting infrage?

Gabi Bauer: Wenn du Lifting sagst, dann sträuben sich bei mir alle Nackenhaare. Aber neulich traf ich ein Model, das war achtundzwanzig und sah aus wie achtzehn. Die Frau hatte kein einziges Fältchen, sie lässt sich Collagen reinspritzen. Sie sagte mir, das sei normal in ihrem Job. Wenn ich in dem Job wäre, würde ich das wahrscheinlich auch machen.

Eva Herman: Hast du Angst vor dem Alter?

Gabi Bauer: Ja, schon. Aber nur in einem bestimmten Sinne. Erst mal werde ich mich über ein fröhliches Rentner-Reise-Dasein freuen. Aber natürlich habe ich Angst vor der Zeit, wo dann nichts mehr geht. Wo du Stück für Stück, Tag für Tag Abschied nehmen musst vom aktiven Leben. Deine Knochen sagen: »Geht nicht mehr!«, deine Augen sagen: »Das kannst du jetzt leider nicht mehr lesen!« Deine Ohren sagen: »Du brauchst jetzt ein Hörgerät, damit du deine verbliebenen Freunde verstehen kannst!« Das ist schrecklich. Wenn du erkennst: das kann ich nicht mehr, aber ich würde so gerne. Das ist ein wöchentliches, monatliches Abschiednehmen vom Leben. Wenn man das Leben schön findet, ist es grausam.

GABI BAUER
Ehemalige Moderatorin der ARD-Tagesthemen.

Biographie:
1962 Geboren in Celle · 1981 Abitur · 1981 bis 1988 Studium in Hamburg, Hannover, Kalamazoo-College Michigan, Université Grenoble. In Anglistik/Romanistik, Nebenfächer Philosophie/Pädagogik · 1988 bis 1992 Journalistische Ausbildung bei radio ffn, Niedersachsen; Reporterin, Moderation im Regionalstudio Braunschweig; Redakteurin, Moderatorin in der Sendezentrale Hannover; stellvertretende Nachrichtenchefin. · 1992 bis 1995 NDR Hörfunk Hamburg. Redakteurin, Moderatorin in der NDR 2 Kurier-Redaktion; Reporterin für NDR 2 und NDR 4 · 1995 bis 1996 NDR-Fernsehen, Landesfunkhaus Hannover: Moderation des Niedersachsen-Magazins und diverser N3- und ARD-Sondersendungen; Reporterin für N3 und ARD-aktuell (Tagesschau/Tagesthemen) · 1997 Moderation der »Tagesschau um 5« · 1997 bis 2001 Moderation der »Tagesthemen«

Preise und Auszeichnungen:
1998 Goldener Löwe · 1998 Bambi · 1998 Telestar · 2000 Hanns-Joachim-Friedrich-Preis

Gabi Bauer ist verheiratet und lebt in Hamburg. Im Juli 2001 kamen ihre Zwillinge Mats und Adrian auf die Welt.

DAGMAR BERGHOFF

Die Grande Dame des Deutschen Fernsehens ist zweifellos
Dagmar Berghoff. Als wir unser Gespräch führten, war sie
Chefsprecherin bei der Tagesschau. Doch Dagmar war nicht
nur meine Chefin, sie ist auch eine gute Freundin.

Ihre Disziplin und ihr Pflichtbewusstsein sind einzigartig.
Das wissen alle Kollegen in der Tagesschau, und seit ich sie
kenne, habe ich mich gefragt, woher sie die starke Ausprä-
gung dieser Eigenschaften wohl haben mochte.

Ihre Mutter starb, als Dagmar Berghoff sieben Jahre alt war,
und ihren Vater sah sie kaum, denn er kam nur einmal in der
Woche nach Hause. So war sie häufig allein.

Sehr früh entdeckte sie ihre Freude an Schauspiel und
Theater und hätte ihrer Leidenschaft wohl frönen können,
wären da nicht die eigenen Zweifel an ihrer Begabung
gewesen. Geschürt und genährt vom Vater, der seine
Tochter lieber »etwas Ordentliches« lernen lassen wollte.
Doch dem Vater und allen Umständen zum Trotz absol
vierte sie die Schauspielschule und wurde im Fernsehen erfolgreich.

Dagmar Berghoff heiratete sehr spät und Kinder waren kein
wichtiges Thema für sie. Gelenkt von einem beherrschenden
Gefühl, das sie Urempfinden nennt, wusste die Moderatorin, dass sie alleine immer durchkommen würde im Leben.

Für ein Kind mithandeln und mitentscheiden zu müssen, war ihr stets etwas unheimlich erschienen.

Ihre Gedanken zum Älterwerden und den damit verbundenen Vor- und Nachteilen sind die einer Frau, für die das Thema Schönheit immer wichtig war, die aber auch immer mit Bedacht und Menschlichkeit gehandelt wie gelebt hat.

Wenige Monate nach unserem Gespräch starb Pit Matthaes, ihr Ehemann.

Eva Herman: Was sind die wesentlichen Eigenschaften, die notwendig sind, um in deinem Beruf Karriere zu machen?

Dagmar Berghoff: Generell, und das gilt für Männer und Frauen gleichermaßen, muss man eine telegene Ausstrahlung haben, und die hat oft nichts mit dem wirklichen Erscheinungsbild zu tun. Es gibt Menschen, die wirken in natura nahezu unscheinbar. Wenn sie aber vor der Kamera stehen, passiert plötzlich etwas: Eine unglaubliche Ausstrahlung geht von ihnen aus. Aura und Charisma umgeben sie, während andere wiederum in natura sehr schön sind, aber nicht »rüberkommen«. Zum Gesamtbild gehört natürlich auch eine angenehme Stimme. Alles muss eine Einheit bilden. Als Nachrichtenfrau anders als zum Beispiel als VIVA-Moderatorin brauchst du Kompetenz. Die Zuschauer müssen dir glauben, was du sagst. Das heißt auch, dass Nachrichtenleute nicht zu jung sein dürfen. Obwohl es Frauen gibt, die eine Ausstrahlung haben, die relativ unabhängig von ihrem Alter ist, wie zum Beispiel Ellen Arnhold. Sie kam mit etwa fünfundzwanzig zu uns, wirkte aber wie dreißig und mit dreißig sah sie aus wie dreißig und mit fünfunddreißig sieht sie auch noch aus wie dreißig.

Das andere, wichtige Merkmal ist Diplomatie. Als Chefsprecherin muss ich mit Vorgesetzten gleichermaßen verhandeln können wie mit Redakteuren. Ich kann nicht einfach mit der Tür ins Haus fallen, sondern es gehört etwas Geschick dazu, um das zu sagen, was man will, ohne Sphären zu verletzen. Das dritte ist eine solide Bildung mit ständiger Aktualisierung. Dazu gehören die Bereiche Politik, Kultur, Gesellschaft. Wenn man Zusammenhänge versteht, ist die Nachrichtenpräsentation selbstverständlicher, glaubwürdiger.

Eva Herman: Welche Ausbildung hast du?

Dagmar Berghoff: Nach dem Abitur war ich ein Jahr als Aupair-Mädchen in England und ein Jahr in Frankreich. Ich habe die Sprachen gelernt, und jeweils einen Abschluss gemacht. Dann bin ich nach Deutschland zurückgekommen und habe drei Jahre lang die Schauspielschule besucht, und damit hatte ich auch eine abgeschlossene Schauspielausbildung. Was für meinen heutigen Beruf wichtig ist, waren die drei Jahre Sprecherziehung mit Stimm- und Atemausbildung. Außerdem lernte ich lupenreines, akzentfreies Deutsch. Bei den Showauftritten hat mir sehr geholfen, dass ich wusste, wie sich die Bühne anfühlt. Ich konnte zum Beispiel ohne Probleme eine Showtreppe herunterschreiten.

Eva Herman: Hast du im Laufe deiner Karriere journalistisch gearbeitet?

Dagmar Berghoff: Ja, vor allem beim Hörfunk. Ich moderierte eine Sendung, in der mir die Themen ohne Anmoderationen vorgelegt wurden. Also musste ich Inhalte und Informationen recherchieren. Später kamen dann »Plattenkiste« und auch das »ARD-Wunschkonzert«, in dem Berufsgruppen und Hobbyrunden interviewt wurden.

Eva Herman: Wenn du über deine Karriere nachdenkst, fallen dir dann Personen oder Umstände ein, die dich gefördert haben? Gab es Vorbilder?

Dagmar Berghoff: Vorbilder gab es für mich nicht. Aber es gibt einen sehr glücklichen Umstand, der meine gesamte Karriere bestimmt hat: Ich war die erste Frau in der Tagesschau. Das war ein sagenhafter Zufall. Dadurch hatte ich immer eine besondere Stellung. Es kamen nachher ja immer mehr Frauen, zum Beispiel Ellen Arnhold, Susanne Daubner und du. Und auch die anderen Sender holten auf, schließlich kamen die Privaten. Aber meine Position war doch etwas Einmaliges.

Eva Herman: Wolltest du schon als Kind ins Rampenlicht?

Dagmar Berghoff: Ich hatte ziemlich früh den Wunsch, Schauspielerin zu werden. Die erste Phase begann mit elf, zwölf. Dann hat sich das wieder verloren, und richtig sicher wusste ich es mit vierzehn, fünfzehn. Ich habe schon als Kind kleine Stücke gespielt. Wir dachten sie uns aus und führten sie gegen Bezahlung vor den Eltern auf; zehn Pfennig Eintritt pro Person. Ich sagte außerdem gern Gedichte auf, aber ich war schüchtern. Ich meldete mich immer, aber so, dass man das eigentlich nicht sehen konnte. Und war dann immer ganz enttäuscht, wenn ich nicht dran genommen wurde.

Eva Herman: Wie war deine Kindheit?

Dagmar Berghoff: Ich wurde in Berlin geboren. Als ich drei Jahre alt war, zogen meine Eltern nach Ahrensburg in Schleswig-Holstein. Dort lebte ich, bis ich vierzehn, fast fünfzehn war. Meine Mutter war inzwischen gestorben …

Eva Herman: Wie alt warst du, als sie starb?

Dagmar Berghoff: Da war ich sieben. Mein Vater heiratete wieder, als ich dreizehn war. Und mit unserer neuen Mutter zogen mein Bruder, mein Vater und ich nach Harburg. Während ich in Ahrensburg auf einer gemischten Schule gewesen war, kam ich in Harburg auf eine reine Mädchenschule. Das war zunächst sehr merkwürdig für mich, denn alle waren nur beschäftigt mit Kosmetika und solchen Dingen. Es war eine ganz schöne Umstellung. Jungs zum Beispiel waren ein viel größeres Thema als in der Schule, aus der ich kam. In Harburg suchte ich mir sofort eine Theatergruppe. Auch da hatte ich Glück, denn die zuständige Jungenschule hatte eine Klasse, in der einige schauspielerisch sehr begabte Burschen waren. Sie führten richtige Stücke auf, zum Beispiel den »Urfaust« und »Die Chinesische Mauer«. Ich spielte auch große Rollen. Und da war es für mich völlig klar, ich werde Schauspielerin.

Eva Herman: Was machte dein Vater beruflich?

Dagmar Berghoff: Mein Vater stammt aus einem sehr reichen Elternhaus. Meine Großeltern hatten zwei Maschinenfabriken, die sehr gut gingen. Eine in Berlin, eine in Hamburg, und mein Vater war als Jüngster der designierte künftige Fabrikbesitzer. Dann kam der Krieg, und diese beiden Fabriken wurden zerstört. Mein Vater ist Technischer Kaufmann. Er wurde dann Personalchef in der Ölfirma Julius Schindler, einer Unterfirma von ESSO.

Eva Herman: Ist dein Vater ein Vorbild für dich gewesen?

Dagmar Berghoff: Nein, ich hatte zu meinem Vater ein relativ distanziertes Verhältnis. Das resultierte unter anderem daraus, dass er strikt dagegen war, dass ich Schauspielerin werden wollte. Er hätte mich lieber versorgt gesehen, und schlug vor, ich sollte Chefsekretärin werden. Aus meiner heutigen Sicht denke ich, ich hätte das gekonnt, denn ich kann gut organisieren. Aber damals war es der Horror für mich, Chefsekretärin oder Lehrerin oder etwas ähnlich »Schreckliches« zu werden.

Eva Herman: Du hast eine ganze Weile mit ihm und deinem Bruder allein gelebt. Dabei hätte ein näheres Verhältnis entstehen können.

Dagmar Berghoff: Ja, eigentlich schon. Aber in der Zeit nach dem Tod meiner Mutter arbeitete mein Vater nicht in Ahrensburg, wo wir noch wohnten. Er kam nur einmal in der Woche nach Hause, mittwochs und natürlich am Wochenende.

Eva Herman: Und wer war bei euch?

Dagmar Berghoff: Eine Haushälterin. Sie passte auf uns beide auf. Eine ganz liebe Frau, der wir aber sehr schnell auf der Nase herumtanzten. Wenn du so willst, sind wir beide wild aufgewachsen.

Eva Herman: Dadurch wurdet ihr sehr schnell selbständig?

Dagmar Berghoff: Vielleicht, ja.

Eva Herman: Kannst du dich an Gefühle erinnern, als deine Mutter starb? Hattest du Verlustängste?

Dagmar Berghoff: Ich weiß nichts von einem Schmerz. Ich erinnere mich nur an meinen Vater, als er in der Nacht nach Hause kam, um es mir zu sagen. Er hat bitterlich geweint. Ich habe ihn nie vorher und nie danach so weinen gesehen. Er war unendlich traurig und suchte im Grunde bei seiner kleinen Tochter Trost. Daran erinnere ich mich. Es war fürchterlich.

Eva Herman: Hast du das Gefühl, dass dir in der wichtigen Altersphase zwischen sieben und dreizehn ein weibliches Vorbild fehlte, dass Dinge in deinem Leben anders gelaufen wären, wenn da jemand gewesen wäre?

Dagmar Berghoff: Das weiß ich nicht. Auf jeden Fall fing ich an, mich sehr mit mir selbst zu beschäftigen. Ich hatte Zweifel, ob ich begabt genug sei, um Schauspielerin zu werden. Ich wusste ja, dass ich einen Beruf brauchte, der mich irgendwie ernähren würde. Ich hatte einen Lehrer in Ahrensburg, mit dem ich darüber lange und häufig redete. Und zusätzlich las ich immer wieder »Briefe an einen jungen Dichter« von Rilke. Das war ein ganz wichtiges Buch für mich. Rilke sagt: »Du musst es fühlen, du musst es spüren in dir, du wirst es spüren, ob du begabt genug bist.« Und ich war hin- und hergerissen. Dieser Lehrer war ziemlich wichtig für mich. Eine ganze Zeit lang. Außerdem schrieb ich viele Briefe an meine Großmutter, die merkwürdigerweise auch die Stiefmutter meiner verstorbenen Mutter war. Die Briefe waren manchmal fünf, sechs, sieben Seiten lang oder noch länger, es hörte gar nicht mehr auf.

Eva Herman: Hast du sie um Ratschläge gebeten, wenn du in brenzligen Situationen warst?

Dagmar Berghoff: Nein, aber ich habe sie bewundert. Sie war eine sehr belesene Frau. Durch sie las ich zum ersten Mal die Bücher von Tanja Blixen. Sie war eine beeindruckende Frau, die auch viel gearbeitet hat. Ich glaube, sie war Sekretärin. Jedenfalls war sie eine sehr selbständige Frau.

Eva Herman: Ich versuche herauszufinden, warum du in sehr jungen Jahren auf so beeindruckende Weise diesen selbständigen Weg vor Augen hattest.

Dagmar Berghoff: Es ist einfacher, wenn du eine bestimmte Begabung in dir fühlst. Angenommen, ich hätte mich beim Schreiben wohler gefühlt, dann hätte ich versucht, in einer Schülerzeitung mitzuarbeiten, und mein Weg wäre der Journalismus gewesen. Ich glaube, bei den meisten äußert es sich früh, welche Begabungen sie in sich tragen. Es muss sehr schwer für Kinder sein, die überhaupt nicht wissen, was sie tun sollen. Die entweder zu viele Begabungen haben oder gar nichts Spezielles, nichts Ausgeprägtes. Also war der Weg für mich einfach!

Eva Herman: Welches Verhältnis hattest du zu deinem Bruder?

Dagmar Berghoff: Wir haben uns als Kinder gekloppt wie die Irren. Wir haben uns manchmal fast totgeschlagen, die Leute mussten uns auseinander reißen.

Eva Herman: War es ernst?

Dagmar Berghoff: Es war ernst, bis er stärker wurde. Ich war ungefähr dreizehn und er zwölf. Bis dahin war ich die Stärkere gewesen, oder es ging gleich aus. Er bekam dann mehr Kraft, und so bekämpften wir uns von da an verbal. Er war sehr schlagfertig und siegte häufig. Als wir älter wurden, bekamen wir ein sehr viel besseres Verhältnis, es wurde fast innig. Das war die Zeit, in der ich die Schauspielschule in Hamburg besuchte.

Eva Herman: Warst du selbstbewusst?

Dagmar Berghoff: Nein. Das ist etwas, was ich im Laufe meines Lebens lernen musste. Selbstbewusstsein, auch was meine Arbeit angeht. Ich musste lernen zu akzeptieren, dass manche Dinge, die ich gemacht hatte, gut waren. Das fiel mir schwer. Vielleicht hat es damit zu tun, dass ich eine Perfektionistin bin. Ich denke immer, ich könnte Dinge noch besser machen. Ein Mann, mit dem ich einige Jahre zusammenlebte, hat es mich schließlich gelehrt. »Du musst akzeptieren, dass manches richtig gut ist, was du machst«, sagte er. Das ist ein Satz, der sich mir eingeprägt hat.

Eva Herman: Wenn du nicht Schauspielerin und später Fernsehmoderatorin geworden wärst, welcher Beruf wäre dann noch infrage gekommen?

Dagmar Berghoff: Ich hätte gerne Geschichte und Kunstgeschichte studiert. Ich wusste nur nicht, was man nach einem solchen Studium hinterher beruflich anfängt. Mir war klar, dass ich Geld verdienen musste.

Eva Herman: Es klingt, als sei der Gedanke immer im Vordergrund gewesen, dich selbst ernähren zu können. Es scheint für dich überhaupt nicht infrage gekommen zu sein, jemanden zu heiraten und dich dadurch abzusichern?

Dagmar Berghoff: Nein, auf keinen Fall. Vielleicht, weil ich ständig gegen meinen Vater kämpfte. Aus meiner heutigen Sicht kann ich ihn gut verstehen. Er wollte gerne, dass seine Tochter abgesichert ist und etwas Vernünftiges lernt. Aber das hat Widerstände entwickelt. Ich glaube, wenn mein Vater immer gesagt hätte »Ja, Mädchen, werde es doch! Mach doch, kriegst auch noch Geld von mir«, vielleicht hätte ich dann diese Zähigkeit nicht entwickelt.

Eva Herman: Hast du nur gegen deinen Vater gekämpft oder hattet ihr auch einen Austausch?

Dagmar Berghoff: Na ja, als er meine zweite Mutter heiratete, lebten wir alle zusammen in Harburg, und er fuhr jeden Tag nach Wilhelmsburg zur Arbeit. Ich war vierzehn. Meine arme Stiefmutter, meine arme Herta. Sie kriegte ein sehr pubertäres Mädchen. Während mein Bruder noch sehr viel jünger war, Jungs sind ja immer etwas zurück. Es war sicher einfacher mit ihm als mit mir. Und als ich neunzehn war – ich machte einen Monat nach meinem Geburtstag das Abitur –, war ich weg und habe auch nie wieder zu Hause gewohnt.

Eva Herman: Bist du gleich abgehauen?

Dagmar Berghoff: Ja. Man musste damals einundzwanzig sein, wenn man etwas gegen den Willen der Eltern tat.

Eva Herman: Hast du richtig gegen deinen Vater gekämpft?

Dagmar Berghoff: Wir sind nicht so gut miteinander klar gekommen. Es klingt jetzt aber doch schlimmer, als es war. Es gab nicht immer nur Hauen und Stechen. Später, als ich in Baden-Baden war und die ersten Zeitungsartikel über mich erschienen, bemerkte ich, dass er sie zu sammeln begann, dass er also doch stolz zu sein schien …

Eva Herman: Hattest du das Gefühl, dass das, was du machtest, grundsätzlich nicht gut genug für ihn war?

Dagmar Berghoff: Er wollte die ganze Richtung nicht. Aber er sagte: »Du machst Abitur!« Ich wollte nicht, aber er hat mich gezwungen. Und im Nachhinein ist das auch sehr gut gewesen. Denn diese letzten drei Jahre sind doch ganz schön wichtig.

Eva Herman: Hast du Charaktereigenschaften, Wesensmerkmale von deinem Vater mitbekommen, die du heute als solche erkennst?

Dagmar Berghoff: Nein, das glaube ich nicht.

Eva Herman: Gibt es da gar nichts?

Dagmar Berghoff: Ich weiß es nicht. Es ist wirklich ganz schwer, das Verhältnis zu meinem Vater zu beschreiben. Er war sehr glücklich, als er meine Schwester kriegte. Er war fünfzig, und mit ihr verstand er sich sehr gut.

Eva Herman: Und für euch hatte er wenig Zeit?

Dagmar Berghoff: So war das nun mal. Es war ja auch eine schwierige Zeit ohne Frau, mit zwei kleinen Kindern. Er musste zusehen, dass er mit dem Beruf klar kam, dass er überhaupt wieder etwas machte. Wie gesagt, er war designierter Fabrikantensohn. Das war sicher schwer für ihn.

Eva Herman: Würdest du dich als psychisch und auch physisch belastbar bezeichnen?

Dagmar Berghoff: Ja, das bin ich. Obwohl es dabei natürlich immer auf die Situation ankommt. Wenn eine Notsituation entsteht, bin ich belastbar.

Ein Beispiel: Ich hatte mit etwa zweiundzwanzig einen Autounfall. Wir waren in die Berge gefahren, sind mit dem Auto umgekippt und auf einen Abhang zugerutscht. Wir waren sechs Leute. Und kurz vor dem Abhang hielt das Auto, es war stockfinster.

In dem Auto herrschte unendliche Panik, alles schrie durcheinander. Ich wurde total ruhig, übernahm das Kommando und sagte: »Alle raus!« Ich versuchte zu helfen, die Übersicht zu behalten. Eine halbe Stunde später allerdings, als die anderen alle wieder okay waren, fing ich an zu zittern und brach zusammen.

Ich erinnere mich ebenfalls noch gut daran, dass wir an Silvester vor einigen Jahren im Fahrstuhl stecken blieben. Es waren circa zwanzig Leute. Sechzehn Freunde, der Rest Fremde. Einer bekam schon nach kurzer Zeit beinahe eine

Herzattacke, der zweite geriet in Panik, ein Phobiker, und es wurde laut geschrien. Von einer merkwürdigen Ruhe gesteuert, sagte ich: »Wir müssen Luft sparen, redet nicht so viel. Die Spiegel beschlagen ja schon.« Dann gab ich Kommandos: »Versucht mal, die Klappe da oben zu öffnen, helft mal mit, dass wir schnell hier herauskommen ...«

Eva Herman: Das zeugt von Führungsqualitäten!

Dagmar Berghoff: Ja, das merkt man in solchen Situationen.

Eva Herman: Welches sind die typisch weiblichen Merkmale, die dir in deinem Beruf zugute kommen?

Dagmar Berghoff: Die Nachrichten werden dadurch, dass sie von einer weiblichen Stimme präsentiert werden, natürlich nicht besser, trotzdem entsteht eine andere Atmosphäre. Durch die Modulation kann man in bestimmten Momenten Sensibilität signalisieren. Karl-Heinz Köpcke und Werner Veigel waren immer der Ansicht, Nachrichten müssten straight gelesen werden. Ich war von Anfang an anderer Meinung. Ich setze in brenzligen Momenten bewusst sicht- und hörbare Merkmale ein wie ein kurzes Zögern, Schlucken oder einen Augenaufschlag. Dadurch kann man Meldungen, die auf alle Zuschauer gleichermaßen schockierend wirken, etwas mildern.

Eva Herman: Du beherrscht diese große Kunst wirklich auf das Professionellste. Glaubst du, dass du es als Chefsprecherin leichter mit den Hierarchen hast als Männer?

Dagmar Berghoff: Ich glaube, Männer verhandeln lieber mit Frauen als mit einem anderen Mann. Eine Frau ist charmanter, hat einen anderen Ton. Und das setze ich durchaus bewusst ein. Im Aufsichtsrat des Hamburger Sportverein war ich die einzige Frau und als ich wegging, sagten eigentlich fast alle: »Wie schade, dass Sie nicht mehr dabei sind, der Ton in den Verhandlungen war ein anderer.«

Eva Herman: Ist es für dich leichter, mit Frauen oder mit Männern zu arbeiten?

Dagmar Berghoff: Für die Tagesschau-Redakteure kommt es wohl nicht darauf an, mit einem Mann oder einer Frau zu arbeiten, sondern auf die Art und Weise, wie man miteinander spricht. Ich hatte es immer leicht, weil ich schon so lange da bin. Als ich bei der Tagesschau begann, waren die Redakteure in meinem Alter. Wir starteten gleichzeitig, hatten lange, gemeinsame Jahre. Man kennt viele Situationen, hat gemeinsam Feste gefeiert und hat sich auch privat ein bisschen näher kennen gelernt. Die sind jetzt auch genauso alt wie ich, und die meisten sind noch da. Das hat es sehr leicht gemacht.

Eva Herman: Was bringt dich beruflich aus der Fassung?

Dagmar Berghoff: Ich kann mir im Augenblick nichts vorstellen. Würde ein Scheinwerfer von oben runterknallen, wäre ich erschreckt, das würde der Zuschauer schon merken, einmal weil es so laut ist und weil ich vielleicht sagen würde: »Ja, da ist was runtergekommen.« Dann würde ich weitermachen.

Ein blöder Versprecher, der könnte mir schon mal zusetzen.

Eva Herman: Und außerhalb des Fernsehstudios?

Dagmar Berghoff: Wenn ich vor einem Gespräch für mich selbst gute Stimmung machen muss, um überhaupt da rein zu gehen. Und wenn ich dann doch wieder ziemlich deprimiert hinausgehe und merke, meine Stimmung hat es nicht überstanden. Das wirft mich schon mal kurz aus der Bahn.

Eva Herman: Was hältst du von der Quotenregelung?

Dagmar Berghoff: Gar nichts. Es sollte nur nach der Qualifikation gehen.

Eva Herman: Hat die Quotenregelung den Frauen nicht auch große Unterstützung gebracht?

Dagmar Berghoff: Ja, das muss ich zugeben. Wenn ich jedoch beim Aussuchen eines neuen Sprechers die Wahl hätte, wäre nur das Merkmal Qualifikation relevant, nichts anderes.

Eva Herman: Wenn du einen Job durch die Quotenregelung bekommen hättest, hättest du dann Ja oder Nein gesagt?

Dagmar Berghoff: Das ist eine schwere Frage. Wahrscheinlich hätte ich Ja gesagt, weil ich den Job wollte. Aber im Grunde genommen würde das gegen meinen Gerechtigkeitssinn gehen.

Eva Herman: Ist Machtstreben eine typisch männliche Eigenschaft?

Dagmar Berghoff: Ach, das ist sicher typbedingt. Es gibt ganz bestimmt auch Frauen, die Machtgelüste in sich spüren. Genauso wie es Männer gibt, die sie nicht haben, die zufrieden sind mit ihrem Job oder mit ihrem Leben ohne viel Macht.

Eva Herman: Aber ist die Aufteilung nicht sehr unausgewogen?

Dagmar Berghoff: Ja, das hat etwas mit unseren tradierten Vorstellungen zu tun, wie eine Familie sein soll.

Eva Herman: Ist das eine Vorstellung, die du teilst?

Dagmar Berghoff: Nicht ganz. Ich denke, jeder muss versuchen, so zu leben, wie es für ihn am besten ist. Und es gibt genügend Frauen, die sehr gerne Kinder haben und zu Hause sind.

Eva Herman: Gibt es aus deiner Sicht biologische Eigenschaften des weiblichen Geschlechts, die von Natur aus unveränderbar bleiben und die Frauen in eine feste Verhaltensstruktur zwingen?

Dagmar Berghoff: Nein, das ist veränderbar. Ich ging auch nie von dem Gedanken aus, ich würde heiraten und dann versorgt sein. Ich habe nicht geheiratet, weil mir komischerweise nie in den Sinn kam, dass man sich scheiden lassen kann. Ich war immer der Ansicht, dass Heirat etwas Absolutes ist. Und davor hatte ich Angst.

Eva Herman: Glaubst du, dass für Karrierefrauen, also auch für öffentliche Frauen, besondere Probleme bei der Partnersuche bestehen?

Dagmar Berghoff: Ja, weil es für manche Männer schwer ist, damit umzugehen. Weil wir genau herausfinden müssen, ob sich einer mit der Popularität seiner Partnerin schmücken will oder ob er wirklich den Menschen meint. Oder im schlimmsten Fall auch nur das Fernsehbild. Es gibt Männer, die sich in ein Bild verlieben und das entspricht naturgemäß überhaupt nicht der Wirklichkeit. Das kann man nur herausfinden, indem man spürt, wie er einen vorführt. Man merkt es, wenn man vorgeführt wird. Ich kann schlecht beschreiben, woran, weil es immer unterschiedlich ist, wie die Männer das machen, aber einen gewissen Spürsinn habe ich schnell entwickelt.

Eva Herman: Wie hast du darauf reagiert?

Dagmar Berghoff: Das kam darauf an, wie sehr ich den Mann mochte. Die zweite Sache ist, dass man ja selber noch ins Spiel kommt. Ich meine die Gefühle, die Verliebtheit. Entweder hat es mich amüsiert, wenn ich ihn allzu nett fand, oder es hat mich abgestoßen, und dann habe ich Schluss gemacht.

Eva Herman: Wann hattest du deine erste ernst zu nehmende Partnerschaft?

Dagmar Berghoff: Im Grunde genommen schon während der Schauspielschulzeit. Da war ich drei Jahre lang mit einem Mitschüler befreundet. Wir haben nicht zusammengelebt, aber wir trafen uns sehr oft.

Eva Herman: Und später dann, als öffentliche Frau?

Dagmar Berghoff: Als ich Tagesschausprecherin wurde. Alles, was vorher war, war relativ geheim. Beim Südwestfunk war ich auch schon eine öffentliche Frau. Wir waren genauso bekannt im süddeutschen Raum wie heute in ganz Deutschland. Ich lebte nie mit jemandem zusammen, war einfach mal ein Jahr mit jemandem zusammen, aber das war nicht öffentlich.

Eva Herman: Glaubst du, dass für Karrierefrauen in einer Partnerkonstellation Probleme durch die Öffentlichkeit bestehen?

Dagmar Berghoff: Ich könnte mir durchaus vorstellen, dass es nicht leicht ist für Männer, wenn sich alle Journalisten und nicht nur die, sondern auch die Freunde zunächst einmal auf die prominente Person stürzen. Man steht als Mann etwas dumm da. Es ist dann Sache der Partnerin, Ausgleich zu schaffen und den Mann sofort mit einzubeziehen. Das ist ganz wichtig.

Eva Herman: Gelingt das immer?

Dagmar Berghoff: Nicht immer, zumal ich es auch nicht immer bemerkt habe.

Eva Herman: Ich könnte mir vorstellen, dass es einige Herren gab, die sich gern mit dir in der Öffentlichkeit gezeigt hätten.

Dagmar Berghoff: Ich tat mich in meiner Singlezeit schwer, mich öffentlich mit Männern zu zeigen. Jeder neue Mensch an meiner Seite wurde von der Presse gleich zum Lover hochstilisiert. Das machte es schwierig auszugehen, vor allem, wenn ich den Mann noch gar nicht richtig kannte. Auf diese Weise hatte ich kaum eine Chance, ihn kennen zu lernen.

Ich konnte auch nicht mehr in Premieren oder in die In-Restaurants gehen, überhaupt nirgendwo hin, wo unter Umständen ein Journalist lauern konnte. Ich erinnere mich an einen Abend, da ging ich mit einem Mann, den ich gerade kennen gelernt hatte, in ein Restaurant. Er wollte den Arm um mich legen und ich zuckte zurück, weil ich dachte, dort könnte ein Journalist sein. Der gute Mann war total sauer, weil er sich nicht ernst genommen fühlte. Er nahm mir übel, dass mir mein Ruf anscheinend wichtiger war als diese Liebe – die ja gerade erst anfing. Er machte Schluss. Das hat mir sehr Leid getan, denn er hat mir gut gefallen.

Eva Herman: Umgekehrt gehört es zum alltäglichen Rollenverständnis der Gesellschaft, dass Männer ihre Frauen neben sich stehen haben, während sie die Hauptpersonen sind. Glaubst du, dass Männer dafür geschaffen sind, die Rolle umgekehrt zu spielen?

Dagmar Berghoff: Wenn sie ihr eigenes Standing haben, ihren ganz eigenen Bereich, der möglichst wenig mit dem Beruf der Frau zu tun hat, dann glaube ich, dass es durchaus funktionieren kann. Wenn man, wie zum Beispiel in meinem Fall, auf einen Menschen trifft, der einen ganz anderen Beruf hat – mein Mann hat als Arzt sehr viel Erfolg und genießt eine große Anerkennung in der Hamburger Gesellschaft –, dann ist das möglich.

Eva Herman: Sieht dein Mann das auch so?

Dagmar Berghoff: Ja, obwohl es am Anfang nicht einfach war. Nachdem er ein, zwei Mal mit Herr Berghoff angeredet wurde, fand er das nicht mehr lustig. Aber inzwischen lacht er drüber. Das schaffen nicht alle Männer, aber ich glaube auch, dass es wiederum an der Frau liegt, das zu erklären und die Schärfe zu nehmen.

Eva Herman: Du warst ja lange allein …

Dagmar Berghoff: Ja. Und da habe ich alles allein gemacht, das Management, Telefonate, Absagen, Zusagen, Verhandlungen, alles eben. Ich musste erst wieder lernen, dass nicht ich das Trinkgeld gebe, wenn wir gemeinsam verreisen, sondern mein Mann Pit.

Eva Herman: Wer hat das geklärt?

Dagmar Berghoff: Er hat es mir gesagt. Es war mir gar nicht aufgefallen. Weil ich es anders gewohnt war. Zu meinem neuen Lehrprogramm gehörte auch, mir in den Mantel helfen zu lassen. Ihm Zeit zu lassen, den Mantel zu holen und mir anzuziehen, und nicht, dem Impuls folgend, ihn selber vom Haken zu nehmen und hineinzuschlüpfen.

Eva Herman: Bestellst du dein Essen selbst in einem Restaurant?

Dagmar Berghoff: Es kommt darauf an. Heute ist es so, der Ober kommt, sieht dich an und fragt, was du essen möchtest. Dann bestelle ich und danach sagt Pit, was er möchte. Ich bin zum Beispiel auch immer als Erste in ein Lokal gegangen. Pit korrigierte mich: »Lass mich bitte gehen, der Mann geht zuerst.« Wenn man lange als Frau allein gelebt hat und für sich selber sorgen musste, dann bekommt man in bestimmten Bereichen in der Tat männliche Verhaltensweisen ...

Eva Herman: Du hast es, wie keine andere, geschafft, die Presse weitgehend aus deinem Privatleben herauszuhalten. Es war selten bekannt, mit wem du liiert warst.

Dagmar Berghoff: Ich glaube, bis zu einem gewissen Grad kann man beeinflussen, was in der Presse steht. Es kommt auf den Einzelnen an, ob er erzählen will oder nicht. Ich habe versucht, im Umgang mit der Presse fair zu sein, weil ich der Meinung bin, wir brauchen sie. Der Teamgedanke war für mich relevant: Die Journalisten müssen ihre Zeitung voll kriegen und wir sind umgekehrt natürlich auf die Presse angewiesen.

Eva Herman: Ist es schwierig, mit jemandem zusammen zu sein, der eifersüchtig ist, und gleichzeitig in der Öffentlichkeit zu stehen?

Dagmar Berghoff: Das ist schwierig. Das ist sehr schwierig. Du merkst, er ist verletzt, gleichzeitig fasziniert dich vielleicht gerade jemand auf einem Fest. Es kann auch eine Frau sein, obwohl es meistens Männer sind. Mit fasziniert meine ich nicht Verliebtsein, sondern einen interessanten Gesprächspartner gefunden zu haben. Leider bin ich auch jemand, der sich dann sehr intensiv unterhält, und das war manchmal schon schwierig. Zunächst bemerkte ich häufig nicht, dass Eifersucht im Spiel war. Ich wollte niemanden verletzen, ich tat es unbewusst, dachte nicht nach.

Eva Herman: Wolltest du Kinder?

Dagmar Berghoff: Ich habe mir immer sehr gut ein Leben ohne Kinder vorstellen können. Seit ich neunzehn war, musste ich für mich selber sorgen. Ich verdiente meinen Lebensunterhalt auch während der Schauspielschulzeit, dann bekam ich ein Stipendium, sonst hätte ich es nicht geschafft.

Ein Kind hätte nicht dazu gepasst. Ich wusste von mir und weiß es auch heute noch, ich könnte mich immer selber durchbringen. Aber ich wollte nie, dass mein Kind hungert oder friert. Das war eine Grundeinstellung.

Ich war nie eine der Frauen, die todunglücklich waren, dass sie kein Kind bekamen. Aber ich könnte mir vorstellen, wenn ich einen Mann, wie meinen jetzigen, wie Pit, eher kennen gelernt hätte, dass durchaus ein Kind da gewesen wäre. Aber das war nun zu spät. Ich bin nicht unglücklich darüber. Ich stürze mich nicht, wie viele dieser unglücklichen Frauen, auf alle Kinder, sondern ich weiß, dass Kinder mich mögen. Ich komme gut mit ihnen klar.

Aber es ist nicht so, dass ich mit Trauer davongehe, weil ich keine eigenen habe.

Eva Herman: Wahrscheinlich hätte ein Kind bei dir nicht hungern und frieren müssen …

Dagmar Berghoff: Nein, ich hatte aber diese Vorstellung, dass das irgendwann mal geschehen könnte. Ein Unfall, sagen wir mal, mit der Stimme. Das wäre das Schlimmste gewesen. Dann hätte ich gar nicht gewusst, was ich hätte arbeiten können. Ich habe mir das nie so konkret ausgemalt, weil ich wusste, ich könnte auch putzen gehen. Ich würde immer das Minimum verdienen können – für mich. Aber nicht noch für ein Kind.

Eva Herman: Ist es allein die Vorstellung gewesen, ein Kind nicht ernähren zu können? Oder war es auch Karrieredenken? Mit einem Kind gehen bestimmte Dinge nicht mehr …

Dagmar Berghoff: Nein, das war es nicht. Sondern es war tatsächlich dieses Urempfinden: Ich allein werde durchkommen! Aber die Vorstellung, auch noch für ein Kind mitdenken und -handeln zu müssen, war mir unheimlich.

Eva Herman: Was ist für dich der Sinn des Lebens?

Dagmar Berghoff: Der Sinn des Lebens ist, mein eigenes Leben möglichst so zu gestalten, dass ich gerne lebe und mein Partner auch. Es ist mir jetzt erst möglich, so zu sprechen, seit ich mit diesem Mann zusammen bin. Ich möchte, dass wir ein schönes Leben haben. Ich will nicht sagen, dass es spannend sein muss oder Spaß machen soll, das ist viel zu wenig. Wir müssen uns gegenseitig Kraft geben, Dinge tun, die uns Freude machen. Am besten ist es, morgens aufzuwachen und zu sagen: »Wow, was ist das für ein schöner Tag!« Auch wenn es regnet. Das ist für mich der Sinn des Lebens.

Eva Herman: Du sprachst vorher von deiner männlichen Phase. Du meinst damit eine sehr selbständige Phase, in der du für alles selbst verantwortlich warst. Gibt es weiblichere und unweiblichere Phasen?

Dagmar Berghoff: Ja, die gibt es. Das ist eine Stimmungssache, die über Monate anhalten kann. Es hat auch oft etwas damit zu tun, ob man verliebt ist. Wenn du heftig flatternde Schmetterlinge im Bauch hast, dann wirst du einfach weiblicher, das hat sicher unter anderem etwas mit den Hormonen zu tun.

Eva Herman: Wie äußert sich das bei dir?

Dagmar Berghoff: Das äußert sich zum Beispiel in der Kleidung. Ich trug nie unbedingt große Ausschnitte, aber in einer solch aufregenden Zeit zog ich schon mal ein Kleid mit einem Ausschnitt an. Zusätzlich versuchte ich meine Weiblichkeit oder den Körper etwas mehr einzusetzen. Und der Job, der ist plötzlich nicht mehr so wichtig, es relativiert sich vieles. Die Perfektion lässt etwas nach, denn man wird einfach weicher.

Eva Herman: Passiert das nur, wenn man verliebt ist, oder geschieht es auch in anderen Lebensphasen?

Dagmar Berghoff: Bei mir waren es die Phasen, in denen ich verliebt war. Aber es gab auch eine Zeit, als ich etwa fünfunddreißig Jahre alt war, da passierte noch etwas anderes mit mir. Durch die Arbeit in einer Genetikserie wusste ich, wenn man noch nie schwanger war, auch noch nie abgetrieben hatte, und dann ein Kind im Alter um vierzig herum bekam, wächst die Chance für ein Kind mit einem Down-Syndrom dramatisch. Bei mir tickte also eine Uhr. Wenn Kind, dann jetzt. Und das war, ich will nicht sagen eine wirklich richtig schwierige Phase, aber sie war verbunden mit innerlichem Bedauern. Mir war klar, wenn es jetzt nicht klappte, dann war das Thema tatsächlich beendet. Auf die Idee, ein Kind zu adoptieren, wäre ich nie gekommen.

Eva Herman: Wie lange dauerte diese Zeit des Bedauerns?

Dagmar Berghoff: Die Phase habe ich dann abgeschlossen, als ich vierzig wurde, denn da war für mich klar, ich kriege kein Kind mehr.

Eva Herman: Und vorher hätte, wenn der entsprechende Partner aufgekreuzt wäre, ein Kind durchaus in deinen Plan gepasst?

Dagmar Berghoff: Ja, wenn alles gestimmt hätte, wahrscheinlich schon. Es gibt Frauen, die alles tun, um ein Kind zu kriegen. Ob sie sich künstlich befruchten lassen oder was auch immer. Weil sie wirklich ein todunglückliches Leben führen, wenn sie kein Kind haben. So eine Frau war ich nie.

Eva Herman: Lass uns über deine Bekanntheit sprechen: Dein Freundeskreis, der sicher groß ist, oder auch dein Bekanntenkreis, wie viel hat der zu tun mit deiner Rolle als öffentliche Frau?

Dagmar Berghoff: Das ist schwer abzuschätzen, aber ich denke, einige in meinem Freundeskreis finden es sehr schön, dass ich bekannt bin. Das muss ich so sagen.

Eva Herman: Hast du dich jetzt höflich ausgedrückt?

Dagmar Berghoff: Sie genießen es natürlich, hin und wieder mit in der Öffentlichkeit zu stehen. Es hat andererseits auch schon Situationen gegeben, in denen es um menschliche Probleme ging, um handfeste Geschichten wie schwere Krankheiten oder so etwas. Und da merkst du dann, dass da Freunde, wirkliche Freunde sind. Oder du spürst, dass du selber gebraucht wirst, als Freundin, nicht als öffentliche Dagmar Berghoff.

Eva Herman: Wie profitierst du denn von deiner Öffentlichkeit? Und wo?

Dagmar Berghoff: Das sind ganz äußerliche Geschichten, dass eben im Restaurant tatsächlich für mich immer noch ein

Platz frei ist, wenn eigentlich alles ausgebucht ist. Oder dass man in Hotels besonders höflich behandelt wird. Man wird häufig upgegradet, bekommt ein besonders schönes Zimmer. Es sind diese Äußerlichkeiten. Ansonsten profitiert man eigentlich nicht davon. Im Gegenteil. Man wird ja häufig angesprochen, und das ist in der Regel sehr nett, aber trotzdem musst du selber auch immer gut drauf sein, um auch immer nett zu reagieren. Das heißt, man muss sich schon zusammenreißen, wenn man mal nicht so gut drauf ist, was auch mir passiert.

Eva Herman: Hast du ein Beispiel?

Dagmar Berghoff: Das gibt es schon. Neulich, bei einer Lesung, hatte ich ein ziemlich unschönes Erlebnis: Eine Frau kam auf mich zu, rückte ganz, ganz nah an mich heran und sagte: »Ich wollte nur mal wissen, wie Sie aussehen in Natur.« Das war grauenvoll! Eine derartig grässliche Situation musst du über dich ergehen lassen. Und dann kannst du eigentlich nur so reagieren, in dem du sagst »Ja und? Alles klar? Und Tschüss!«

Eva Herman: Findest du dich attraktiv?

Dagmar Berghoff: Ich habe neulich Zusammenschnitte von früheren Sendungen gesehen. Und ich muss sagen: Mensch, du warst eigentlich ganz hübsch! Das habe ich damals aber nicht so empfunden. Nun ist meine Sicht eine andere, und ich kann sagen, ich war eigentlich mal ein ganz hübsches Mädchen oder eine nette, junge Frau.

Eva Herman: Klingt unprätentiös.

Dagmar Berghoff: Es ist schwer, sich selbst zu beurteilen. Du siehst an dir Dinge, die andere gar nicht erkennen können. Und ich weiß nicht, ob es wirklich viele Frauen gibt, die von sich sagen, jawohl, ich bin richtig attraktiv!

Eva Herman: Welche Bedeutung hat für dich das Alter?

Dagmar Berghoff: Das Altern wäre nicht so schlimm, wenn es nicht mit körperlichem Verfall einherginge. Zum Beispiel mit Krankheiten. Gott sei Dank wurde ich bisher davon verschont. Ich habe nichts! Ich habe weder mit dem Rücken zu tun, noch habe ich Gicht oder was es alles so gibt. Ich bin ein äußerst unsportlicher Typ, spiele weder Tennis noch Golf, und habe das Gefühl, dass es tatsächlich daher rührt. Keinen Tennisarm, keine Verspannungen, gar nichts. Ich glaube, es ist ein Vorteil, unsportlich zu sein. Ich weiß natürlich, was alles irgendwann auf einen zukommen kann. Und das ist das Schlimme am Alter. Andererseits habe ich festgestellt, dass ich in jeder Lebensalterphase, sagen wir alle zehn Jahre, dachte: So, wie es jetzt ist, müsste es bleiben. Das denke ich auch jetzt. Und ich hoffe, dass es so auch in zehn Jahren sein wird. So wie es jetzt ist, müsste es bleiben!

Eva Herman: Wolltest du nie »nochmal dreißig sein«?

Dagmar Berghoff: Nein, dreißig würde ich sowieso nicht sein wollen. Das war eine fürchterliche Phase. Ich dachte: Jetzt ist alles vorbei! Es passiert nichts mehr, jetzt bist du alt. Der Dreißigste war mein allerfürchterlichster Geburtstag.

Eva Herman: Mit vierzig hätte ich das verstehen können.

Dagmar Berghoff: Nein, meinen vierzigsten empfand ich als völlig problemlos. Der Fünfzigste war schwieriger. Die fünf davor ist komisch. Aber so schlimm war es dann auch nicht. Ich bin mal gespannt auf den Fünfundsechzigsten! Es ist doch alles auch eine Typfrage. Wichtig ist, wie du bleibst als Mensch, ob du dich immer noch totlachen kannst, ob du noch verrückt bist oder lustig. Du musst fühlen, dass du lebendig bist, das ist wichtig. Ich gebe zu, die Falten, die allmählich entstehen und dein Gesicht zeichnen, sind eine bittere Angelegenheit. Man war einfach schöner, als man keine hatte. Dies allerdings trifft nun alle, und wir werden damit leben müssen. Der Vorteil des Alterns ist zweifellos eine gute Portion Gelassenheit, die nicht mehr viel Unruhiges, Depressives zulässt. Große Gefühlsschwankungen lassen nach. Natürlich gibt es immer wieder kleinere, aber dafür ist man ein ganz normaler Mensch.

DAGMAR BERGHOFF

Moderatorin der ARD und des NDR, ehemalige Tagesschau-Chefsprecherin.

Biographie:

Geboren in Berlin · Abitur · Sprachenstudium in England und Frankreich · 1964 bis 1967 Staatliche Hochschule für Musik und Darstellende Kunst, Hamburg · 1967 bis 1976 Südwestfunk Baden-Baden als Fernsehansagerin, Funksprecherin, Moderatorin. In dieser Zeit diverse Fernsehspiele: »Deutschlandreise«, »Einmal im Leben«, »Aus Liebe zum Sport«, »Hamburg Transit«, Tatort: »Ein ganz gewöhnlicher Mord«, »Das Kurheim«, »Die Friedenmacher« · 1976 bis 1999 Tagesschausprecherin und Rundfunkmoderatorin beim NDR · 1995 bis 1999 Chefsprecherin der Tagesschau

Preise und Auszeichnungen:

1980 Bambi · 1981 Sorrisi et Canzoni · 1987 Goldene Kamera · 1990 Bambi

Dagmar Berghoff lebt in Hamburg.

SABINE CHRISTIANSEN

Sabine Christiansen ist eine der erfolgreichsten Frauen des deutschen Fernsehens. Nachdem sie zehn Jahre lang souverän die Tagesthemen moderiert hatte, installierte sie im Januar 1998 ihre eigene, selbst produzierte, wöchentliche Talkshow im Ersten: »Sabine Christiansen«.

Nahezu alle wichtigen Persönlichkeiten des Landes waren seitdem bei ihr zu Gast. Die Sendung gehört mit durchschnittlich vier Millionen Zuschauern zu den erfolgreichsten Formaten des deutschen Fernsehens.

Dabei sah es anfangs gar nicht so gut aus, denn schon nach den ersten Ausstrahlungen formierten sich die Kritiker, um ihren angeblich weichen, nachgiebigen Moderationsstil zu bemängeln. Doch Sabine ließ sich nicht beirren.

Genauso wenig wie elf Jahre zuvor, als sie die Tagesthemen-Moderation übernahm. Damals beteiligten sich selbst TV-Kollegen an der öffentlichen Schelte und äußerten Zweifel an ihrem Können.

Mit Souveränität, fachlicher Kompetenz und weiblichem Charme zerstreute sie nach kurzer Zeit die Bedenken. Sie war Miss Tagesthemen, und daran war nicht zu rütteln.

Vielleicht hat sie den Gleichmut, den sie schon damals an den Tag legte, von ihren Eltern mitbekommen, die in einem kleinen Ort in Schleswig-Holstein ein Lebensmittelgeschäft besaßen, in dem der Kunde König war. Für Sabine Christiansen ist heute der Fernsehzuschauer König, und dass sie sich als Dienstleisterin versteht, könnte ein Grund dafür sein, dass sie mit den unterschiedlichen Bewertungen so gut umgehen kann. Ihren Moderationsstil hat sie beibehalten und er ist inzwischen zu ihrem Markenzeichen geworden.

Eva Herman: Sind bestimmte Persönlichkeitsmerkmale notwendig, um in den Medien Karriere zu machen?

Sabine Christiansen: Im Prinzip nein, aber es gibt sicherlich einige Charakteristika, die man mitbringen muss, um sich überhaupt auf diese Arbeit einzulassen. Dazu gehören Selbstbewusstsein ebenso wie die Fähigkeit zur Selbstkritik. Des Weiteren Risikobereitschaft, Mut, insbesondere Durchhaltevermögen, Hartnäckigkeit und der Glaube an sich selbst. Wichtig ist, seine eigenen Kenntnisse und Fähigkeiten einschätzen zu können und genauso wenig auf falsches Lob wie auf unsachliche Kritik zu hören.

Eva Herman: Wie war deine Berufslaufbahn?

Sabine Christiansen: Nach dem Abitur habe ich meine ursprüngliche Absicht, Betriebswirtschaft zu studieren, schnell zugunsten einer weiteren Ausbildung meiner Sprachkenntnisse aufgegeben. Ich hatte bereits während der Schulzeit die Möglichkeit zu vielen Lernaufenthalten im Ausland. Daher bin ich zunächst zur Deutschen Lufthansa in den internationalen Flugdienst gegangen, um weitere Sprachen, aber insbesondere Menschen und andere Kulturkreise kennen zu lernen. In den sieben Jahren bei der Fluggesellschaft habe ich begonnen zu schreiben, mein großes Interesse für den Journalismus entdeckt und sehr viel gewerkschaftliche Arbeit geleistet. Nach dieser Zeit habe ich dann meine journalistische Ausbildung beim Norddeutschen Rundfunk begonnen. Meine Leidenschaft galt übrigens damals dem Hörfunk und nicht dem Fernsehen.

Eva Herman: Gegen wie viele Mitbewerber hast du dich durchgesetzt?

Sabine Christiansen: Wir waren Hunderte. Sechs oder sieben sind aber nur genommen worden. Während der Ausbildung liefen Hörfunk und Fernsehen parallel, ich hatte die Möglichkeit, alle relevanten Abteilungen kennen zu lernen. Interessiert haben mich schon von jeher neben fremden Sprachen vor allem die Bereiche Politik und Wirtschaft.

Nach dem Volontariat ist mir dann parallel zu meiner Tätigkeit als Reporterin für die Landespolitik die Moderation des regionalen TV-Magazins »Hamburg-Journal« angeboten worden, einige Jahre später dann auch die Moderation der »Tagesthemen« am Vormittag, die es damals noch gab. Ich habe diese Aufgabe als eine große Chance verstanden, mit der internationalen Politik vertrauter zu werden. Allerdings habe ich damals an die Moderation der Tagesthemen am Abend nicht im Entferntesten gedacht. Zu diesem Zeitpunkt wusste ich auch nicht, dass Ulrike Wolf ein halbes Jahr später ihren Platz als Moderatorin dort räumen würde. Und ein halbes Jahr später entschieden sich die ARD-Intendanten dann für mich als Nachfolgerin. Ich habe das als große Herausforderung, aber insbesondere als große Chance verstanden.

Eva Herman: Wann stand für dich fest, was du werden wolltest?

Sabine Christiansen: Für mich gab es immer einen Wunsch: meine Sprachkenntnisse und Neugier auf die Vorgänge um mich herum verbinden zu können. Das Interesse an wirtschaftlichen wie politischen Zusammenhängen hat mich immer fasziniert. Die beruflichen Möglichkeiten habe ich daher immer als sehr vielfältig angesehen. Ich habe die heute so viel zitierten Brüche im Leben und unterschiedlichen Erfahrungen in anderen Berufen immer als eine Bereicherung angesehen. Insofern hatte ich auch nie einen Berufswunsch, der mich auf einen Stuhl festnagelt – von der Ausbildung bis zur Pension.

Eva Herman: Hast du Geschwister?

Sabine Christiansen: Eine Schwester, die fünf Jahre jünger ist.

Eva Herman: Das heißt, du warst die Große.

Sabine Christiansen: Ja, die Große, die Vernünftige, die immer ein bisschen mit gutem Beispiel vorangehen musste – was natürlich so nicht funktionierte. Wir haben uns immer sehr, sehr gut verstanden und tun das auch heute noch.

Eva Herman: Haben deine Eltern euch großzügig erzogen?

Sabine Christiansen: Ja. Ich glaube schon. Großzügig, aber auch geradlinig. Wir wussten um unsere Grenzen. Wir lebten mit drei Generationen im Haus – da weiß jeder um seine Aufgaben, erfährt aber auch die Wärme einer Familie. Unser Haus war ein offenes, tolerantes, in dem Freunde, auch die der Kinder, immer willkommen und meist zahlreich anzutreffen waren. Eine wichtige Erinnerung für mich ist, immer einen Ansprechpartner bei Problemen gehabt zu haben.

Eva Herman: Was hat dein Leben besonders stark beeinflusst?

Sabine Christiansen: Ich glaube, mein Elternhaus hat mich sehr stark geprägt. Das Wichtigste ist für mich immer, gleichgültig ob beruflich oder privat, dass man Achtung und Respekt anderen Menschen, Kulturen, Lebensweisen gegenüber hat. Meine Auslandsaufenthalte als Kind haben mich sicher sehr geprägt. Als junger Mensch muss man lernen, sich in einem fremden Land zurechtzufinden. Später dann, während meiner Zeit bei Lufthansa, kamen Menschenkenntnis und in extremen Situationen die Einschätzung der eigenen Fähigkeiten und Reaktionen hinzu. Eine sehr wertvolle Erfahrung. Was leider heute immer mehr vernachlässigt wird, sind Achtung und Meinung von älteren Menschen. Für mich sind ältere Menschen immer noch ein unschätzbarer Quell der Erfahrung. Und sie zu erleben ist bereichernd.

Eva Herman: Welche Rolle haben deine Eltern für dich gespielt?

Sabine Christiansen: Ich kann nicht sagen, ich war ein Mutter- oder Vatertyp, sondern wir haben sie beide, meine Schwester und ich, in unterschiedlichen Bereichen als Autoritäten geschätzt. Wenn mein Vater zu bestimmten Dingen Nein sagte, dann wussten wir genau, dass Nachfragen keinen Sinn hatte. Und wenn meine Mutter Nein sagte, dann haben wir das auch akzeptiert und nicht versucht, sie gegeneinander auszuspielen. Meine Eltern hatten offensichtlich hinsichtlich unserer Erziehung eine klare Linie miteinander.

Eva Herman: War deine Mutter berufstätig?

Sabine Christiansen: Wir waren ein typischer Selbständigen-Haushalt. Vater und Mutter haben gearbeitet. Nur zusammen ließ sich der einstige Kolonialwarenladen meiner Großeltern von 1915 in einen modernen Dienstleistungsbetrieb umbauen. Meine Mutter war und ist eine sehr kommunikative und aktive Frau. Ihr Engagement, Beruf und Familie unter einen Hut zu bringen, hat mir immer imponiert.

Eva Herman: Wer lebte in eurem Haus?

Sabine Christiansen: Eine Großmutter lebte bei uns im Haus, die andere lebte nebenan, und wir hatten eine ältere Dame, die sich um die Küche und uns Kinder in wunderbarer Weise kümmerte. Wir haben sie sehr geliebt. Sie kannte die besten Märchen und Geschichten.

Meine Mutter war immer greifbar, deshalb habe ich es auch nie als Defizit empfunden, dass sie gearbeitet hat, denn wir konnten ins Geschäft gehen, genauso zu meinem Vater wie zu meiner Mutter. Das meiste wurde allerdings während der gemeinsamen Mahlzeiten besprochen, die immer in großem Kreise stattfanden.

Eva Herman: War deine Mutter streng?

Sabine Christiansen: Nein, aber bestimmt. Sie hat uns alle Freiheiten gelassen, so weit sie ihr zulässig erschienen.

Eva Herman: Erinnerst du dich, wie du auf Verbote reagiert hast?

Sabine Christiansen: Selten einsichtig, meistens mit Rebellion. Mal war es stiller, schmollender Widerstand, mal offener Protest. Es war die so genannte Hippiezeit, wir versuchten, mit Flower-Power-Klamotten und der Parole »Give Peace a Chance« als Miniatur-Weltverbesserer aufzutreten und vieles infrage zu stellen. Das ergab manches Mal heftige Diskussionen und Streitereien.

Auch um andere gesellschaftliche oder religiöse Fragen wurde in einem Drei-Generationen-Haushalt oft debattiert. Oder darum, warum ein kleines Mädchen unbedingt in die Oper gehen soll, wenn es doch viel lieber zum Cliquen-Treff gegangen wäre.

Eva Herman: Hast du Funktionen wie Klassensprecherin oder Schulsprecherin übernommen?

Sabine Christiansen: Ich habe verschiedene Funktionen in allen möglichen Gremien übernommen – dabei lernt man, Aufgaben ernst zu nehmen. Aber es brachte auch Frust, über nicht durchgesetzte Projekte und ähnliches. In der Jugendorganisation einer Partei habe ich mich als Schülerin nur einmal kurz engagiert – seitdem nie wieder.

Eva Herman: War dein Vater politisch interessiert?

Sabine Christiansen: Er war nicht nur ein interessierter, sondern auch ein sehr engagierter Bürger. Er arbeitete auf kommunalpolitischer Ebene mit, in Vereinen wie sozialen Institutionen. Beide Eltern hielten es immer mit der Devise: »Es gibt nichts Gutes, außer man tut es!« Mein Vater war darüber hinaus in Aufsichtsräten und brancheninternen Kreisen tätig. Auch dadurch ergab sich ein erweiterter Blick auf

Entwicklungen, was seine Meinung für mich immer sehr wertvoll machte.

Eva Herman: Woher kommt dein Engagement, Missstände zu entzerren und dich für Dinge, die dir wichtig sind, einzusetzen?

Sabine Christiansen: Ich glaube eben aus diesem vorgelebten Engagement meiner Eltern, gepaart mit den Erfahrungen, die ich als junger Mensch bereits in Afrika, Asien und Südamerika gemacht habe. Missstände lassen sich nur beheben, wenn wir uns dagegen auflehnen, etwas für ihre Beseitigung unternehmen. Ich bewundere zum Beispiel die Menschen, die sich voll und ganz für eine solche Aufgabe engagieren. Ich kann mit meiner prominenten Rolle andere Dinge tun: Aufmerksamkeit für Probleme wecken, als UNICEF-Botschafterin politisch versuchen, Einfluss zu nehmen wie auch um Spenden zu werben. In vielen anderen Organisationen arbeite ich für eine bessere Stellung der Kinder in unserer Gesellschaft und gegen Kindesmissbrauch. Gerade die Schwächsten brauchen starke Stimmen! Wir können nicht darauf warten, dass andere die Arbeit machen – die Gesellschaft ist nur so gut wie das, was wir aus ihr machen.

Eva Herman: Wie diplomatisch bist du?

Sabine Christiansen: Ich kann sehr diplomatisch sein – aber auch genau das Gegenteil. Wenn ich Ungerechtigkeiten oder Ignoranz spüre, dann ist es bei mir mit der Diplomatie nicht mehr weit her. Andererseits erreicht man oft mehr im Leben, wenn Wege des Zueinanders ausgelotet werden, dem Andersdenkenden auch zugehört wird und dann gemeinsam an Lösungsmöglichkeiten gearbeitet wird. Das verstehe ich unter Diplomatie. Bei der Arbeit ist es etwas anderes: da geht es um konkrete Antworten zu aktuellen Fragen.

Eva Herman: Ist das eine weibliche Haltung?

Sabine Christiansen: Ich glaube, es gibt viele Frauen, die diplomatischer sind als Männer – dahinter ihre Ziele aber genauso hartnäckig verfolgen. Es ist nur ein anderer Weg. Ich bin in einem Dienstleistungsbetrieb groß geworden, ich bin als Flugbegleiterin ebenso Dienstleisterin gewesen – dabei habe ich viel im Umgang mit Menschen gelernt. Ängste zu nehmen, Ärger auszuhalten und zu verwandeln, Trost zu geben. Ich habe gelernt, mich diplomatisch zu verhalten, aber in der Sache hart zu bleiben. Auch in meiner Sendung sind höfliche Umgangsformen nicht zu verwechseln mit dem Streben nach dem harten Kern der Information.

Eva Herman: Wer im Leben ist wichtig, wer sollte wirklich ernst genommen werden?

Sabine Christiansen: Die Familie, die wahren Freunde, die Kollegen und Menschen, die wirklich unsere Hilfe brauchen. Dann nehmen wir unseren »Kunden«, den Zuschauer, natürlich sehr ernst. Er ist letztlich im Quotenzeitalter ausschlaggebend für unsere Arbeit. Zu unterscheiden sind gerade im prominenten Leben die falschen und echten Freunde. Letztere nehme ich persönlich sehr ernst.

Eva Herman: War die Frauen-Quotenregelung für dich wichtig?

Sabine Christiansen: Ich glaube, dass die Quote ehedem wichtig war. Ohne sie hätten wir Frauen es nicht geschafft, in viele Bereiche des beruflichen Lebens vorzudringen. Die Männer haben zu lange verkannt, wie wichtig weibliche Arbeitskräfte für ein zukunftsorientiertes Unternehmen sind. Frauen haben vielbeschriebene Qualitäten als gute Team-Arbeiterinnen, integrativ, durchsetzungsfähig und kreativ. Es sind qualifizierte Frauen, die sich heute überall in der Arbeitswelt durchgesetzt haben. Auch ich habe mich mit meiner Arbeit durchsetzen müssen – mir hat keine Quote geholfen. In den Medien mangelt es heute nicht mehr an »Frontfrauen« auf dem Bildschirm, sondern an »Entscheiderinnen« hinter den Kulissen. Wo bleiben mehr Chefredakteurinnen politischer Magazine oder Tageszeitungen, wo Programmdirektorinnen und Intendantinnen bei privaten wie öffentlich-rechtlichen Sendeanstalten?

Eva Herman: Glaubst du, dass es irgendwann möglich ist, dass fünfzig Prozent der Führungspositionen von Frauen besetzt werden?

Sabine Christiansen: Ich glaube, dass sich diese Zahl annähernd automatisch ergeben wird. Weil letztlich niemand auf die Frauenpower verzichten kann. Das meine ich nicht im emanzipatorischen Sinn. Ich habe diese fünfzig Prozent gemeint, die mittlerweile hochqualifiziert in den mittleren Etagen sitzen und warten. Derzeit sind bedauerlicherweise in Europa erst circa acht Prozent der Führungspositionen mit Frauen besetzt – was nicht besonders viel ist. In Amerika sind es etwas mehr. Und dieses Bild spiegelt sich bedauerlicherweise auch oft in der Zusammensetzung meiner Gäste in der Sendung wider.

Eva Herman: Warum sind Frauen anders im Beruf als Männer?

Sabine Christiansen: Das muss man sehr differenziert betrachten. Frauen wollen Spaß an ihrer Arbeit haben. Das heißt, dass es ihnen auf eine Epaulette, eine Stufe mehr oder weniger auf der Karriereleiter nicht unbedingt ankommt, wenn diese eine große Einbuße an Lebensqualität bedeuten würde. Ich wurde zu Beginn meiner Sendung oft gefragt, warum ich nicht lieber als Chefredakteurin in einem öffentlich-rechtlichen Sender weitermachen oder warum ich nicht wegen des viel höheren Gehalts zu einem privaten Sender wechseln wolle. Beides habe ich abgelehnt, weil ich mich im öffentlich-rechtlichen ARD-Programm sehr gut aufgehoben fühle und weil Geld nicht alles ist im Leben. Wichtig ist das Arbeitsklima, das Team, eine Arbeit, die ich liebe. Einen Titel braucht es dazu nicht.

Eva Herman: Was bedeutet Prominenz für dich, und welche Konsequenzen hat sie?

Sabine Christiansen: Prominenz bedeutet für mich in erster Linie eine Verpflichtung, mehr für die Gesellschaft tun zu können. Darüber hinaus bekommt man manchmal einen Tisch – auch in einem vollbesetzten Restaurant. Und Letztes: Man sollte Prominenz nicht zu wichtig nehmen – denn sie ist nur auf Zeit und beeindruckt wahre Freunde überhaupt nicht.

Eva Herman: Du hast eine öffentliche Trennung hinter dich gebracht.

Sabine Christiansen: Die Trennung war vereinbart, aber die öffentliche Bekanntgabe haben wir bewusst terminiert. Es war für uns der sauberste und beste Weg. Auf diese Weise haben wir auch wenig Probleme mit der Öffentlichkeit gehabt.

Eva Herman: Ist Eifersucht für dich ein Thema?

Sabine Christiansen: Nein! Es könnte sein, dass es eins wird, wenn eine Frau auftaucht, bei der ich feststelle, dass sie sich für den Mann interessiert, den ich liebe. Aber Eifersucht als Kontrollinstrument ist nicht meine Sache. Ich würde nie solche Fragen stellen wie: »Was machst du, wenn du in den nächsten drei Tagen allein unterwegs bist? Wo warst du heute Abend?« Das würde ich nicht tun.

Eva Herman: Umgekehrt?

Sabine Christiansen: Auch nicht! Wir wissen immer genau, dass einer den anderen irgendwann nachts anruft. Wenn es sehr spät ist, dann schreiben wir uns eine kleine Mail, die man ja morgens gleich als erstes sieht.

Eva Herman: Ist dein Mann der ruhende Pol in deinem Leben?

Sabine Christiansen: Er kann ein Unruhe- und ein Ruhepol sein. Beides. Er ist ein Ruhepol, wenn ich furchtbar angestrengt bin und mir viele Dinge durch den Kopf gehen. Oder wenn ich mich nach einem sehr anstrengenden Tag einfach nur zurücklehnen und meine Ruhe haben will, ohne zu reden. Auch in solchen Situationen ist er ein Ruhepol. Er kann aber auch ein Unruhepol sein. Hauptsache, eine Beziehung ist abwechslungsreich.

Eva Herman: Wie kommst du in der Redaktion mit seiner Kritik zurecht?

Sabine Christiansen: Er ist als Produzent meiner Sendung, aber auch vieler anderer TV-Produktionen, nur einmal in der Woche in unserer großen Konferenz dabei. Dort bringt er dann auch seine Kritikpunkte vor, genauso wie jede andere Redakteurin oder jeder Kollege es macht. Es gibt keine Unterschiede in der Beurteilung einer Sendung für ihn, nur weil seine Frau die Moderatorin ist. Also »Betteln um Beistand« ist zwecklos! Eine gute Sendung wird gelobt, eine schlechte zerrissen, von ihm, von externen Kollegen, die wir als Kritiker einladen, oder auch selbstkritisch von der Redaktion.

Dafür halte ich schließlich auch nicht mit meiner Meinung hinter dem Berg, wenn es um andere Produktionen seiner Firma MedienKontor GmbH geht.

Eva Herman: Magst du es, wenn du auf der Straße angesprochen wirst?

Sabine Christiansen: Ja und nein. Möchte ich gerade im Grunewald mit unserem Hund beim Spazierengehen eher meinen Gedanken nachhängen, stört es mich schon mal, wenn Menschen das Gespräch mit mir suchen. Andererseits sind die Anregungen und Gespräche oftmals so interessant, dass ich sie auch nicht missen möchte. Im Übrigen gehen die Berliner sehr unaufgeregt mit der großen Zahl von Prominenten um, die in der Hauptstadt leben, und das macht die meisten Begegnungen sehr angenehm.

Eva Herman: Gab es während der Startphase deiner neuen Sendung Kritik auf der Straße?

Sabine Christiansen: Natürlich – aber nie in vergleichbarem Maße wie in den Medienseiten der Zeitungen, wo uns die Kritiker anfangs zerrissen. Die Zuschauer haben sich immer mehr für die Zusammensetzung unserer Runden interessiert oder sie haben sich über einzelne Standpunkte in der Sendung empört. Aber diese Resonanz war für mich wichtig, weil sie ein ehrlicheres Bild aus der Zuschauergemeinde heraus ergab, als das Zerrbild der Pressekritik.

Eva Herman: Findest du dich schön?

Sabine Christiansen: Diese Frage kannst du vielleicht Claudia Schiffer stellen – deren Job ist es, schön auszusehen. Wenn die Zuschauer in Deutschland und mittlerweile in vierzehn europäischen Ländern unsere Sendung einschalten, hat das wenig mit dem Aussehen der Moderatorin zu tun. Vielleicht etwas mit einer Ausstrahlung von Kompetenz oder Glaubwürdigkeit, aber nicht mit Modelqualitäten.

Ich finde mich wie jede Frau mal eine Woche zu dick, zu dünn, die Haare okay oder auch mal nicht, die Kleidung vor der Kamera mal gut, mal weniger gelungen. Für mich ist ein gepflegtes Äußeres im Job unerlässlich. Schönheit entsteht immer nur im Auge des Betrachters. Ich würde nicht auf die Idee kommen, äußerliche Veränderungen an mir vornehmen zu lassen, um einem Schönheitsideal zu entsprechen.

Eva Herman: Was bedeutet Weiblichkeit für dich?

Sabine Christiansen: Ich glaube, sie bedeutet Charme, Charisma, Ausstrahlung. Die Jahre, in denen sich die berufstätige Frau auf den vermeintlich erfolgreichen männlichen Weg zum Erfolg aufmachte, sind vorbei. Sie weiß heute um ihre Qualitäten und Kenntnisse. Daher ist es eine Selbstverständlichkeit geworden, die Weiblichkeit im oben beschriebenen Sinne ganz natürlich zu leben. Das hat für mich nichts mit zur Show getragenen sexuellen Reizen zu tun, sondern mit einer Mischung aus intellektuellen Fähigkeiten, persönlicher Ausstrahlung und Selbstbewusstsein. Warum sollten wir diese Weiblichkeit verstecken?

Eva Herman: Courage?

Sabine Christiansen: Nicht erst seit Mutter Courage den Frauen zuzuordnen. Weiblichkeit hat im Laufe der Jahrhunderte auch immer bedeutet: Besonders belastbar, mutig, ein großes Durchstehvermögen und menschliche Wärme.

SABINE CHRISTIANSEN

Leiterin und Moderatorin der ARD-Sendung »Sabine Christiansen«.

Biographie:

1957 Geboren in Preetz/Holstein · 1983 bis 1985 Journalistische Ausbildung beim Norddeutschen Rundfunk Hamburg · 1985 Freie Mitarbeit Hörfunk/Fernsehen, Filmberichterstattung · 1985 bis 1987 Redakteurin und Moderatorin im Landesfunkhaus Hamburg, Redaktionen: Landespolitik/Wirtschaft, Nachrichten, Fernsehdokumentation · 1987 bis 1997 Redakteurin ARD-aktuell, Moderation der »Tagesthemen« · seit 1997 Leitung der ARD-Sendung »Sabine Christiansen«

Preise und Auszeichnungen:

1990 Goldene Kamera · 1990 + 2000 Bambi · 1992 Bayerischer Fernsehpreis · 1995 Adolph-Grimme-Preis · 1997 Goldener Löwe RTL (Redaktion Tagesthemen) · 1999 Deutsche Frau des Jahres

Veröffentlichungen:

1990 Gesprächsbuch mit Prof. Dr. Karl Carstens · 1994 »Hoffnung hat viele Gesichter« · 1999 »Trendwende«

ARD-Fernsehdokumentationen:

1993 Dokumentationsreihe »Bericht: Sabine Christiansen« · 1994 Feature »Gott und die Welt«, diverse »N3-Reportagen«

Sabine Christiansen ist verheiratet und lebt in Berlin.

PETRA GERSTER

Petra Gerster ist seit 1998 Moderatorin einer der bedeutendsten Nachrichtensendungen Deutschlands, dem ZDF-Magazin »heute«.

Seriosität ist keine Vokabel, die sie aussprechen muss. Sie verkörpert sie.

Für ihre Glaubwürdigkeit erhielt sie die Goldene Kamera, für ihr journalistisches Können den Hanns-Joachim-Friedrichs-Preis.

Doch ihre Karriere war nicht vorprogrammiert. Üblicherweise sind es die Erstgeborenen, die unter den Geschwistern den Ton angeben und die Jüngeren anspornen, ihnen nachzueifern. Petra Gerster war nicht die Erst-, sondern die Letztgeborene, mit sechs Jahren Abstand das Nesthäkchen der sechsköpfigen Familie.

Sie selbst bezeichnet es als glücklichen Umstand, dass die Eltern sie »nur noch nebenher laufen ließen«, weil sie bereits drei Kinder groß gezogen hatten und beruflich stark beansprucht waren. So blieb ihr genügend Freiraum, sich auf sich selbst zu konzentrieren und herauszufinden, wo ihre Interessen lagen. Ihre geistige Öffnung, so sagt sie, erfuhr sie bereits als Kind durch ihre interessierten und gebildeten Eltern und eine Großmutter mit starker Persönlichkeit.

Im Laufe unseres Gesprächs erzählte mir Petra Gerster, wie

sie heute mit viel Organisationsgeschick ihre eigene Familie und ihren Job unter einen Hut bringt. Aber ich erfuhr auch, warum sie als Kind oft alleine in die Kirche ging, wieso sie Russisch studierte und häufig in die Sowjetunion fuhr.

Eva Herman: Du gehörst zu den führenden Medienfrauen in diesem Land. Worauf musst du besonders achten?

Petra Gerster: In erster Linie ist ein politisches Bewusstsein wichtig, ein großes Interesse für politische und gesellschaftliche Zusammenhänge. Dann, genauso wichtig, sich ständig zu informieren, jeden Tag Zeitungen zu lesen, die Berichterstattung auf anderen Sendern verfolgen. Da geht auch an freien Tagen viel Zeit drauf.

Man muss vertrauenswürdig sein, eben das verkörpern, was Glaubwürdigkeit genannt wird. Eine Eigenschaft, die man wohl nicht bewusst erwerben kann. Man hat sie oder man hat sie nicht! Daran arbeitet man ein Leben lang, das kann man nicht, wenn man sich zehn Jahre nur für Mode oder Sport interessiert hat und plötzlich sagt: »Jetzt habe ich mal Lust, Nachrichtenmoderatorin zu werden!«

Wenn man erst zu diesem Zeitpunkt beginnt, auch die vorderen Seiten der Zeitung zu lesen, ist es zu spät. Man muss das schon ein bisschen kontinuierlicher anlegen, am besten von der Schulzeit an.

Schön und wünschenswert ist auch politische Unabhängigkeit. Natürlich hat jeder seine politische Meinung, aber ich persönlich gehöre zu denen, die nicht so viel von Parteigängern halten, ich finde es – vor allem für diesen Job – sogar abträglich, wenn man eindeutig zuzuordnen ist. Wir wissen zwar alle, dass diese politische Zuordnung von Journalisten in den Sendern stattfindet, aber zumindest eine innere Unabhängigkeit sollte man sich bewahren. Das gehört unabdingbar zur eigenen Glaubwürdigkeit.

Und dann sollte man vielleicht auch nicht jede Woche in BUNTE oder GALA stehen wie manche unserer Kolleginnen; das ist für den Job, den ich mache, auch nicht gerade zuträglich.

Eva Herman: Warum nicht?

Petra Gerster: Für mich ist das eine andere Sphäre. In der Glitzerwelt zu Hause zu sein, das ist die Welt des Scheins, des schönen Scheins. Und damit zu spielen, dazu gehören andere Qualitäten, die möglicherweise ihre Bedeutung in der Unterhaltung oder anderen Sparten unseres Berufs haben, aber nicht für die Nachrichten. Dabei komme ich um das Wort Seriosität nicht herum. Es klingt furchtbar altbacken und langweilig, aber für die Nachrichten ist doch so was wie Seriosität wichtig, weil die Welt so kompliziert geworden ist! Wir bekommen so irrsinnig viele Informationen, da ist es besonders wichtig, dass man durch diesen Anchor, durch diese Person im Fernsehen das Gefühl bekommt, man wird so ein bisschen an den Klippen vorbeigeführt. Sodass man nicht Meldungen aufsitzt, die nicht stimmen oder Panikmache betrieben wird. Seriosität kann vor falscher Emotionalität schützen. Ich meine alles, was es auch an Desinformation in diesem Beruf gibt.

Eva Herman: Fällt dir der Umgang mit Frauen am Arbeitsplatz leichter?

Petra Gerster: Ja, ich habe bei Mona Lisa ausschließlich mit Frauen gearbeitet, zehn Jahre lang. Da gibt es auch Probleme, klar, aber ich habe sie nie überbewertet. Es gibt frauenkritische Frauen, die sagen, Frauen unter sich sind schwer erträglich. Oder da geht es schlimmer zu als … Diese Meinung teile ich nicht, weil ich das wirklich zehn Jahre erlebt habe. Es stimmt nicht! Frauen gehen schon anders miteinander um. Aber für mich in vielen Dingen angenehmer, weil sie ein Stück ehrlicher sind. Das heißt, Frauen untereinander bauen selten einen Popanz auf, sind selten Wichtigtuerinnen. Männer sind öfter Wichtigtuer. Sie plustern sich auf und markieren irgendetwas. Und diese Form der Markierung, die ich von meinem Hund kenne, auf die reagiere ich relativ allergisch.

Eva Herman: Wie reagierst du?

Petra Gerster: Innerlich mit Distanz und äußerlich mit Ironie. Und je nachdem, wenn es ein Chef ist, dann halte ich mich zurück und wenn es ein Gleichgestellter ist, erlaube ich mir eine ironische Bemerkung. Aber die erlaube ich mir bei meinem Chef auch. Ich finde an Frauen angenehmer, dass sie oft sachlicher sind. Sie sind manchmal auch emotionaler – das kann man aber klären –, während Männer ihre Gefühle stärker hinter einer scheinbaren Sachlichkeit verstecken, dahinter dann aber oft andere Motive wie Dominanzstreben und so etwas verbergen. Mir sind Frauen einfach vertrauter, ich kenne sie besser, weil ich mich gut kenne.

Eva Herman: Bist du mit Geschwistern groß geworden?

Petra Gerster: Ja, mit drei älteren Geschwistern. Der Nächste ist ein Bruder, und dann kommen noch zwei ältere Schwestern. Meine älteste Schwester ist vierzehn Jahre älter als ich, die nächste elf, der Bruder sechs Jahre.

Eva Herman: Du bist das Nesthäkchen! Hat dich das geprägt?

Petra Gerster: Ganz sicher! Man weiß ja, was die Geschwisterstellung in der Familie psychologisch ausmacht. Meine älteste Schwester ist zum Beispiel eine klassische älteste Schwester, die immer und für alles die Verantwortung trägt. Sich dann manchmal auch entsprechend aufführt, was anstrengend sein kann, vor allem, wenn man selbst inzwischen erwachsen ist und seinen eigenen Haushalt führt. Der Bruder ist der klassische einzige Sohn unter lauter Schwestern, der ein stark dominant gefärbtes Selbstbewusstsein hat. Er ist Politiker geworden, das passt auch gut! Und ich war für meine Geschwister das klassische Nesthäkchen, weil ich in ihren Augen super verwöhnt wurde. In meinen Augen natürlich nicht, weil ich viel eher das Gefühl hatte, dass mich meine Eltern etwas vernachlässigt haben. Ich war das vierte Kind, da waren die Nerven schon durch. Sie haben mich so nebenher laufen lassen, weil sie genug mit sich selbst zu tun hatten. Mein Vater war Arzt, meine Mutter hat ihm die Praxis geführt. Sie hatten eine schwierige Ehe und dazu noch ein sehr aktives gesellschaftliches Leben. Sie waren sehr beschäftigt. Meinen Bruder haben sie ins Internat gesteckt. Ich hatte relativ viel Freiheit und war ganz froh, dass sie nicht so ganz genau auf mich aufgepasst haben.

Eva Herman: Hast du dadurch den Anreiz bekommen, bestimmte Ziele zu verfolgen, oder ist das für dich eher hemmend gewesen?

Petra Gerster: Ich habe gemerkt, dass man sich selbst zurechtfinden muss. Ich glaube, ich bin dadurch ein Stück selbstständiger geworden. Selbstständiger auch als meine Schwestern, die noch sehr streng erzogen wurden. Diese Freiheit, dieses Nicht-so-beachtet-werden und dieses Stück auf sich selbst angewiesen zu sein, das halte ich für sehr förderlich für die Entwicklung eines Kindes, und es lässt mich auch zu der Überzeugung kommen, dass zu viel Erziehung schädlich ist. Ich bin wirklich nicht für die antiautoritäre Erziehung, aber ein bisschen Freiheit und den Kindern das Gefühl zu geben, sich selbst zu finden, halte ich für sinnvoll.

Eva Herman: Wer ist dir näher gewesen, Mutter oder Vater?

Petra Gerster: Das ist schwer zu sagen. Meinen Vater habe ich als kleines Kind abgöttisch geliebt, weil er der gütige Familienpatriarch war. Und mit meiner Mutter hatte ich ein eher schwieriges Verhältnis, weil sie sehr dominant war. Sie war sehr extrovertiert und temperamentvoll, manchmal aber auch hart in ihren Reaktionen und nicht sehr zärtlich oder liebevoll, überhaupt nicht körperlich. Ich kann mich nicht erinnern, dass sie mich in den Arm genommen hätte. Mein Vater war das Gegenteil. Aber dann wurde mein Vater krank, psychisch krank. Er hatte eine schwere endogene Depression. Dadurch ist er mir entglitten. Er war mir dann sehr fern, und das war schmerzlich.

Eva Herman: Wie alt warst du zu diesem Zeitpunkt?

Petra Gerster: Die Krankheit kam zum Ausbruch, als ich sechs war. Doch sie hat ihn auch weitergebracht, denn durch sie kam er mit der Psychologie in Berührung. Sie hat seinem Leben einen neuen Sinn gegeben. Mit fünfundvierzig Jahren hat er noch Psychologie studiert, sich zum Psychotherapeuten ausbilden lassen und aktiv in dem Beruf gearbeitet neben der Allgemeinpraxis. Er war ein hochinteressanter Mann, aber durch seine Depressionen auch oft einfach weg. Die Familie war ihm dann eine Last. Meine Mutter war hingegen psychisch stark. Der Krieg, die Ehe, die Praxis und vier Kinder sind ja kein Pappenstiel. Sie war mir dann später dadurch näher, dass sie sich sehr mit mir ausgetauscht hat.

Eva Herman: Hat dich das geprägt?

Petra Gerster: Ja, ganz sicher.

Eva Herman: Die Mutter als Vorbild?

Petra Gerster: Sie war ein Vorbild, weil sie stark war und gekämpft hat, und weil sie immer aktiv war und viel geleistet hat. Und dann hat sie diese schreckliche Bombennacht in Dresden erlebt und ist mit zwei kleinen Kindern und dickem Bauch, mit dem Dritten, das dann gestorben ist, aus der brennenden Stadt nach Bayern geflohen. Auf einem Bauernhof hat sie unter den primitivsten Umständen ihre Kinder über Wasser gehalten. Davor habe ich eine große Hochachtung. Sie war – meine Eltern leben ja beide nicht mehr – eine starke Frau! Allerdings war sie auch sehr kritisch und hat mich scharf zurechtgewiesen, wenn ich Fehler gemacht habe. Meinen Geschwistern ging es genauso. Wir hatten das Gefühl, dass wir nur dann geliebt werden, wenn wir Erfolg haben, gut sind und was nach Hause bringen. Alles andere wurde sehr schnell sehr kritisch beurteilt. Aber ich habe mich vielleicht doch gar nicht so stark davon beeinflussen lassen.

Eva Herman: Das spornt manche Kinder an, andere hemmt es.

Petra Gerster: Genau. Meine Mutter war zum Beispiel immer sehr emanzipiert. Und meine Großmutter auch schon. Die war ihr ganzes Leben lang berufstätig, weil sie es musste, weil ihr Mann im ersten Weltkrieg gefallen ist und sie sich dann mit Kind durchschlagen musste. Emanzipation war für die beiden keine Theorie, sie waren von Anfang an dafür, dass eine Frau einen Beruf hat und selbstständig ist. Meine Mutter hat zwar ihr Studium abgebrochen, weil der Krieg ausbrach und vier Kinder kamen, aber sie hätte, wenn sie nicht in der Praxis gearbeitet hätte, eben woanders gearbeitet. Sie hätte uns irgendwie durchgebracht. Daran habe ich keinen Zweifel. Meine Eltern hätten auch nie gesagt: »Ach, ihr Mädchen heiratet ja doch!« Sondern ganz im Gegenteil, jede Tochter sollte unbedingt studieren, und meine Eltern sagten, dafür kriegt ihr keine Mitgift und kein Silber, wir finanzieren euch ein Studium und sonst nichts. Und so war es auch. Sie haben vier Kindern das Studium finanziert, und darüber sind wir alle auch froh.

Eva Herman: Wann hattest du das erste Mal einen konkreten Berufswunsch?

Petra Gerster: Ich wollte mit sechs, glaube ich, Friseuse werden. Und mit acht Nonne. Da rannte ich viel in die Kirche, das war auch so ein Kontrastprogramm zu meinen Eltern, die nicht gläubig waren …

Eva Herman: Du allein?

Petra Gerster: Ja, ich ging sonntags allein in die Kirche. Und meine Mutter versuchte mich zurückzuhalten. Sie sagte immer: »Komm, wir gehen lieber spazieren!«, aber ich wollte unbedingt in die Kirche gehen. Da war ich so acht, neun. Samstags ging ich immer beichten und sonntags zur Kommunion und fühlte mich als gutes Kind. Aber das nahm dann später ab. Und dann, so ab zehn, wollte ich Schauspielerin werden, wie wohl jedes Mädchen. Dann fing ich mit dreizehn, vierzehn an – damals war mein Vater schon Psychotherapeut und ich war als Kind immer extrem tierlieb –, mich für Verhaltensforschung zu interessieren. Ich habe Konrad Lorenz gelesen, »So kam der Mensch auf den Hund« oder »Er sprach zu den Fischen und Vögeln«, und Eibl-Eibesfeldt, und das fand ich wahnsinnig aufregend. Auch die Graugans Martina und so weiter. Die Verhaltensforschung war ein relativ ernsthafter Wunsch, Zoologie und Verhaltensforschung. Und dann hat sich das auf Saurier und Paläontologie verlagert. Als das Abi immer näher rückte, wusste ich eigentlich gar nicht mehr, was ich werden wollte. Ich habe gerne gelesen, und wir hatten viele Bücher. Meine Mutter hat mir russische Bücher gegeben. Dostojewskijs »Schuld und Sühne« und Gogols »Tote Seelen« fand ich faszinierend. 1973 habe ich Abitur gemacht. Brandt fand ich damals mitreißend, den fand ich spannend samt seiner Ostpolitik. Ich studierte dann Russisch. Einfach so, es war die Öffnung nach Osten, und ich dachte, das sei die richtige Sprache. Slawistik und Germanistik haben mir viel Spaß gemacht. Ich bin oft in die Sowjetunion gefahren, allein während des Studiums sechs oder sieben Mal, um wirklich gut Russisch zu sprechen. Damals war ein Studienjob dort nicht möglich. Ich wusste aber immer noch nicht, was ich werden sollte. Als Lehrerin zu arbeiten, dazu hatte ich eigentlich nie Lust. Als ich dann eine Zusage für das Referendariat bekommen habe, dachte ich, jetzt wird es Ernst, jetzt werde ich wirklich Lehrerin. Darum habe ich mich noch schnell beim SWR beworben. Ich glaube, als Sprecherin. Jedenfalls erinnere ich mich, dass ich eine Kassette besprochen und hingeschickt habe. Der Chefsprecher hat mich angerufen und mir eine Hospitanz angeboten. Zwischenzeitlich hatte ich meinen Mann, Christian Nürnberger, kennen gelernt, und der war Journalist. Schließlich bekam ich ein Volontariat beim Kölner Stadtanzeiger. Dort wollte ich gerne in die Nachrichtenredaktion, ich war ja immer politisch interessiert. Doch da war natürlich nichts frei. Und so fing ich erst mit dem Lokalen an. Nach einem halben Jahr hörte ich, dass der WDR eine Nachrichtenredakteurin sucht, im dritten Programm, für die »Aktuelle Stunde«. Da hab ich mich beworben und wurde sofort genommen. Das war sozusagen der Beginn meiner Fernsehlaufbahn. Ich war Nachrichtenredakteurin, und nach zwei Jahren habe ich einen Dummy gespielt, in einem Casting, wo eine junge Moderatorin getestet wurde und ein Interview führen sollte. Damals haben sie zu mir gesagt: »Ach, komm, setz dich mal ins Studio, und die soll dich einfach fragen!« Sie wollten nur sehen, wie die so kommt als Interviewerin. Also hab ich mich hingesetzt, und so wurde ich von Claus-Hinrich Casdorff für den Bildschirm entdeckt. Danach habe ich ein Moderatorentraining gemacht und fing an, in der Aktuellen Stunde zu moderieren, zusätzlich zur Nachrichtenschreiberei.

Eva Herman: Und wie ging es weiter? Was hast du nach der Aktuellen Stunde gemacht?

Petra Gerster: Nach der Aktuellen Stunde ging Christian als Textchef von »HighTech« nach München. Ich zog mit, weil er vorher meinetwegen nach Köln gezogen war, von der Frankfurter Rundschau weg. Als Freie habe ich dann noch alle sechs Wochen moderiert. Das fand ich aber bald unbefriedigend, weil ich fünf Wochen in München rumsaß, ohne Kinder war und mich langweilte. Dann hab ich mich beim Bayerischen Rundfunk beworben. Und da wurde ich auch genommen, für das, was auch Petra Schürmann gemacht hat, das Bayernstudio. Da hatte ich in meinem allerersten Interview Herrn Gauweiler. Und dem habe ich gröblich missfallen, weil ich vom WDR kam. Er hatte mich vorher in der Maske schon ausgefragt und als ich gesagt habe, ich komme vom WDR, da hat er sofort auf bayerisch gesagt: »Ja, die mögen wir ja gar nicht!« Den Job war ich direkt wieder los. Das ging ratzfatz! Danach habe ich mich bei 3sat bei einem Casting beworben und wurde genommen. Und bei diesem Casting saß die rechte Hand von Intendant Stolte, Frau Grothaus, und die entdeckte mich für Mona Lisa. Zehn Jahre lang habe ich bei Mona Lisa gearbeitet, die letzten zwei Jahre war ich Hauptmoderatorin. Das hat sehr viel Spaß gemacht. Und da habe ich auch die aufregenden Auslandssendungen gemacht, bis plötzlich der Anruf aus Mainz kam, ob ich Lust hätte, die »heute«-Sendung um neunzehn Uhr zu moderieren. Ich habe sofort Ja gesagt, obwohl mir »Mona Lisa« viel Spaß machte. Nachrichten um neunzehn Uhr zu präsentieren, das war ein sehr ehrenvoller Antrag. Erst hatte ich ein bisschen Bammel davor, jeden Abend eine Sendung live zu moderieren. »Mona Lisa« gab es nur ein Mal die Woche und wurde aufgezeichnet.

Eva Herman: Aber die Live-Situation kanntest du von der Aktuellen Stunde.

Petra Gerster: Ja, aber das war schon zehn Jahre her! Und ich erinnere mich gut: Das erste halbe Jahr war eine Qual.

Damals habe ich oft überlegt, ob ich das Moderieren nicht lassen soll, weil ich so starkes Lampenfieber hatte. Darunter habe ich immer gelitten.

Eva Herman: Wie ist das jetzt?

Petra Gerster: Jetzt, bei einer normalen Sendung, habe ich kein Lampenfieber mehr. Nur dann, wenn eine außergewöhnliche Situation eintritt, sei es eine Panne oder sonst eine ungewohnte Situation, dann kommt es wieder. Nicht immer, aber manchmal.

Eva Herman: Hattest du Vorbilder?

Petra Gerster: Ja, natürlich. Aber die Vorbilder wechselten im Laufe des Lebens. Erst war es meine ältere Schwester. In der Schulzeit kam dann auch meine Nachhilfelehrerin in Griechisch dazu, eine sehr intellektuelle Frau, die mir Zusammenhänge klarmachte, die ich in der Schule gar nicht mitgekriegt hatte oder die uns gar nicht vermittelt worden waren. Im Beruf waren es dann Menschen wie Hanns-Joachim Friedrichs zum Beispiel.

Eva Herman: Hat dich das verändert?

Petra Gerster: Es hat mich, zusätzlich zu den Anregungen von zu Hause, geistig geöffnet. Aber auch meine Eltern waren ja geistig sehr interessierte und sehr gebildete Menschen. Als ich dreizehn war, 1968, habe ich natürlich sehr stark die Auseinandersetzung mit der Studentenbewegung, der APO, verfolgt. Die Frauenbewegung fing etwas später an. Mit vierzehn habe ich einen sehr provokanten Artikel von Peggy Parnass gelesen. Das war ein ganz frühes feministisches Pamphlet. Und da war diese Auseinandersetzung, Alice Schwarzer contra Esther Vilar. Es ging um den dressierten Mann. Schwarzer war nicht mein Vorbild, aber ich fand sie imponierend. Diese Anfeindungen auszuhalten. Und die Idee fand ich gut. Ich weiß, dass sich meine Eltern ihretwegen gestritten haben. Mein Vater fand sie grässlich und meine Mutter fand sie Klasse. Vorbild war auch meine Großmutter. Sie und meine Nachhilfelehrerin, das waren zwei Frauen, die ich bewundert habe.

Eva Herman: Deine Großmutter ihrer Selbständigkeit wegen?

Petra Gerster: Ja, und weil sie so eine integere Persönlichkeit war, eine Frau mit sehr hohen Wertmaßstäben. Man musste sich anstrengen, um ihnen zu genügen. Manchmal war sie auch ein bisschen rigoros, aber eine Frau, die sich allein durchgeschlagen hatte und immer ganz unabhängig war. Sie war auch vom Urteil anderer Menschen unabhängig. Das Gegenbild zu den ganzen Spießern. Was andere Leute sagten, das war nicht so interessant. Es war ein gewisser Dünkel vorhanden. Selbstbewusstsein bis hin zum Dünkel. »So, das interessiert uns nicht.« Man kann es kritisieren, und man kann es einfach gut finden und als Stärke sehen, und das war es letztlich.

Eva Herman: Wie steht es um deine physische und psychische Belastbarkeit?

Petra Gerster: Die hat natürlich Grenzen. Ich habe die Grenzen nach dem Umzug von München nach Mainz erfahren. Diese völlige Neuorganisierung meines Lebens. In München war alles in geordneten Bahnen, und bei so einem Umzug in eine neue Stadt muss alles neu aufgebaut werden. Von der Klavierlehrerin bis zu den Ärzten, Kindergarten, Schulen. Alles, was dazu gehört. Bis heute liegen Bilder rum, die ich noch nicht aufgehängt habe. In dieser Anfangsphase war meine Tochter unglücklich, weil sie alle ihre Freundinnen zurücklassen musste. Dann war die Schule hier vier Wochen weiter, weil man hier viel früher Ferien hat, und ihr fehlten vier Wochen Stoff, weil die Bayern immer die Letzten sind. Sie wurde plötzlich schlechter in Mathe, und wir haben gedacht, es wäre psychisch und dabei war es einfach nur der Stoff. Und dann diese Siebzig-Stunden-Woche in der »heute«-Redaktion. Da war ich schon sehr belastet. Jetzt nach drei Jahren kann ich eigentlich erst sagen, dass ich am Ende dieser Siebzig-Stunden-Woche nicht völlig in den Seilen hänge.

Eva Herman: Wer nimmt die Anrufe in der Redaktion für euch entgegen?

Petra Gerster: Das müssen wir selber machen! Wir haben kein Vorzimmer. Ich leiste mir privat eine Sekretärin, die Anfragen für mich erledigt und Abrechnungen macht.

Eva Herman: Was sagen deine Kinder zu deinem verstärkten Arbeitseinsatz?

Petra Gerster: Ach, die haben sich jetzt ganz gut damit arrangiert. Ich stehe morgens mit ihnen auf, um sieben, was natürlich auch eine Anstrengung bedeutet, weil man normalerweise erst um acht aufstehen würde, wenn man um zehn in den Job muss. Und ich könnte dann auch noch die Zeitung lesen. So stehe ich um sieben auf und habe noch diese eine Stunde Vorlauf mit Frühstück und Kindern. Abends bin ich um acht da, und dann haben sie manchmal mit dem Essen gewartet und kommen zu spät ins Bett. Oder sie warten nicht und sind bettfertig. Ich kann ihnen dann noch etwas vorlesen. Aber in der freien Woche muss ich sehr darauf achten, dass ich höchstens einmal, maximal zweimal weg bin. Mehr nicht, sonst rebellieren sie. Mit Recht, weil ich ja auch am Wochenende weg bin. In meiner Arbeitswoche ist Gott sei Dank der Vater im Haus. In der freien Woche bin ich immer da, außer, wenn ich mal einen anderen Termin wahrnehme. Ich verzichte eigentlich vollkommen auf Geschichten für mich selbst. Sagen wir mal ins Fitnessstudio zu gehen, darauf verzichte ich. Ich mache einfach Sachen, die ich mit meinen Kindern zusammen machen kann. Meine Freizeit ist nicht auf mich alleine, sondern voll auf Familie ausgerichtet.

Eva Herman: Ist das gut so?

Petra Gerster: Ich glaube, dass es nötig ist, ja! Es ist manchmal für mich ein Opfer, weil ich gern auch einmal etwas für mich alleine machen würde. Ich würde zum Beispiel gerne Freunde besuchen. Ich habe einen sehr großen Freundeskreis, auch durch die verschiedenen Städte, in denen ich gelebt habe. Ich würde zum Beispiel wahnsinnig gerne in der freien Woche einfach mal drei Tage nach München fahren und Freunde besuchen und einkaufen gehen. Aber die Kinder sind jetzt in dem Alter, wo sie noch stark auf mich fixiert sind oder auf uns beide. Auf mich noch mehr, weil ich weniger da bin.

Eva Herman: Und dein Mann schreibt zu Hause?

Petra Gerster: Ja. Seine Bücher laufen ganz gut, und da hat er jetzt relativ häufig Lesereisen oder er wird angefragt und hält Vorträge. Also ist er manchmal auch unterwegs. Dann bin ich aber da, das sprechen wir natürlich ab. Wenn alles gut läuft, ist es okay. Problematisch wird es, wenn die Kinder krank sind, und ich habe meinen vollen Job. In den ersten Fiebertagen, wenn es ihnen richtig schlecht geht, das war bei uns zu Hause auch so, daran erinnere ich mich, dann ist die Mama was anderes als der Papa. Ich weiß nicht, warum es so ist, da doch mein Mann ein hervorragender Vater ist. Aber die Mutter ist bei Krankheiten die entscheidende Person und dann ist es ganz blöd, wenn ich weg bin.

Eva Herman: Ist das für dich mit einem schlechten Gewissen verbunden?

Petra Gerster: Mit einem schlechten Gewissen ist es nicht verbunden, aber mit Traurigkeit. Mir tun die Kinder Leid, und es schmerzt mich. Ein schlechtes Gewissen hätte ich, wenn ich stattdessen Golf spielen ginge. Aber ich muss einfach meinen Job machen. Das wissen sie auch. Ich kann nicht sagen, ich habe heute keine Lust zu moderieren. Geht nicht. Und je älter sie werden, desto einfacher wird es natürlich. Trotzdem ist es schrecklich, wenn sie zum Beispiel etwas aufführen. Meine Tochter hatte Klaviervorspielen im großen Saal in Mainz-Gonsenheim, und ich musste für das ZDF diesen Werbespot drehen: »Mit dem Zweiten sieht man besser«. Christian war zwar da, aber … Das ist schwer für sie, wenn sie etwas aufführen und alle Eltern sind da, nur ich nicht. Oder sie haben Wandertag und das größte Glück meiner Tochter wäre, da ja immer zwei Mütter mitkommen, wenn ich dabei wäre. Aber ich bin natürlich nie dabei, weil der Wandertag immer in eine »heute«-Woche fällt. Immer, ich weiß auch nicht warum, aber es ist so. Das tut mir auch sehr Leid, aber auf der anderen Seite sage ich dann auch: »Wisst ihr, andererseits geht es uns sehr gut. Ihr lebt in diesem Haus. Hier kommen alle Kinder her und können mit euch spielen und finden es toll. Ihr habt fünfzehn Tiere: zwei Katzen, einen Hund, elf Fische und eine Wasserschnecke. Wir fahren Ostern eine Woche nach Fuerteventura. Das können andere nicht, und das müsst ihr auch sehen!« Ich mache viel mit ihnen und deswegen denke ich, und das sage ich ihnen auch, können sie sich eigentlich nicht beklagen. Alles hat seinen Preis, und dafür haben sie eine schöne Kindheit. Ich bin mit meinen Eltern nicht in den Urlaub geflogen, sondern kam in Kinderheime an der Nordsee, allein. Das erste Kinderheim in Sankt Peter-Ording habe ich in schrecklicher Erinnerung. Sie fahren mit uns nach Südfrankreich und machen tolle Sachen und leben mit einer Selbstverständlichkeit im Guten. Das muss man auch sehen! Andere Kinder leben ganz anders und haben weniger Sachen, und manchmal nicht mal mehr zwei Eltern.

Eva Herman: Gehst du als Frau anders an Themen heran, hakst du dich anders beim Gesprächspartner ein als deine männlichen Kollegen?

Petra Gerster: Ich glaube schon, dass Journalistinnen anders fragen als Männer. Auch andere Fragen im Kopf haben. Zum Beispiel Bosnien, diese Vergewaltigungsgeschichte, die ist nicht von Männern gekommen, sondern von Journalistinnen. Im Fernsehen war Mona Lisa die erste Sendung, die das thematisiert hat. Das wäre den diversen Magazinen unter männlicher Leitung gar nicht eingefallen, weil Vergewaltigung bis dahin kein Thema war für Männer. Vergewaltigung als Kriegsmittel im Zuge der ethnischen Säuberung. Das ist eine ganz neue Erkenntnis. Das haben Männer inzwischen auch begriffen. Aber in der täglichen Arbeit bei der »heute«-Moderation, da glaube ich nicht, dass ein Unterschied besteht, wenn wir zum Beispiel Politiker befragen. Wir haben ja nur drei, vier Fragen, die wir in dieser Kürze der Zeit stellen können. Und man muss die Fragen stellen, die sich anbieten und die gestellt werden müssen. Da gibt es kaum eine Alternative. Ich glaube nicht, dass der Kollege Siegloch anders fragt als ich.

Eva Herman: Glaubst du, dass Alice Schwarzer den Frauen gut getan hat?

Petra Gerster: Ja, das hat sie ganz sicher. Ohne Alice Schwarzer hätte es auch kein Mona Lisa gegeben. Sie hat Enormes in Gang gesetzt in Deutschland.

Eva Herman: Was bedeutet für dich Macht?

Petra Gerster: Also jedenfalls nicht etwas, was mit mir zu tun hat! Macht beobachte ich bei anderen. Bei Politikern und

Hierarchen in erster Linie. Aber in meinem eigenen Leben spielt Macht eigentlich keine Rolle.

Eva Herman: Ist das Wort für dich negativ besetzt?

Petra Gerster: Nein! Ohne Macht geht es nicht. Machtstreben ist negativ besetzt, weil das mit einer bestimmten Charaktereigenschaft verbunden ist, mit Ellenbogenmentalität. Machtstreben mag ich nicht! Oder meistens sind mir die Leute unsympathisch, die das haben. Aber ich sehe ein, dass man ohne Machtstreben kein erfolgreicher Politiker wird. Das wäre naiv. Als guter Mensch kann man nicht die große Karriere machen.

Eva Herman: Ist dein Mann ein Ruhepol für dich?

Petra Gerster: Ja. Das ist er, einfach durch seine Mentalität. Er ist das Gegenteil eines aufgeregten Menschen und sehr in sich ruhend, was ich nicht bin. Auch wenn ich manchmal so wirke, aber ich kann auch sehr hektisch werden. Doch er hat ein unerschütterliches Selbstvertrauen, und das hilft mir sehr. Das finde ich sehr angenehm.

Eva Herman: Wenn du bei Empfängen oder Veranstaltungen bist, trauen sich Männer an dich heran, um dich kennen zu lernen?

Petra Gerster: Ja. Ich glaube nicht, dass ich unnahbar wirke. Das ist ganz unproblematisch.

Eva Herman: Es heißt, Frauen, die nach außen hin sehr stark wirken, flößen den Männern Angst ein.

Petra Gerster: Ja. Wobei ich gar nicht weiß, ob ich so stark wirke. Ich bin es wahrscheinlich durch die Rolle, die ich habe.

Eva Herman: Ich finde schon, dass du stark wirkst!

Petra Gerster: Ja? Das wundert mich, weil man sich ja selber besser kennt und um seine Unsicherheiten weiß. Die selbstbewussten Männer haben kein Problem, aber wenn Männer irgendwie ein Ego-Problem haben – es gibt ja so kleine, nicht im körperlichen, sondern im übertragenen Sinne, kleine Männer –, die haben sicher ein Problem mit mir. Das kann schon sein, ja.

Eva Herman: Veränderst du deine Rolle, wenn du das Studio bzw. die Redaktion betrittst?

Petra Gerster: Ja, ich glaube, ich bin eine sehr angenehme Kollegin. Angenehmer als ich manchmal als Mutter und Ehefrau bin. Ich bin allerdings ein einziges Mal im Studio ausgeflippt, direkt vor der Sendung. Da habe ich mir geschworen, dass das nie wieder vorkommt, weil man dann hinterher nicht mehr gut ist. Das ist Gift für die Präsentation der Nachrichten.

Eva Herman: Wenn ihr gemeinsam Veranstaltungen besucht, erlebst du es sicher häufiger, dass Leute auf dich zustürzen. Wie geht dein Mann damit um?

Petra Gerster: Die meisten sind höflich, vor allem, weil ich sofort sage: »Das ist mein Mann.« Dass die Leute zuerst auf mich zugehen, findet er völlig in Ordnung, und es macht ihm überhaupt nichts aus. Umgekehrt passiert es mir auch, dass ich, wenn ich Kollegen sehe, deren Frau ich noch nie gesehen habe, dem Kollegen die Hand schüttle und mir dann erst während des Gespräches bewusst wird: Holla, da ist ja noch eine Frau daneben! Es passiert einem selbst auch, insofern empfinde ich es als eine lässliche Sünde, dass man manchmal das Fernsehgesicht eher einordnet als unbekannte Partnerinnen oder Partner.

Eva Herman: Bist du eifersüchtig?

Petra Gerster: Nein!

Eva Herman: Dein Mann?

Petra Gerster: Mein Mann hat mal Anflüge von Eifersucht gezeigt. Aber das ist schon lange her.

Eva Herman: Wie wichtig ist gutes Aussehen für dich?

Petra Gerster: Das Aussehen steht, notabene, sehr im Mittelpunkt. Auch bei uns Nachrichtenleuten. Du machst Unterhaltung, da ist es noch wichtiger. Es ist bei uns nicht so im Vordergrund, wie es im Vordergrund ist bei Leuten, die im weitesten Sinne zum Showbizz gehören. Darüber bin ich ganz froh, aber trotzdem ist es natürlich nicht zu leugnen, dass das Aussehen unglaublich wichtig ist, weil man kopfgroß im Wohnzimmer ist. Ich will einfach immer gut aussehen, gerade um nicht abzulenken von den Inhalten. Es hilft alles nichts, man muss sich damit stark auseinander setzen. Die Klamottenfrage ist für mich auch echt lästig. Es kann zwar Spaß machen, sich etwas Neues zu kaufen, aber es ist mühselig, jeden Morgen die Entscheidung zu treffen, welches Top und welches Jackett man trägt. Was hatte ich das letzte Mal an? Und wenn ich tagsüber etwas anderes anziehe im Büro, passt das dann noch zur Hose? Das geht mir manchmal auf die Nerven.

Eva Herman: Kommt für dich ein Lifting infrage?

Petra Gerster: Das ist die Frage, die ich eigentlich hasse, aber sie wird jetzt immer gestellt und daran merkt man, dass man über vierzig ist.

Eva Herman: Ich stelle sie auch Zwanzigjährigen.

Petra Gerster: Also in dem Alter hätte ich das weit von mir gewiesen und bis vor einigen Jahren auch noch, doch jetzt denke ich manchmal, wenn ich es bei Kolleginnen sehe, nicht schlecht! Sieht doch irgendwie ein bisschen frischer aus. Aber mein Mann ist zum Beispiel völlig dagegen und meine Tochter, meine Freunde auch alle. Es gibt eigentlich keinen, der mir zuraten würde.

Eva Herman: Hast du Angst vor dem Alter?

Petra Gerster: Ja, ich habe Angst vor dem Näherkommen

des Todes, sagen wir es mal so. Diese Sanduhr, die immer schneller läuft, erschreckt mich! Aber vor dem Alter hätte ich, wenn ich gesund wäre, keine Angst. Den Tod an sich halte ich schon für eine enorme Zumutung.

Redakteurin und Moderatorin der ZDF-Hauptnachrichtensendung »heute«.

Biographie:
1955 Geboren in Worms · 1973 Abitur · 1974 Studium der Slawistik und Germanistik in Konstanz und den USA · 1981 Staatsexamen und Magister · 1982 Studienaufenthalt in Paris; Freie Mitarbeit beim Kölner Stadt-Anzeiger · 1983 Volontariat beim Kölner Stadt-Anzeiger · 1984 Redakteurin in der Bezirksdirektion des Kölner Stadt-Anzeigers · 1985 Nachrichtenredakteurin beim WDR (»Aktuelle Stunde«) · 1987 Moderation »Aktuelle Stunde« · 1989 bis Juni 1999 Redakteurin und Moderatorin des ZDF-Frauenjournals »ML Mona Lisa« · 1992 Moderation »3sat Frauenstammtisch« · 1993 Moderation des ZDF-Magazins »Achtung! Lebende Tiere« · 1994 Moderation »Gerster. Neunzehnzehn« · seit 1998 Redakteurin und Präsentatorin der ZDF-Nachrichtensendung »heute«

Preise und Auszeichnungen:
1996 »Hanns-Joachim-Friedrich-Preis« für Fernsehjournalismus · 1998 »Goldene Kamera« für Journalistische Glaubwürdigkeit · 1999 »Bambi« für die Kategorie »TV-Moderation«

Petra Gerster ist verheiratet, hat zwei Kinder und lebt in Mainz.

BARBARA GROTH

Eine Frau, die ihr Leben zu Hause verbracht hat, sei von ihrer Wertigkeit nicht anders zu betrachten als etwa eine Frau, die Bundeskanzlerin oder Premierministerin geworden ist. Jeder Mensch habe nur die Aufgabe, herauszufinden, wer er ist. So lautet das Credo Barbara Groths.

Der Wunsch nach einem intakten Privatleben, so die studierte Soziologin, hindere viele Frauen daran, den Karriereweg einzuschlagen.

Diese Sehnsucht muss auch sie geleitet haben. Denn sie blieb phasenweise immer wieder zu Hause bei ihrem Mann und ließ die Karriere schleifen, um sie weiter zu verfolgen, wenn das private Projekt gescheitert war.

Mit dreißig Jahren ging sie an die Universität zurück, mit fünfunddreißig absolvierte sie ein Volontariat beim Norddeutschen Rundfunk. Als Spätzünder, wie ihr Vater sie nannte. Heute ist sie Fernsehdirektorin des Senders Freies Berlin. Ein wichtiger Antrieb in ihrem Leben war das Vertrauen und die Liebe ihrer Eltern. Sie waren engagierte und selbstbewusste Menschen, die sich gegenseitig ihre Freiräume ließen, um ihre Individualität zu bewahren. Speziell der Glaube des Vaters an die Fähigkeiten seiner Tochter prägte Barbara Groth nachhaltig.

Nach drei gescheiterten Ehen weiß sie, dass sie eine Herausforderung für Männer ist. Sie ist sich jedoch auch darüber im Klaren, dass eine beruflich erfolgreiche Frau wie sie keine Gelegenheit auslassen darf, ihrem Partner zu vermitteln, wie wichtig er in ihrem Leben ist.

Das Gespräch ist ein spannender Diskurs über die unterschiedlichen Welten von Mann und Frau.

Eva Herman: Sind die Frauen auf dem Vormarsch?

Barbara Groth: Na, als Vormarsch würde ich das noch nicht bezeichnen, aber sie sind dabei, sich in die Kolonne der Männer einzuordnen.

Eva Herman: Einzuordnen? Oder ihren eigenen Weg zu gehen?

Barbara Groth: Ich denke schon, dass es bei Frauen ein eigener Weg dahingehend ist, dass wir anders planen als Männer. Für Männer sind, von der Sozialisation her, Beruf und Karriere sowieso die einzigen Möglichkeiten, die sie planen. Während wir ja immer noch die gesellschaftlich akzeptierten Alternativen haben, als Ehefrau und/oder Mutter zu Hause zu bleiben. Oder Beruf und Familie zu kombinieren. Ein Mann umgekehrt kann nicht einfach sagen, ich bleibe jetzt zu Hause und kümmere mich um meine Familie. Es ist gesellschaftlich längst nicht so anerkannt, Vater und Hausmann zu sein, wie es anerkannt ist, Mutter und Hausfrau zu sein.

Eva Herman: Finden Sie das schade?

Barbara Groth: Ich finde es für die Gesellschaft schade, weil ich glaube, wenn beide Formen die gleiche gesellschaftliche Anerkennung hätten, dann sähe die Situation für viele Frauen anders aus. Ich glaube allerdings nicht, dass wir das erreichen werden.

Eva Herman: Warum nicht?

Barbara Groth: Weil Frauen Kinder bekommen, ist die Gleichwertigkeit von Familienarbeit und Berufsarbeit einfach nicht gegeben. Wir können die Situation nur verbessern.

Eva Herman: Seit zweitausend Jahren ist der Lauf der Dinge so. Ist das entsprechend angelegt, können wir es gar nicht ändern?

Barbara Groth: Es gibt ein kluges Buch, das heißt »Brain Sex«. Zwei englische Wissenschaftler weisen darin nach, dass unsere Hirnwindungen in bestimmten Dingen sehr unterschiedlich sind. Es ist nicht nur der kleine äußere Unterschied, es ist auch ein Unterschied im Kopf, der unter anderem besagt, dass Männer sehr viel geradliniger denken, deswegen auch viel zielbewusster sind als Frauen. Frauen haben eine andere Vernetzung in ihrem Kopf. Dafür nehmen sie auch vieles, was um die einzelnen Dinge herum ist, wahr. Sie haben ein umfassenderes Bild, was auch dazu führen kann, dass sie erstens langsamer ans Ziel kommen, weil sie mehr bedenken, und sich zweitens vielleicht auf Nebenwegen verlieren. Frauen sind auch praxisorientierter, weil sie in den ursprünglichen Genanlagen all die sorgenden, familienbewahrenden und nachwuchspflegenden Inhalte zur Verfügung haben. Während der Mann eine bestimmte Schutzfunktion für seine Familie hat. Ich habe Soziologie studiert, und damals war man noch der Überzeugung, dass für die Entwicklung einer Persönlichkeit zu siebzig Prozent die Gesellschaft und zu dreißig Prozent Gene und Erbanlagen verantwortlich sind. Heute ist es fast umgekehrt, und ich halte das auch für realistischer. Ich denke nur, dass wir diese dreißig Prozent, die die Gesellschaft beeinflussen kann, bisher noch nicht ausgenutzt haben, weil es davon abhängt, wie Männer und Frauen miteinander umgehen und sich gegenseitig respektieren. Auch respektieren, dass sie anders sind, ohne es dem anderen zum Vorwurf zu machen. Das heißt zum Beispiel für Führungspositionen auch, dass es dort unterschiedliche Verhaltensweisen von Männern und Frauen geben kann. Ausnahmen bestätigen immer die Regel.

Eva Herman: Müsste es einen Ratgeber geben, einen Wegweiser, wie man sich gegenseitig möglichst ohne Emotionen respektieren kann?

Barbara Groth: Ja, aber das Problem ist natürlich, dass schon viel passiert ist, wenn Männer und Frauen sich im Berufsleben begegnen. Nach Erkenntnis der Soziologen sind Veränderungen des Menschen nach der Pubertät nur noch durch gravierende Einschnitte im Leben möglich, zum Beispiel Kriege, gesundheitliche Probleme, schwere psychische Belastungen. Alles andere ist schon fast fertig ausgeprägt. Ich denke, dass sich viele Menschen immer noch nicht darüber im Klaren sind, dass auch kleine Kinder unendlich viel mitbekommen. Eltern machen sich vielleicht manchmal zu wenig Gedanken, wie sie Kinder schon in einem Alter prägen, in dem sie sich selbst noch gar nicht artikulieren können und viele Verhaltensweisen über das Unbewusste aufnehmen, ohne darüber diskutieren zu können.

Eva Herman: Werden Kinder durch zu viele Frauen geprägt?

Barbara Groth: Zumindest in der frühen Phase. Wenn Sie dann noch davon ausgehen, dass die Väter, in der Regel, erst abends zu Hause sind, oder nur am Wochenende Zeit haben, wird ein Kind die meiste Zeit – denn Grundschullehrer und Kindergärtner gibt es auch nur selten – von Frauen erzogen. Trotz aller Erleichterungen und trotz aller verständigen Väter. Deswegen denke ich, ist die Verantwortung der Mütter für das Verhalten von Männern in der Gesellschaft viel ausgeprägter als das der Väter. Männer und Frauen sollten kluge Gesetze machen und einen Arbeitsalltag schaffen, der dies unterstützt und verbessert und Frauen hilft, beides miteinander zu verbinden und allen gerecht zu werden.

Eva Herman: Die Folge, wenn Frauen, die Karriere machen wollen oder arbeiten müssen, und die Männer auch, wäre, dass andere die Kinder erziehen.

Barbara Groth: Auch da gibt es Erkenntnisse aus der Pädagogik, dass für Kinder erstens das Maß an Liebe, das ihnen entgegengebracht wird und die Intensität der Beziehung wichtiger sind als die Dauer der Anwesenheit oder große Geschenke. Und die pädagogischen Untersuchungen zeigen auch, dass das Schlimmste, was man Kindern antun kann, nicht der Klaps auf den Po ist, sondern Liebesentzug. Das heißt, auch wenn beide arbeiten, muss das nicht dazu führen, dass das Kind ›seelisch verwahrlost‹. Überhaupt nicht. Wenn es weiß, dass es von Liebe umgeben ist.

Eva Herman: Sie gehören zu den ganz wenigen Medienfrauen in einer führenden Position. Welche Charakteristika sind wichtig für diese Tätigkeit?

Barbara Groth: Ich denke, die, die für alle Führungspositionen wichtig sind und die bei vielen Frauen zwar vorhanden sind, aber zu wenig genutzt werden. Jede Frau, die ihre Familie managt, muss dort alle Dinge berücksichtigen, die ein Manager auf Führungsseminaren lernt. Nämlich mit unendlich vielen Terminen, unterschiedlichen Anforderungen, kräftesparend und erfolgreich zurechtzukommen. Eine Frau, die ihr Familienleben so organisieren muss, möglicherweise Familie und Beruf so organisieren muss, die ist für Führungspositionen eigentlich perfekt vorgebildet, auch wenn sie es sich in der Regel nicht zutraut. Viele Frauen haben ein zu wenig ausgeprägtes Selbstbewusstsein, weil man ihnen den beruflichen Konkurrenzkampf in der Regel nicht beibringt.

Eva Herman: Wer ist für diese Prägung verantwortlich?

Barbara Groth: Das Elternhaus. Mein Vater und meine Mutter waren beide sehr engagierte und selbstbewusste Menschen, die sich gegenseitig ihre Freiräume ließen, natürlich abgesprochen. Meine Mutter hat sich zwar intensiv um die

Familie gekümmert – sie war vor ihrer Heirat Chefsekretärin –, aber sie hat sich dann auch, sobald sie es konnte, zusätzliche Aufgaben gesucht, die das Familienleben ergänzt, aber nicht gestört haben.

Eva Herman: Was hat Ihr Vater beruflich gemacht?

Barbara Groth: Er war ursprünglich Zeitungskaufmann, aber nach dem Krieg waren Zeitungen nun nicht das Erste, worauf man sich stürzte, und dann ist er Leitender Kommunalbeamter gewesen.

Eva Herman: Wer prägte Sie vornehmlich?

Barbara Groth: Beide! Das ausgeprägte Selbstbewusstsein meiner Mutter war sicherlich wichtig. Und dass sie, wie auch mein Vater, selbstverständlich davon ausging, dass man Abitur machte und eine gute Ausbildung bekam. Aber sie haben sich immer daran orientiert, was man konnte, und uns auch Freiräume gelassen. Mein Vater war für mich deswegen prägend, weil meine Mutter und ich ein Konkurrenzverhältnis hatten und mein Vater eher derjenige war, der trotz meiner langen Phase der Spätzündungen immer gesagt hat: »Sie schafft es!« Ich denke, diese Kombination von Unterstützung und Skepsis, einer hat gesagt: »Egal, auch wenn es jetzt nicht so aussieht, sie schafft es schon!«, und der andere gesagt hat: »Sie schafft es nicht!«, hat für mich eine Herausforderung ergeben und zum Schluss habe ich es ja geschafft. Insofern hat mein Vater Recht behalten.

Eva Herman: Was heißt denn Spätzünder?

Barbara Groth: Spätzünder heißt, dass ich das Studium gewechselt und eine lange Auszeit genommen habe. Auch während meiner ersten Ehe. Erst nach meiner Scheidung – mit dreißig – bin ich an die Uni zurückgegangen. Einen Abschluss zu machen ist sehr wichtig. Es muss nicht jede Frau Karriere machen, es muss auch nicht jede einen Beruf ausüben. Das muss jede für sich, beziehungsweise in der Partnerschaft, entscheiden. Und keine Form ist besser als die andere. Was allerdings sehr wichtig ist: Sie muss die Wahlmöglichkeit haben! Und deswegen ist es unbedingt notwendig, dass Frauen eine gute Ausbildung haben.

Eva Herman: Haben Sie Geschwister?

Barbara Groth: Ja, ich habe eine Schwester, die zweieinhalb Jahre jünger ist.

Eva Herman: Wie war Ihr Verhältnis in der Kindheit?

Barbara Groth: Aus ganz frühen Erzählungen meiner Mutter weiß ich, dass ich kein Problem damit hatte, als sie zur Welt kam, dass ich nicht eifersüchtig war und nicht das Gefühl hatte, jetzt nimmt mir jemand meinen Platz weg. Aber wir haben dann eine schwierige Phase gehabt, da ich immer schon da war, wenn sie ankam, sowohl in der Schule, wie auch bei anderen Sachen. Sie versuchte sich dann abzusetzen und hat versucht, sich eine eigene Welt aufzubauen und dabei lange Jahre immer das Gefühl gehabt, dass sie benachteiligt wurde. Für meine Mutter war der Umgang mit ihr sehr viel einfacher. Sie war nicht die Konkurrenzperson, die ich für meine Mutter war.

Eva Herman: Ist das Konkurrenzverhalten von Ihrer Mutter oder von Ihnen ausgegangen?

Barbara Groth: Ich weiß das nicht. Ich habe nicht mit meiner Mutter darüber gesprochen. Ich denke, es ist etwas Normales zwischen Müttern und Töchtern. Ich habe zu meinen Schwiegermüttern dagegen immer ein ausgesprochen gutes Verhältnis gehabt.

Eva Herman: Waren Sie ein sportliches Kind?

Barbara Groth: Ja, ich habe geturnt und Leichtathletik gemacht, und an der Uni habe ich gefochten.

Eva Herman: Beim Fechten sieht man sich in die Augen.

Barbara Groth: Man muss den Gegner sehr, sehr genau beobachten. Und man muss wie beim Schach erahnen, was er vorhat, um es rechtzeitig parieren zu können. Es ist eine sehr schnelle, strategische Sportart.

Eva Herman: Hat sie Ihnen später geholfen?

Barbara Groth: Weiß ich nicht. Fechten verlangt hohe Konzentration und sicherlich auch eine Menge Adrenalin. Aber es ist anders als beim Laufen, da hat man ein Ziel vor sich, beim Fechten hat man einen Gegner vor sich. Vielleicht war es so, dass ich das Gefühl hatte, es ist immer etwas da, mit dem ich mich auseinandersetzen muss. Ich denke zum ersten Mal jetzt mit Ihnen darüber nach. Ja, kann sein.

Eva Herman: Gab es in Ihrer Jugend oder auch während des Studiums Menschen, die Sie geprägt haben?

Barbara Groth: Ja, neben meinen Eltern der Gemeindepastor. Ich war sehr engagiert in der evangelischen Kirche, und wir hatten einen fabelhaften Gemeindepastor, mit dem wir sehr, sehr gute Diskussionen führten, zum Beispiel auch Jaspers' »Die Atombombe und die Zukunft des Menschen« haben wir bei uns in der Jugendgruppe diskutiert. Wir hatten das Riesenglück, dass wir einen Pastor hatten, der wusste, dass Jugendliche eine Herausforderung auch im Denken brauchen. Ich habe auch meine eigene Kindergottesdienstgruppe gehabt. Dieser Gemeindepastor war wie mein Vater der Überzeugung, dass ich es schon schaffen würde. Leider ist er, genau wie mein Vater, früh gestorben. Der seelische Halt war mein Vater, und sicherlich war der geistliche Halt und die geistige Herausforderung der Gemeindepastor.

Eva Herman: Wie alt waren Sie, als Ihr Vater starb?

Barbara Groth: Fünfunddreißig. Da habe ich gerade das Angebot vom NDR gehabt, nach meinem Studium noch ein Volontariat zu machen.

Eva Herman: Sie planten also perfektionistisch?

Barbara Groth: Ich bin der Überzeugung, egal was man nachher macht, man muss eine gute Ausbildung haben! Die Zeiten, wo man irgendwo reinrutscht, denke ich, sind heute vorbei. Von Ausnahmen natürlich immer abgesehen.

Eva Herman: Welche Menschen waren für Sie wichtig?

Barbara Groth: Es gab einige in den wichtigen Zeiten, als ich eingestiegen bin in den Beruf. Es gab jeweils einen sehr guten Universitätsprofessor, einmal im Bereich Literaturwissenschaft und dann im Bereich Soziologie, die mich sicher, was meinen Kopf anbetrifft, sehr stark geprägt haben. Den Soziologen habe ich dann später geheiratet. Ich denke, dass man durch Diskussionen die geistigen Herausforderungen annimmt, die einem dann helfen, mit anderen Herausforderungen fertig zu werden. Und dafür habe ich zwei sehr gute Universitätslehrer gehabt.

Eva Herman: Es gibt Menschen, die sich unbewusst Stress bereiten.

Barbara Groth: Auch das ist vielleicht eine Herausforderung. Schaffst du es, oder schaffst du es nicht? Und ich gestehe, ich bin ein Mensch, der Herausforderungen gerne hat und sie auch ganz schlecht ablehnen kann. Was noch zum beruflichen Profil gehört, ist neben der guten Ausbildung auch der Mut sich zuzutrauen, dass man es schafft. Es gehört die Lust an der Macht dazu.

Eva Herman: Können Sie Macht noch ein bisschen näher definieren?

Barbara Groth: Sie können in Führungspositionen bestimmte Dinge entscheiden. Inhaltlich entscheiden. Sie können über Personal entscheiden, und das ist eine große Verantwortung. Gerade der Medienbereich ist für mich mit die wichtigste Funktion in einer Demokratie, dass sich Menschen umfassende Information aneignen können, dass wir Anhaltspunkte geben, wie sie mit einer immer globaleren Welt, mit einer immer komplizierteren Gesellschaft zurechtkommen. Und dies positiv wahrzunehmen, ist eine schöne Aufgabe. Deswegen ist es schade, dass es so wenig Frauen in Führungspositionen, sei es an Hochschulen, sei es in Wirtschaftsunternehmen, sei es in den Medien gibt.

Eva Herman: Was wird passieren, ich frage Sie auch als Soziologin, wenn immer mehr Frauen Karriere machen, und dies auf Kosten des Privatlebens geht?

Barbara Groth: Keine Sorge! Wir haben jetzt erheblich mehr Frauen als Männer im Volontariatsbereich, sodass wir da schon fast eine Männerquote einführen müssen. Wir haben in der mittleren Managementebene, bis hin zu Abteilungsleiterinnen, erheblich mehr Frauen als früher. Aber danach werden es sehr viel weniger, weil Frauen sich bei der Frage Beruf oder Privatleben in der überwiegenden Zahl der Fälle für ihr Privatleben entscheiden. Insofern müssen die Männer gar nicht so viel Angst haben, weil dieser Wunsch der Frauen nach einem intakten Privatleben sie in vielen Fällen daran hindert, den Karriereweg einzuschlagen. Karriere und ein ausgeprägtes Familienleben, das sind die seltenen Fälle.

Eva Herman: Könnten Sie sich vorstellen, eine Führungsposition zu teilen?

Barbara Groth: Ich habe ja bei Phoenix eine gemeinsame Geschäftsführung gemacht.

Eva Herman: Das wäre für Sie kein Problem der Machtabgabe oder der Einschränkung von Entscheidungen?

Barbara Groth: Nein, das hängt aber wirklich sehr davon ab, mit wem man diesen Job teilt. Es kann nicht sein, dass der eine in der Zeit, wo er verantwortlich ist, alles das wieder abändert, was der andere in der Zwischenzeit geregelt hat.

Eva Herman: Gab es diese Probleme damals bei Phoenix?

Barbara Groth: Nein, aber wir haben uns sicherlich zusammenraufen müssen.

Eva Herman: Auffällig ist, dass Sie immer sehr sozial gedacht und gelebt haben. Wie kommt das?

Barbara Groth: Meine Eltern haben sich beide sehr engagiert. Sie haben immer auch eine Aufgabe übernommen, um etwas für dieses Gemeinwesen zu leisten. Und ich glaube, es hat mich geprägt, dass es ganz selbstverständlich war, dass man etwas beiträgt, damit etwas anderes funktioniert, sich für eine Sache engagiert und sie ernst nimmt. Bei der Außenwirkung, die ich bei manchen habe – eiskalte Karriereplanerin, ehrgeizig, benutzt ihre Ellenbogen –, sind manche ganz überrascht, wenn sie hören, dass es auch noch einen sehr sozialen anderen Teil gibt, der auch in meinem Arbeitsalltag zum Tragen kommt.

Eva Herman: Sie erwecken einen überlegten, souveränen Eindruck. Gibt es andere Seiten? Etwas, das Sie aus der Fassung bringt?

Barbara Groth: Verantwortungslosigkeit!

Eva Herman: Haben Sie ein Beispiel?

Barbara Groth: Ich habe vor Jahren mal einen Fall gehabt, wo man mich bei einer Live-Sendung nach zehn Minuten anrief und sagte: »Also irgendwie machen wir uns doch ein bisschen Sorgen, hier ist gar kein Redakteur!« Ich sagte: »Was heißt, hier ist kein Redakteur? Wie fahren Sie denn die Sendung?« »Ja, irgendwie. Hier ist jedenfalls keiner, der uns sagt, was nun ist!« Ich habe die beiden Kollegen, die dafür verantwortlich waren, hinterher nur blass und bleich empfangen und vor lauter Fassungslosigkeit nichts sagen können. Was sie aber schwer beeindruckt hat, mehr als hätte ich sie angebrüllt. Fassungslos macht mich auch, wenn Stärkere die Schwäche von anderen ausnutzen, weil ich das im höchsten Maße unfair finde.

Eva Herman: Wenn Sie beispielsweise in der berühmten U-Bahn sehen, dass eine Frau oder ein Kind belästigt wird, würden sie einschreiten?

Barbara Groth: Ja, ich habe es in Hamburg mal beobachtet, als ich im Auto vorbeifuhr. Da habe ich auch angehalten. Zwei Skinheads haben einen Jungen am U-Bahn-Eingang zusammengeschlagen. Da bin ich raus gesprungen, dann kamen aber auch andere zur Hilfe. Ob ich mich in eine Schlägerei einmischen würde, ich glaube, da hätte ich schon Angst. Ich bin aber selbstverständlich als Zeugin zum Gericht gegangen und habe ausgesagt. Ich denke, dass man diese Verantwortung wahrnehmen muss. Aber ich kann auch gut verstehen, wenn Menschen in solchen Extremsituationen nicht eingreifen, weil sie schlicht auch Angst um sich haben. Ich würde niemanden verurteilen, der sagt: »Ich mische mich da nicht ein, weil ich Angst um mein Leben habe!«

Eva Herman: Sie waren mehrfach verheiratet und …

Barbara Groth: Dreimal, und ich war in der ersten Ehe nur zu Hause und habe zwar keine Kinder bekommen, aber mich um das gekümmert, was nach klassischem Rollenverständnis die Rolle der Frau ist.

Eva Herman: Das ist ungewöhnlich.

Barbara Groth: Ja, ich habe es halt mal ausprobiert und eigentlich wollte ich dann auch Kinder haben. Aber die Irritationen in der Partnerschaft waren dann doch zu groß. Wenn es nicht funktioniert, sind Kinder das schwächste Glied in der Kette, und die, die am meisten darunter leiden. Und diese Verantwortung wollte ich nicht auf mich nehmen. Als die Beziehung zu Ende ging, bin ich zurück an die Uni gegangen und habe meine Ausbildung abgeschlossen! In der zweiten Ehe ist es nicht gelungen, Beruf und Privatleben glücklich zu regeln. In der dritten Ehe wollte ich dann aus dem Beruf aussteigen.

Eva Herman: Das wäre eine Alternative für Sie gewesen?

Barbara Groth: Das war die Alternative, die ich eigentlich für 1998 eingeplant hatte.

Eva Herman: Das ist kaum zu glauben!

Barbara Groth: Mein Mann und ich haben es nicht geschafft. Dadurch bin ich als Fernsehdirektorin nach Berlin zurückgekehrt. Und das in einer Zeit, wo Berlin Hauptstadt wurde. Genau wie 1989 war es eine Zeit der Wandlung, als die Regierung nach Berlin kam. Zurück in einen Sender, den ich kannte, zu Kollegen und Kolleginnen, die ich schon zehn Jahre vorher sehr schätzen gelernt hatte. Insofern war das für mich gar keine Frage, auch wenn es sich rückblickend sehr schnell anhört. Achtundachtzig nach Bonn, neunundachtzig nach Berlin, zweiundneunzig nach Mainz, siebenundneunzig nach Köln und achtundneunzig nach Berlin, das ist eine öffentlich-rechtliche Karriere, die bei Männern gar nicht auffällig wäre, die aber bei einer Frau natürlich auffällig ist. Wenn Sie sich dann vorstellen, daran hinge eine Familie mit schulpflichtigen Kindern und einem organisierten gesellschaftlichen Leben, dann wissen Sie, warum diese Karrieren bei Männern funktionieren und bei Frauen in der Regel nicht.

Eva Herman: Sie sagten einmal, im nächsten Leben werden Sie vier Kinder haben?

Barbara Groth: Ja, ich wünschte, wir hätten mehrere Leben, als Ärztin oder als Ehefrau mit vier Kindern.

Eva Herman: Wofür würden Sie sich denn entscheiden?

Barbara Groth: Keine Ahnung. Jetzt habe ich mich für dieses

Leben entschieden und ich trauere dem anderen überhaupt nicht nach. Das ist eine Wegentscheidung an einer Gabelung, die man so nicht geplant hatte, aber für die man sich dann entschieden hat. Und ich bin ein Mensch, der sehr positiv denkt, der in der Regel überhaupt nicht zurückblickt, sondern sagt: »Das hast du jetzt aufgrund der und der Tatsachen entschieden, möglicherweise hast du nicht alles gewusst, möglicherweise hättest du dich dann anders entschieden, aber jetzt ist es so und es ist gut.« Das Einzige, was ich anders gemacht hätte, ich hätte versucht, in meiner dritten Ehe das berufliche Engagement für Phoenix, was sicherlich notwendig war, noch stärker mit meinem Privatleben abzustimmen. Ich denke, es hätte gut gehen können. Bei den beiden anderen Ehen waren es andere Dinge, und die hätten sicherlich auch nicht mit anderen Entscheidungen aufrecht erhalten werden können.

Eva Herman: Sie erwähnten gerade die dritte Ehe. Sie sagten, es hätte auch anders ausgehen können. Sind es reine Abwesenheitsprobleme gewesen, oder welche Schwierigkeiten können noch entstehen, wenn Frauen so erfolgreich sind wie Sie?

Barbara Groth: Das Wichtigste ist natürlich, dass man die Zeitprobleme regelt, und die regelt man am besten, wenn man dem Partner vermitteln kann, dass er der wichtigste Baustein im Alltagsleben ist. Das heißt, dass man sich im Zweifelsfall für ihn entscheiden würde. Diese innere Sicherheit braucht man. Dafür muss es dann im Ernstfall auch tatkräftige Beispiele geben. Gerade für Frauen, die all die Dinge selbst haben, für die Männer sonst in einer Beziehung zuständig sind, wie Geldverdienen und gesellschaftliche Positionen, ist das schwierig. Am besten charakterisieren kann man es an einem Beispiel. Der Intendant des ZDF gibt zu Weihnachten immer ein Fest für leitende Mitarbeiter und Ehefrauen. Ich saß an einem Tisch mit unserem Justitiar, und gegenüber saß eine Ehefrau, die zu mir sagte: »Wer sind Sie denn? Zu wem gehören Sie?« Ich habe sie dann darüber aufgeklärt, was ich mache. Was sie mit dem Satz kommentierte: »Aha, dann dürfen Sie ja jemanden mitbringen!« Das charakterisiert den Alltag. Es ist ganz wichtig, sich gegenseitig zu vermitteln, wozu man den andern braucht. Ein Freund hat mal gesagt: »Das Problem mit dir ist, bei dir kann man ja nicht sicher sein, ob du an der nächsten Ampel aussteigst. Was hält dich?« Das heißt, man muss dem anderen vermitteln, dass er gebraucht wird.

Eva Herman: Um ihn auch aufzufangen?

Barbara Groth: Ja, auch um ihn sicher aufzufangen. Ich denke, dieses seelische Zuhause ist für Frauen unabdingbar. Es ist schwierig, weil die Wertigkeit von Gefühlen bei Männern eine andere ist als bei Frauen. Und es ist schwierig für Frauen, Männern zu vermitteln, dass diese mindestens so wichtig sind wie alles das, was sie mit ihrer Karriere erreicht haben und mitbringen. Für Männer ist es sehr schwer nachvollziehbar. Für sie ist das, was sie in der Sache und Sachwerten erreichen, erheblich mehr wert.

Eva Herman: Sie hören wahrscheinlich oft den Satz: Sie sind eine sehr starke Frau! Und es gibt Ängste bei den Männern!

Barbara Groth: Ich bin eine Herausforderung, und das heißt dann auch eine anstrengende Investition. Und ob Männer das mögen, weiß ich nicht. Ich befürchte eher wenige, denn es gibt so viele Alternativen, die weniger anstrengend sind. Warum ausgerechnet ich? Vielleicht lässt sich das am besten durch ein Beispiel charakterisieren. Vor meiner dritten Ehe hat ein sehr erfolgreicher Bankmanager zu meinem Mann gesagt: »Müssen Sie sich das antun?« Und ich denke, das charakterisiert die Einstellung der meisten Männer zu mir. Oder zu Frauen in meiner Position.

Eva Herman: Es gibt bei öffentlichen Auftritten immer Momente, in denen Fotografen klarmachen: Es geht um Sie. Wie gehen Männer damit um?

Barbara Groth: Das hängt, glaube ich, sehr von der Frau ab, wie sie damit umgeht. Es muss nicht problematisch werden. Es hängt auch davon ab, ob die Frau vermitteln kann, dass er nicht das Anhängsel ist, sondern ein gleichwertiger Partner. Dieses »mitgenommen werden«, wie leider bei einer Ehefrau üblich, ist für Männer schwer zu verkraften. Ich habe es versucht, indem ich immer den Namen meines Mannes angenommen habe. Das war in der ersten Ehe nicht problematisch, da war ich noch Studentin. In der zweiten hat die Karriere gerade angefangen. Da hieß ich Friedrichs, und das ist dann auch mein Markenname geworden. Als ich meinen dritten Mann geheiratet habe, da war es für fast alle völlig unverständlich, warum ich den Namen Friedrichs gegen Groth getauscht habe. Auch für meinen Mann war es selbstverständlich, dass ich diesen Namen beibehalte, sozusagen als Künstlernamen. Aber ich habe ihn dann am Tag vor der Hochzeit damit überrascht, dass ich beschlossen habe, seinen Namen anzunehmen. Hinterher hat er mir gesagt, dass er sehr froh darüber gewesen ist. Ich habe es natürlich auch getan, weil ich dachte, das ist der größte Liebesbeweis, den man geben kann. Wenn man einen Markennamen aufgibt.

Eva Herman: Es ist karrierehemmend!

Barbara Groth: Unter Marketinggesichtspunkten war es ein Fehler. Unter privaten Gesichtspunkten war es genau richtig. Wie man sieht, hat es nicht geholfen. Aber es geht auch anders. Sabine Christiansen heißt Christiansen, obwohl sie verheiratete Baltz ist. Die beiden kommen wunderbar damit zurecht. Das ist aber auch eine persönliche Entscheidung. Für mich war das immer wichtig. Für mich war das ein sehr bewusster und nicht nur ein symbolischer Akt zu sagen: »Ich bin die Frau an seiner Seite, unabhängig von dem, was ich in meinem beruflichen Leben mache!«

Eva Herman: Welche Gefühle sind mit dem Wort Alter verbunden?

Barbara Groth: Lauter positive, weil ich bisher noch hoffe, dass ich es bei geistiger und körperlicher Gesundheit erreiche. Ich habe ganz gute Gene, insofern bin ich sehr optimistisch. Auch wenn ich Frauen wie die Gräfin Dönhoff sehe, die ich bewundernswert finde. Oder viele andere. Es geht darum, dass man das Leben als ein Geschenk begreift, wie es Antoine de Saint-Exupéry so wunderbar gesagt hat: Altern sollte begriffen werden als etwas, das uns vollendet – nicht verbraucht. Wenn mir das gelingen würde, fände ich es wunderbar, da ich ein sehr gläubiger Mensch bin und fest davon überzeugt, dass es eine Macht gibt, die ihre schützende und begleitende Hand über uns hält, und die uns in schwierigen Zeiten Kraft schenkt. Ich hoffe, dass ich das auch mit neunundachtzig noch so sehe wie jetzt mit fünfundfünfzig.

Eva Herman: Welche Macht ist das?

Barbara Groth: Für mich definiert sich Gott als Macht der Liebe zwischen den Menschen in ihrer unterschiedlichsten Ausformung. Die Liebe zwischen Menschen, auch die erotische Liebe. Eltern-Kind-Liebe, Freundschaft, Nächstenliebe, also soziales Engagement, das füreinander da sein und sich stützen können begreifen und den anderen als Mitmenschen begreifen, das, denke ich, ist etwas, wozu wir auf dieser Welt sind. Um unseren Teil dazu beizutragen, dass dies in dem gesellschaftlichen Alltag auch gelingt und wir eine lebenswerte Gesellschaft schaffen. Was nicht heißt, dass alles immer gut ist. Mitmenschlichkeit in der Freude ist die einfachere Variante, Mitmenschlichkeit in Krieg, Elend, Krankheit und Tod ist sehr viel schwieriger. Wenn wir das leisten können, dann ist zumindest die wichtigste Aufgabe, die wir haben, erreicht.

Eva Herman: Würde für Sie ein Lifting infrage kommen?

Barbara Groth: Begrenzt. Wenn Zornes- und Stirnfalten zu tief werden, dann kann man es vielleicht ein bisschen glätten. Meine Mutter hat große Schlupflider gehabt, ich denke, da kann man was machen. Ich würde sicherlich nicht Hände, die altern, neben ein Gesicht legen mögen, das so straff aussieht, als sei man gerade dreißig geworden. Aber man färbt sich ja auch die Haare. Man hat hoffentlich, wenn es bei mir soweit ist, keine dritten Zähne mehr, sondern Implantate. Das macht man ja auch alles, um jünger auszusehen oder zu wirken als man ist. Wenn ich mit grauen Haaren so attraktiv aussehen würde, wie jetzt mit rötlichen, würde ich wahrscheinlich graue Haare haben. Ich finde mich so besser, daher sind sie rötlich. Ob ich das mit fünfundsiebzig noch so sehe, weiß ich nicht, das entscheide ich dann. Was man sicherlich tun sollte, ist Ausgeglichenheit und menschliche Wärme zu speichern. Ich habe ein wunderbares älteres Ehepaar als Nachbarn gehabt, als ich ein Kind war und auch in meiner Studentenzeit. Sie war sechsundachtzig, er war neunzig. Sie waren beide verschrumpelt wie Äpfel, die man auf die Fensterbank gelegt hat, aber sie haben so viel Liebe und Wärme ausgestrahlt, auch miteinander, dass man es einfach nicht gesehen hat. Übrigens – Männer gucken anders als Frauen. Deswegen dürfen Frauen sich nicht wundern, wenn Männer sagen: »Wieso machst du das, ich sehe das gar nicht!« Sie sehen es wirklich nicht! Sie nehmen Frauen selektiv wahr und sehen bestimmte Dinge wirklich nicht, die Frauen an sich als negativ entdecken. Ich denke, wir sollten gelassener mit uns umgehen, was nicht heißt, dass wir uns gehen lassen sollen. Und wir sollten damit gelassener umgehen, wenn Männer sich in einem bestimmten Alter ein glattes Gesicht suchen. Sie tun dies nicht, weil sie ein glattes Gesicht suchen, sondern weil sie in der Regel mit ihrem eigenen Alter Probleme haben. Und das sollte Frauen erheblich mehr Selbstbewusstsein geben.

Eva Herman: Können Sie beschreiben, was weiblich ist?

Barbara Groth: Am ehesten würde ich Weiblichkeit immer mit Wärme gleichsetzen, weil sich da Mutter, Freundin, Geliebte, Ehefrau eigentlich überall wiederfindet. Wärme und Aufgehobensein.

Eva Herman: Auch Weichheit, Schwachsein?

Barbara Groth: Weichheit schon, schwach zu sein würde ich nicht mit Weiblichkeit in Verbindung bringen. Das finde ich ausgesprochen falsch. Schwäche ist eine menschliche Eigenschaft, sie kann positiv und negativ sein, je nach Situation, aber nicht nach Geschlecht.

Eva Herman: Was ist für Sie der Sinn des Lebens?

Barbara Groth: Wie es schon in der Bibel steht, mit seinen Pfunden zu wuchern, sie nicht zu vergraben, damit sie nicht verloren gehen, und sie auch nicht zu verspielen, sondern sich intensiv mit sich auseinander zu setzen, um herauszufinden, was man will und kann, was man nicht will und nicht kann, um dann die entsprechende Aufgabe in seinem Leben zu suchen, egal wie sie aussehen mag. Ich denke, es gibt dabei keine Wertigkeit, um nochmal wieder auf Frauen zurückzukommen. Keine Frau, die ihr Leben zu Hause verbracht hat, ist von der Wertigkeit anders zu beurteilen, als eine Frau, die Bundeskanzlerin oder wie Maggie Thatcher Premierministerin geworden ist. Der Mensch sollte sich nur die Mühe geben, herauszufinden, wer er ist, was er möchte, was er leisten kann und dann zu dieser Entscheidung stehen. Ich glaube, das funktioniert auf allen Ebenen. Der einzige wirkliche Albtraum meines Lebens ist, in einem Moment sterben zu müssen, wo ich das Gefühl habe, du hast etwas Wichtiges liegen gelassen in deinem Leben, was du nicht geordnet hast, was du längst hättest tun sollen und aus Nachlässigkeit oder Feigheit oder warum auch immer hast du es nicht getan. Das ist eine Situation, der man sich nicht aussetzen sollte. Und darum bemühe ich mich.

BARBARA GROTH

Fernsehdirektorin des Sender Freies Berlin.

Biographie:

1946 Geboren in Rendsburg · 1965 Abitur am Helene-Lange-Gymnasium Rendsburg · 1965 PR-Ausbildung · 1980 Magister-Abschluss des Studiums der Soziologie, Literaturwissenschaft, Pädagogik an der Universität Hamburg · 1981 bis 1982 Volontariat beim Norddeutschen Rundfunk, Hamburg · 1982 bis 1983 Freie Redakteurin für Hörfunk und Fernsehen, u. a. im NDR-Studio Bonn · 1983 bis 1988 Redakteurin beim NDR, Hamburg in der Redaktion »Aktuelles« und »Politik in Norddeutschland«, Reporterin für »Tagesschau« und »Tagesthemen«, Gastmoderatorin der NDR-Talkshow · 1988 bis 1989 Redakteurin beim Zweiten Deutschen Fernsehen im ZDF-Studio Bonn, Redakteurin und Reporterin für »heute«, »heute-journal« und »Bonn direkt« · 1989 bis 1992 Leiterin des Regionalfernsehens beim Sender Freies Berlin · 1992 bis 1997 Leiterin der ZDF-Hauptredaktion »Innenpolitik«, Moderation u. a. von Wahl- und Sondersendungen und des ZDF »Politbarometers« · 1997 bis 1998 Programmgeschäftsführerin PHOENIX (ARD/ZDF) · seit 1998 Fernsehdirektorin Sender Freies Berlin

Preise und Auszeichnungen:

1999 Bundesverdienstkreuz

Barbara Groth lebt in Berlin.

Luc Jochimsen

Wenn sie den Kommentar in den Tagesthemen sprach, fragte ich mich häufig, woher sie diese unglaubliche Souveränität nahm. Kaum jemand traute sich, so unverblümt seine Meinung zu äußern wie sie. Auch wenn der Standpunkt unpopulär war.

Im NDR, wo sie lange in der Feature-Redaktion tätig war, wusste man, dass Luc Jochimsen stets sehr klare Vorstellungen und Rückgrat hatte. Sie scheute keine Auseinandersetzungen und manchmal ging es hart zur Sache.

Was hatte einen Menschen geprägt, der so stark geworden war wie diese Frau?

Mit dieser Frage im Gepäck besuchte ich Luc Jochimsen in ihrem Büro beim Hessischen Rundfunk.

Ihr offener Blick und die kritischen Anmerkungen hielten mich mehrere Stunden auf dem höchsten Aufmerksamkeitsniveau. Sie war eine anspruchsvolle Gesprächspartnerin, die ein Abschweifen vom Thema kaum zuließ.

Als sie von ihrer Kindheit erzählte, klärten sich einige meiner Fragen. Eine große Liebe verband sie mit Vater und Mutter. Achtung und Respekt waren wichtige Bestandteile der Erziehung, und sicher nicht unwichtig für ihren beruflichen Lebensweg war die Überzeugung des Vaters: Ausbildung statt Aussteuer.

Jedoch konnte die Liebe der Eltern sie nicht vor den Kriegs-
wirren schützen: Nach einem der zahlreichen Bombenan-
griffe auf Frankfurt lag die achtjährige Luc mit einem durch-
schossenen Bein drei Wochen im Krankenhaus, ohne zu
wissen, ob ihre Eltern und Schwester überlebt hatten.
Sie selbst meint, dass hier wohl die Weichen für ihr späteres
Leben gestellt wurden.

Eva Herman: Sie sagen, was Sie denken, und das trifft häufig genau den Punkt. Sie scheinen außerdem wenig Ehrfurcht vor Institutionen, Politikern oder einflussreichen Personen zu haben.

Luc Jochimsen: Ja, das ist vielleicht der Luxus, dass ich einen Tagesthemen-Kommentar wirklich nur dann mache, wenn mich das Thema richtiggehend beschäftigt und umtreibt. Und wenn ich dann die Möglichkeit habe, etwas zu sagen, dann tu ich das auch!

Eva Herman: Wie heftig fallen die Reaktionen aus?

Luc Jochimsen: Unterschiedlich! Wobei es am erstaunlichsten ist, dass es Reaktionen gibt wie: »Das war aber mutig« und »Das war toll« und »Das kommt viel zu selten vor«. Eigentlich wird im Grunde genommen immer mit dem Begriff Mut gespielt, wobei ich persönlich finde, dass es überhaupt gar keines Mutes bedarf. Außer, dass man über seinen Schatten springt und sich sagt: Ich nehme keine Rücksicht.

Eva Herman: Ich sprach mit Ulrike Wolf über Frauenbündnisse. Sie erzählte, es habe ganz klare Regeln gegeben, an die Sie sich beide während ihrer Zusammenarbeit gehalten hätten.

Luc Jochimsen: Das lag aber auch an ihr! Sie hat alles getan, was in ihrer Macht stand, damit ich ja nicht in den NDR zurückkomme, sondern in London bleibe. Das hat sie ganz offen betrieben, aber dann hat sich der Intendant gegen sie durchgesetzt. Das war damals Peter Schiwy. Bei unserem ersten Gespräch sagte sie: »Sie wissen ja, dass ich Sie nicht hier haben wollte, aber das ist jetzt vorbei. Nun sind Sie hier, und jetzt arbeiten wir zusammen.« Mich hat das sehr beeindruckt. Es fiel mir auch überhaupt nicht schwer, dann genau diese Zusammenarbeit zu betreiben.

Eva Herman: Sind Sie schwierig als Chefin?

Luc Jochimsen: Ich bin sicherlich sehr fordernd.

Eva Herman: Wie sind Sie geworden, was Sie sind?

Luc Jochimsen: Ich habe bei anderer Gelegenheit einmal gesagt: »Alles, was ich erreicht habe und erreichen konnte, verdanke ich Männern.« Und das ist auch so. Zufälle oder nicht, ich habe ein großes Hörfunk-Feature gemacht über Fürsorge und Armenpolizei in den zwanziger Jahren und das in Vergleich gesetzt zur Fürsorge in der Nachkriegszeit. Es ist auf einer Tagung als interessantes Material vorgespielt worden. Dort saß Werner Simon, der beim WDR Fernsehen zuständig war für die Abteilung Politik und Gesellschaft. Und der hat mich daraufhin angeschrieben und gesagt, er wünsche sich auch einmal so einen Film. Das war ein absoluter Zufall! Wäre dieses Hörfunk-Feature dort nicht gelaufen, wäre er nicht auf dieser Tagung gewesen, weiß ich nicht, ob er je von der Autorin Luc Jochimsen erfahren hätte.

Eva Herman: Den Film haben Sie auch gemacht ...

Luc Jochimsen: Ja. Und damit ging es dann eigentlich los. Ich begann, für den WDR Fernsehdokumentationen zu machen.

Eva Herman: Es ist eine schwierige Aufgabe, nur mit Hörfunkerfahrung etwas bildlich umzusetzen.

Luc Jochimsen: Ja, ich habe am Anfang auch nur die Texte geliefert und bin mit einem Regisseur auf Dreh gegangen und auch in den Schneideraum. Und daraus lernte ich, was man alles beim Fernsehen anders machen muss als bei der Presse oder beim Rundfunk.

Eva Herman: Kann man sagen, dass der Bereich Fernsehen eine Art Seiteneinstieg gewesen ist?

Luc Jochimsen: Ja, learning by doing.

Eva Herman: Haben Sie Geschwister?

Luc Jochimsen: Ich habe eine Schwester, sie ist fünf Jahre jünger als ich, und ich hatte, sie ist leider gestorben, eine Halbschwester.

Eva Herman: Gab es in der Familie ein Vorbild?

Luc Jochimsen: Meine Mutter war für mich insofern ein großes Vorbild, weil sie immer berufstätig gewesen ist und weil ich von meiner Mutter gelernt habe, dass wirtschaftliche Unabhängigkeit von den Männern überhaupt das Allerwichtigste ist, was man als Frau erringen muss.

Eva Herman: Was machte Ihre Mutter?

Luc Jochimsen: Meine Mutter stammte aus einer Gastwirtsfamilie. Sie hat ihre Kindheit und Jugend damit zugebracht, dass sie im Lokal ihrer Eltern gearbeitet hat, und dann in deren Hotel. Auch nachdem sie einen sehr reichen Mann geheiratet hatte, half sie immer wieder bei der Familie aus. Und dann hat sie 1930 den absolut emanzipatorischen, äußerst mutigen Schritt – das muss man sich ja vorstellen – getan, sich scheiden zu lassen, obwohl sie eigentlich ihrem Mann nicht so viel hat vorwerfen können. Er hat sie ein bisschen betrogen, das war das eine, aber die Hauptsache war, sie fand in dieser Ehe keine Lebenserfüllung. Dann fing sie wieder an, in Hotels zu arbeiten, und das hat sie auch durch die zweite Ehe und die Kriegsjahre und die Nachkriegszeit hindurch gemacht.

Eva Herman: Trotz zweier Kinder. Und Ihr Vater? Welche Rolle hat er für Sie gespielt?

Luc Jochimsen: Mein Vater spielte eine mindestens ebenso wichtige Rolle. Er war ein wunderbarer Tochtervater. Er gehörte zu den wenigen Vätern, die nicht bedauerten, dass die Tochter nicht doch ein Sohn war. Und mein Vater hatte die fantastische Haltung: Es gibt keine Aussteuer, sondern eine Ausbildung. Und es gibt alles, was ihr könnt und was ihr abfordert, an Ausbildung. Allerdings, mein Vater war ein sehr guter Lateiner, er sagte: »Es gibt weder Nachhilfeunterricht und repetiert wird nicht.« Das heißt, sitzen bleiben war nicht drin. So was kam überhaupt nicht vor.

Eva Herman: Wie haben Sie das empfunden?

Luc Jochimsen: Es hat einen brennenden Ehrgeiz geweckt. Ich wollte es meinem Vater zeigen, ich wollte es der Schule zeigen oder den unterschiedlichen Schulzweigen. Und es war ja auch eine Zeit der großen Wissbegierde. Ich wurde 1936 geboren, und man muss wissen, was da alles so einströmte auf uns in Frankfurt 1945/46 nach dem Krieg: die amerikanische Musik, die amerikanische Kultur, alles das, was vorher verboten war. Meine Eltern waren dem Faschismus überhaupt nicht nah. Sie waren sehr gebildete Leute, und sie fanden es unmöglich, dass man amerikanische, englische, französische Schriftsteller nicht mehr lesen konnte, nicht mehr lesen sollte, dass sie abgeschnitten waren von einer bestimmten Weltkultur. Das war für sie, glaube ich, das noch wichtigere Motiv als die Unterdrückung und der Krieg: der Mangel an Kultur, dieses Zurückschrauben auf deutsche Kultur und Deutschtum und deutsches Brauchtum. Nach dem Krieg haben wir am Radio gehangen und Hörspiele gehört, und wir haben gelesen, sind ins Theater gegangen und ins Amerika-Haus. Und die ganze Familie sog auf, was da war. Es war eine Zeit der Wissensaneignung, die Freiheit lesen zu können, was auch immer … Das vermittelte sich auch mir als Kind.

Eva Herman: Hatten Sie in der Schule Positionen inne wie Klassensprecherin oder Schulsprecherin?

Luc Jochimsen: Nein, schon deswegen nicht, weil ich neben der Schule immer ganz viel gemacht habe. Ich habe sehr früh angefangen für eine Zeitschrift, die damals »Junges Europa« hieß, die sich dem Europagedanken unter der Jugend gewidmet hatte, kleine Artikel zu schreiben und Rezensionen und Kinokritiken und so. Das, was ich gemacht habe, war die Schülerzeitung. Aber Schulsprecherin und so was, das wollte ich nicht, und dafür war ich auch zu schwierig. Es handelte sich ja um ein reines Mädchengymnasium. Ich war nicht unbedingt die Beliebteste, die da rumlief.

Eva Herman: Warum nicht?

Luc Jochimsen: Na ja, ich denke, weil ich viele Interessen hatte. Ich hatte damals schon einiges drauf, was die anderen Mädchen nicht unbedingt interessierte.

Eva Herman: Wann war Ihnen klar, dass Sie in den Journalismus wollten, und wann haben Sie sich bewusst entschieden?

Luc Jochimsen: Ich wollte eigentlich immer journalistisch arbeiten. Das Abitur zu machen stand unter dem Aspekt, dass ich gerne schreiben wollte. Radio war eigentlich nicht unbedingt das Medium, in das ich mich hineindenken konnte, und Fernsehen gab es ja so gut wie nicht. Schreiben wollte ich immer. Ich suchte auch mein Studium danach aus. Ich studierte Soziologie, Philosophie und Geschichte als Lernflächen für die journalistische Arbeit. Ich entsinne mich, dass die Leute damals sagten: »Soziologie, das ist ein hoch interessantes Studium, aber was willst du denn damit anfangen?« Und dann antwortete ich: »Ich will mit Soziologie als Soziologie nichts anfangen, sondern ich will das als Hintergrund für das journalistische Arbeiten!«

Ich studierte bei Schelsky und promovierte auch. Und als ich 1961 mit dem Studium fertig war, gab es eine Art Mode aus Amerika: Große Betriebe suchten Betriebssoziologen. Ich hatte ein Angebot von Hoesch in Dortmund, und ich bin dort auch mal ein halbes Jahr, noch während der Promotion, hingegangen. Das war eine ausgesprochen interessante Erfahrung. Man hatte hier in einigen Fabrikationsbereichen

Probleme mit unterschiedlichen Arbeiterinnengruppen, und nun wünschten sie sich soziologischen Rat für die Fragen nach Hintergründen, den Grund für die Reibungsverluste. Warum funktionierte die Produktion da nicht, warum gab es in diesem Produktionsbereich immer Schwierigkeiten, wenn etwas Neues gemacht werden sollte und so weiter. Ich schaute mir das an und stellte dann fest, dass der Grund ziemlich einfach war: Sie hatten junge Arbeiterinnen und alte Arbeiterinnen wie Kraut und Rüben zusammengesetzt. Mehr oder weniger fifty-fifty, sodass die erfahrenen alten Arbeiterinnen, die im Grunde genommen gut gewesen wären für Kontrollfunktionen wie Endkontrolle, Übersicht oder so etwas und die jungen Arbeiterinnen, die erst angelernt worden waren und wenig Erfahrungen hatten, sich im Wege stehen mussten. Es brauchte nur eine andere Struktur. Ich unterbreitete entsprechende Vorschläge und siehe da, es ging dann sehr gut. Die wollten mich danach wahnsinnig gerne haben, ich aber sagte mir: Das will ich nicht, ich will ja nicht hier zur Verbesserung von irgendwelchen Arbeitsvorgängen tätig sein … ich will schreiben.

Eva Herman: Wir sprachen gerade über Ihre Eltern. Wer war denn für Sie wichtiger, Mutter oder Vater?

Luc Jochimsen: Die waren, da sie sehr unterschiedlich waren, im Grunde genommen gleichermaßen wichtig. Meine Mutter war ein absolut musischer Mensch. Sie brachte mir die Welt der Operetten, des Theaters, der Schauspieler, der Sänger nahe, und mein Vater war ein sehr strenger Denker und sehr rationaler Mensch, der unglaublich viel Wissen hatte.

Eva Herman: Gab es etwas in Ihrer Kindheit, Ihrer Jugend, was Sie als störend empfanden?

Luc Jochimsen: Ich habe eine fantastische Kindheit gehabt, allerdings unter dem Schrecken des Krieges. Wenn Sie mich nach den Ängsten der Kindheit fragen, das waren die Angriffe, das war das Leben im Keller, das waren die Verwundungen, sowohl meiner Mutter als auch meiner kleineren Schwester und die von mir auch. Wir sind mit Phosphor verbrannt worden. Ich hatte einen Oberschenkeldurchschuss, das ist für mich die schlimmste Zeit in meiner Kindheit. Das war hier in Frankfurt, da lag ich drei Wochen im Bunkerkrankenhaus getrennt von Vater, Mutter und Schwester, und ich wusste an keinem Morgen, ob sie noch lebten.

Eva Herman: Wie alt waren Sie?

Luc Jochimsen: Das war 1944. Ich war acht. Es war schrecklich! Und ich denke, ich habe in vieler Hinsicht in diesen Jahren 1943/44/45, wenn man so will, gar keine Kindheit gehabt, weil wir Kinder das Anstehen nach Wasser, das Anstehen nach Brot übernahmen. Man hatte in der Familie eine ganz andere Stellung, wenn man nachmittags nach Hause gekommen ist und hatte zwei Laibe Brot. Wenn es wirklich etwas Schlimmes gab, dann war es, dass ich so früh die Erfahrung machen musste, dass meine Eltern uns letztlich nicht vor Tod und Katastrophen schützen konnten. Aber das hat eigentlich der Autorität meiner Eltern nichts weggenommen. Dass meine Eltern auch ohnmächtig waren angesichts der Bomben, das hat trotzdem nicht dazu geführt, dass man dem Vater oder der Mutter nicht aufs Wort gefolgt wäre.

Eva Herman: Das war eine frühe Erkenntnis der Vergänglichkeit …

Luc Jochimsen: Ja. Aber was machen Sie, wenn Sie im Alter von sieben, acht, neun Jahren erleben, wie im Nachbarhaus alle Bewohner im Keller verschüttet sind und Ihr liebster Spielkamerad am nächsten Morgen tot auf der Straße aufgebahrt liegt? Das sind natürlich die Schrecken des Krieges, die dann auch möglicherweise dazu führen, dass man interne Familienprobleme nicht so schwer nimmt.

Eva Herman: Wie hat Sie das geprägt?

Luc Jochimsen: Ich glaube, es hat mich sehr lebenshungrig gemacht. Wenn man das überstanden hat, als ganz kleiner Mensch, dann bekommt das Leben etwas besonders Kostbares. Es bekam noch einmal besonderes Gewicht beim Tod meiner Mutter, sie ist mit einundsechzig Jahren gestorben und war lange Jahre schwer krank. Und dieser Verlust, ich war sechsundzwanzig Jahre alt, als ich meine Mutter verlor, das war fürchterlich. Obwohl ich verheiratet war, einen tollen Mann hatte, ein tolles Studium und alles das. Aber der Verlust meiner Mutter war grauenhaft. Ich habe mich so einsam gefühlt, so allein, so gottverlassen.

Eva Herman: Da sind Sie wahrscheinlich erwachsen geworden?

Luc Jochimsen: Ja. Ich denke sowieso, dass man das in dem Moment wird, in dem man seine Mutter verliert. Dann wird man wirklich erwachsen.

Eva Herman: Hat es Ihnen dennoch letztlich einen Schub gegeben für Sie selbst und Ihre Karriere?

Luc Jochimsen: Das weiß ich nicht. Ich war ja lange so eine Art Einzelkämpferin, und ich war Autorin. Zwar sehr erfolgreich in der Tat. Also wahrscheinlich muss ich »Ja« sagen.

Eva Herman: Was würden Sie sagen, welches sind die typisch weiblichen Merkmale in Ihrem Beruf?

Luc Jochimsen: Ich glaube, es gibt keine typisch weiblichen Merkmale in meinem Beruf.

Eva Herman: Gibt es typisch männliche?

Luc Jochimsen: Na ja, das ist ja klar. Die sind dadurch vorgegeben, das dieses Berufsfeld, zumindest so wie ich da hineingewachsen bin, von Männern dominiert war, und die haben ihre Art von Autorität, ihre Art von Qualifikation, ihre Art von Netzwerk.

Eva Herman: Was sind das für Arten von Qualifikationen?

Luc Jochimsen: Vor allen Dingen, dass man nach vorn geht, mit dem, was einem einfällt oder was man will. Dass man die Hand hebt und nicht wartet. Und dass man ein erstes Nein nicht für ein endgültiges Nein nimmt. Das hat mich immer an Männern wirklich fasziniert. Die geben nicht auf!

Eva Herman: Und Sie meinen, dass das nur bei wenigen Frauen so ist?

Luc Jochimsen: Ich finde, dass Frauen schneller zu entmutigen sind. Wenn man Frauen sagt »Is nix!«, dann haben sie das Gefühl, das ist jetzt schrecklich, und das ist vielleicht sogar eine Niederlage …

Eva Herman: Und dann sagen sie brav »Ja«?

Luc Jochimsen: Ja.

Eva Herman: Woran liegt das? Hat es was mit der Erziehung zu tun?

Luc Jochimsen: Ja, vielleicht hat das in erster Linie etwas damit zu tun, die Erfahrungen nicht gemacht zu haben, dass wieder kommen und wieder kommen und wieder kommen letztlich zum Erfolg führt. Dabei ist es ein ganz leicht zu durchschauendes Spiel. Wenn man einmal erkannt hat, dass man noch gar nichts drauf geben muss, wenn einmal »Nein« gesagt wird, dann verhält man sich anders. Und siehe da, dann erlebt man ja auch nicht unbedingt eine Kette von Niederlagen, sondern man erlebt irgendwann einen Erfolg. Und wir wissen, wie uns das positiv verstärkt.

Eva Herman: Das ist eine interessante These. Was bringt Sie beruflich aus der Fassung?

Luc Jochimsen: Mich bringt Hinterhalt aus der Fassung. Alles, was im Grunde genommen nicht offen gespielt wird.

Manchmal gibt es ja Situationen, dass Ihnen die Leute ins Gesicht etwas sagen, und hinter Ihrem Rücken sagen sie oder tun sie genau das Gegenteil. Damit habe ich wahnsinnige Schwierigkeiten.

Eva Herman: Wie reagieren Sie darauf?

Luc Jochimsen: Laut. Ich überreagiere laut darauf und offensiv, obwohl ich mir immer wieder vornehme: Ruhe, da warten wir mal ab. Ich kann mit so etwas schlecht leben. Ich habe ein aufbrausendes Temperament. Ich will das dann bereinigt haben.

Eva Herman: Haben berufstätige Frauen bei uns genügend Zeit für ihre Kinder?

Luc Jochimsen: Schauen Sie, als ich in London war, haben mir Frauen in tollen Berufen gesagt, übrigens auch jemand wie Cherie Blair, mit der ich mal ein langes Gespräch hatte: »Ich verstehe nicht, wieso sich deutsche Frauen dieses Schulsystem gefallen lassen, das kein Ganztags-Schulsystem ist. Wieso habt ihr nicht genug Kindergärten? Wieso sind Internate so schlecht angesehen in Deutschland?« Französinnen sagen dasselbe: »Wie schafft ihr das eigentlich, dass die Kinder mittags um zwei nach Hause kommen, mit euren Berufen?« Ich denke, dass Frauen sich vor erhöhter Verantwortung, erhöhtem Zeitaufwand, erhöhtem Einsatz in der Berufswelt schützen, hängt unter anderem damit zusammen, dass es ihnen in dem Moment, wo sie Kinder haben, wirklich wahnsinnig schwer gemacht wird.

Eva Herman: Könnte es nicht auch aus einem Fürsorgegefühl für die Kinder entstehen?

Luc Jochimsen: Ich kann das Argument wirklich nicht nachvollziehen. Ich bin zutiefst davon überzeugt, dass es für die Kinder nicht gut ist, alleine mit der Mama den Tag oder auch die Hälfte des Tages zu verbringen. Es ist für die Kinder wichtig, dass sie in unterschiedliche Erwachsenengruppen wie auch Kindergruppen kommen. Ich glaube nicht, dass die englischen und die französischen Mütter ihren Kindern gegenüber weniger fürsorglich sind als die deutschen. Das glaube ich einfach nicht!

Eva Herman: Nun ist es so, dass Frauen, die in Leistungspositionen tätig sind, zu über zwei Drittel keine Kinder haben. Was heißt das für die Zukunft? Was sind die Folgen?

Luc Jochimsen: Entweder schafft es die deutsche Gesellschaft, den Frauen in Führungspositionen einen Teil der Aufzieh- und Erziehungsarbeit der Kinder abzunehmen. Dann erleben Sie so jemand wie Cherie Blair, die jetzt ihr viertes Kind bekam, obwohl sie einen der aufreibendsten Berufe als Richterin in England ausübt und vorher eine der angesehensten Anwältinnen war und davor eine gefürchtete Staatsanwältin. Eine Frau, die immer top war und daneben einen Mann hat, der auch nicht als Hausmann zu Hause saß. Die schaffen das! Auch die französische Elite schafft das … selbst die italienische Elite schafft es.

Ich finde, wir gehen einen falschen Weg. Entweder muss es uns gelingen, die ältere Generation, und das müssen nicht unbedingt die leiblichen Großeltern sein, mit einzubeziehen. Oder wir müssen es erreichen über den staatlichen Bereich, dass die Kinder anders aufwachsen. Und wenn nicht, dann wird es für die Frauen, in der Tat, das Problem sein, entweder Karriere oder Kinder.

Eva Herman: Was glauben Sie, welche Folgen das für die Frauen haben wird?

Luc Jochimsen: Ich will Ihnen Folgendes sagen: Ich habe ein Kind, und ich hätte nie mehr haben wollen. Aber nicht, weil meine Berufsarbeit das nicht zugelassen hat. Wahr ist allerdings auch, dass schon dieses eine Kind mit der Berufsarbeit in Einklang zu bringen eine Last war. Es hat mich zerrissen und mir oft ein schlechtes Gewissen verursacht. Es gibt diese Geschichten von früher: Mit dem ersten Flieger ging es von Hamburg nach Bonn und auf dem Flughafen in Bonn, es war lange bevor es Handys gab, ging ich im Sturmschritt zum ersten möglichen Telefon, zur Telefonzelle auf dem Flughafen, um zu Hause anzurufen, ob die Kinderfrau tatsächlich um sieben Uhr angekommen war, ob alles gut war. Und der Albtraum, es ist zwar nie eingetreten, aber der Albtraum war, was mache ich eigentlich, wenn ich jetzt in Bonn am Flughafen bin, und die Kinderfrau ist nicht gekommen.

Eva Herman: Ihr Mann, war der nicht mehr da?

Luc Jochimsen: Na ja, der war schon seinerseits weg.

Eva Herman: Das heißt, das Kind war allein?

Luc Jochimsen: Wäre alleine gewesen, wenn. Diese Minuten waren eine unglaubliche Belastung. Und ich kann nur sagen, ich hätte es mit zwei oder drei Kindern gar nicht bewältigen können.

Eva Herman: Sie reden jetzt von sich. Was war denn mit Ihrem Mann? Hat er sich dafür nicht verantwortlich gefühlt?

Luc Jochimsen: Da sprechen Sie natürlich ein Problem an. Mein Mann hatte sich immer Kinder gewünscht und zwar viele, im Gegensatz zu mir. Ich bin eigentlich eher seinem Kinderwunsch entgegengekommen als meinem eigenen. Ich hatte nämlich schon als junges Mädchen und als junge Frau den Verdacht, das wird alles verdammt haarig und schwierig. Aber wie gesagt, Hanno Jochimsen, der Vater unseres Sohnes, der hat das immer alles wunderbar gefunden. Aber wenn es um die praktische Arbeit ging, dann hat er mit Verweis, dass er einen sehr wichtigen Job hatte, er war stellvertretender Senatspressesprecher, gepasst. Er befürwortete zwar meine Berufstätigkeit, aber es war natürlich mein Ding, alles in Einklang zu bringen. Also, ihn bitte schön, ihn durfte man nicht behelligen. Was im Übrigen, das sage ich ganz offen, auch dazu geführt hat, dass ich mich habe scheiden lassen. Jahrelang dachte ich: Ich kann dem Kind nicht die Familie wegnehmen, aber der Mann brachte so wahnsinnig wenig Familie mit ein. Bis ich dann den Mut hatte, es zu sagen. So organisierte ich es eben alles anders und in der Tat, das ging auch besser, ehrlich gesagt.

Eva Herman: Wie alt war das Kind?

Luc Jochimsen: Acht.

Eva Herman: Hatten Sie eine feste Kinderfrau, oder wie haben Sie das organisiert?

Luc Jochimsen: Ich habe eine wunderbare Kinderfrau gehabt. Wir wohnten in Sankt Georg in Hamburg, das war ein Viertel mit vielen, sehr lebendigen Bezügen. Da haben ganz unterschiedliche Leute zusammengewohnt, und ich habe im Waschsalon und beim Lebensmittelhändler einen Zettel an die Pinwand gesteckt, auf dem geschrieben stand, ich suchte jemanden für das Kind. Und da hat sich bei mir, da war das Kind gerade sieben Monate alt, eine vierundsechzigjährige, verwitwete Frau gemeldet, die eine Kindergärtnerinnenausbildung gemacht hatte, sich immer Kinder gewünscht hatte, aber kinderlos geblieben war und einige Monate vorher ihren Mann verloren hatte. Und mit dieser Frau habe ich mich wirklich auf Anhieb wunderbar verstanden. Dippi blieb zehn Jahre bei uns, bis Jango zehneinhalb oder fast elf war und sie vierundsiebzig. Sie hat eigentlich da auch noch nicht aufhören wollen. Sie sagte immer, wir könnten uns gar nicht vorstellen, was das für sie bedeutet hat, denn es war ja noch einmal ein ganz neuer Lebensabschnitt, bei dem es natürlich für sie oft auch an die körperliche Grenze ging. Da sie keine Kinder hatte, hatte sie auch keine Enkel, und nun hatte sie so ein Mittelding zwischen einem späten Kind und einem Enkelkind bekommen.

Eva Herman: Ist es für Sie anstrengend gewesen? Sie kamen vom Job nach Hause und dann ging es mit dem Kind weiter.

Luc Jochimsen: Nein. Das war eigentlich auch wieder schön, wobei ich sagen muss, mein Sohn hat sehr früh gelernt, sich selbst zu beschäftigen. Er fand es wunderbar, in meiner Nähe zu sitzen, er konnte da dann auch lesen oder sonst etwas tun und hat mich arbeiten lassen. Das war eigentlich auch schön.

Eva Herman: Hat Ihr Sohn unter der Trennung gelitten? Fehlte ihm der Vater?

Luc Jochimsen: Ja. Er hat mir mal erklärt, dass sein Problem war, dass er sich unter Scheidung nichts vorstellen konnte. Er hatte Albträume, in denen beide Eltern in einer Falltür verschwinden. Es tat sich im Boden eine Falltür auf, und die Eltern verschwanden.

Das war die Scheidung. Es wurde im Vorfeld natürlich über Scheidung geredet, wir haben versucht, das mit ihm zu thematisieren. Und interessanterweise, obwohl er sieben oder acht war, konnte er mit diesem Begriff Scheidung nichts anfangen: Was geht da vor, wie läuft das? Wie gesagt, da war diese schreckliche Falltür, das hat er mir aber dann erst später erzählt. Und er meinte, als dann die Scheidung passiert war und die Falltür sich nicht geöffnet hat und der Abgrund sich nicht aufgetan hat, dann wäre das eigentlich ziemlich okay gewesen.

Eva Herman: Wie steht er denn heute dazu?

Luc Jochimsen: Ich bin ihm unglaublich dankbar. Dieses Kind macht keine Vorwürfe. Er sagt, er hätte eine tolle Kindheit gehabt.

Eva Herman: Dann ging die Partnersuche wieder los. Glauben Sie, dass es für Frauen, die schon aufgrund des Berufs einen sehr selbstbewussten Eindruck machen, schwierig ist, einen adäquaten Partner zu finden?

Luc Jochimsen: Das kann ich schlecht beantworten. Ich hatte in meinem Leben eigentlich keine Probleme, mit interessanten Männern zusammen zu sein.

Eva Herman: Wenn daraus mehr wurde, gab es Probleme, weil Sie eine starke Frau sind?

Luc Jochimsen: Ich habe ja ganz jung geheiratet. Ich war zwanzig Jahre alt und hatte gerade Abitur gemacht, als ich heiratete. Mein Mann war sechs Jahre älter als ich, und ich denke, er hat mich als dieses junge frische Mädchen interessant gefunden. Stark – weiß ich gar nicht. Man suchte ja in dieser Zeit noch seinen Weg, auch wenn man feste Vorstellungen hatte. Und dann die übrigen Männergeschichten … Ich weiß nicht, ich habe da ehrlich gesagt nie Probleme gehabt. Und meinen zweiten Mann, den habe ich ja auch sehr früh kennen gelernt … Wir haben vierundzwanzig Jahre zusammengelebt, bevor wir dann heirateten. Ich hatte nie den Eindruck, dass er Probleme hatte, im Gegenteil vielleicht, er ist ein sehr selbstständiger Mann. Er war eigentlich, glaube ich, aber da müsste man wirklich ihn mal fragen, ich glaube, er war eigentlich ganz froh, dass er über weite Strecken ein eigenes, selbstständiges, freiheitliches Leben führen konnte. Wir haben nie ein Leben geführt, in dem wir abends miteinander einschliefen, morgens aufwachten, wieder abends miteinander einschliefen und morgens aufwachten. Ich habe gedreht, er hat gedreht, er hat woanders geschnitten, er war im Ausland, ich war in der Bundesrepublik, dann haben wir die erste Pendlergemeinschaft nach London geschlossen, jetzt pendeln wir zwischen Frankfurt und Hamburg hin und her. Es wird interessant werden, wenn ich aufhöre zu arbeiten beim Hessischen Rundfunk, dann kommt in der Tat das erste Mal in unserer Beziehung so was wie eine ständige Gemeinschaft zustande, was ja auch was Schönes ist. Aber ich weiß noch gar nicht, wie wir damit umgehen werden.

Eva Herman: Sind für Sie Medienmänner besonders interessant?

Luc Jochimsen: Ach, das kommt sehr darauf an. Nicht unbedingt, ich finde Bischöfe auch sehr interessant, katholische Bischöfe finde ich, sind wirklich sehr interessante Männer.

Eva Herman: Warum Bischöfe?

Luc Jochimsen: Ja, so Kirchenfürsten, die eine für mich ganz fremde Welt vertreten, finde ich hoch interessant. Ich möchte immer gerne wissen, what makes them tick, was bewegt einen Zeitgenossen von mir, nicht einen Menschen, der im Mittelalter lebt oder in der Renaissance oder so was. Was bewegt einen Mann, der so alt ist wie ich oder vielleicht zehn Jahre älter oder vielleicht ja auch genauso alt oder jünger mittlerweile, was bewegt den, Bischof zu werden. Mich interessiert auch ein General, da frage ich mich, was macht diesen Menschen zum General, was hat ihn dahin kommen lassen …

Eva Herman: Ist das für Sie so fern, die Tätigkeit eines Generals oder eines Bischofs?

Luc Jochimsen: Ja, das ist mir doch sehr fern. Ich war einmal zehn Tage, das war schwierig genug, bei einem großen NATO-Einsatz, einem Manöver, das werde ich nie vergessen. Mit meinem Kamerateam. Es war sehr schwierig, als Frau eine Akkreditierung für ein NATO-Manöver zu kriegen. Das ist allerdings auch schon zwanzig Jahre her. Ich habe zwei Tage vorher gut ausgeschlafen, keinen Tropfen Alkohol zu mir genommen, weil ich so viel darüber gehört hatte, wie fürchterlich körperlich anstrengend diese Manöver sind, und ich wollte eines auf gar keinen Fall: schlapp machen. Und dann habe ich mich wirklich gewundert: Das hält man nämlich sehr gut durch, oder ich hielt es wunderbar durch. Dadurch bin ich dahinter gekommen, wie viele Windmaschinen bewegt werden und was die so alles aufbauschen.

Aber es war schon »wahnsinnig toll«, diese Regeln, die Blauen gegen die Roten und die Nachtmärsche und die Einsätze und so weiter. Man hat ja keine Erfahrung, man weiß es ja vorher nicht. Hinterher ist frau klüger.

Eva Herman: Gibt es Eifersucht?

Luc Jochimsen: Eifersucht auf andere Frauen, oder Eifersucht im Job?

Eva Herman: Sowohl als auch.

Luc Jochimsen: Es hat natürlich schwierige Zeiten gegeben. Es hat fürchterliche Eifersucht gegeben, als ich das erste Mal in London war. Mein Mann hatte ein Verhältnis mit einer anderen Frau angefangen. Das war absolut grauenhaft. Ich versuchte, meinen Mann wieder zurückzugewinnen. Natürlich war Eifersucht die eigentliche Nacht- und Tagbegleitung.

Eva Herman: Ist es dann nicht schwierig, die Souveränität im Beruf zu bewahren?

Luc Jochimsen: Na ja, ich muss Ihnen ehrlich sagen, da hat mir die Trennung von Hamburg und London schon sehr geholfen. Ich bin Rotz und Wasser heulend am Flughafen Fuhlsbüttel eingestiegen und während der Reise von Hamburg nach London kam dann wirklich eine andere Welt auf mich zu. Ich habe mich auf etwas anderes einstellen müssen und eingestellt. Ich kenne solche privaten Probleme aus dem Freundeskreis in Hamburg, wo beide in Hamburg sind und in Rufweite um die Ecke. Das stelle ich mir grauenhaft vor.

Ich habe in dieser Zeit, die über anderthalb Jahre oder zwei Jahre ging, eigentlich immer gesagt, wie gut, dass ich diesen Beruf habe. Diesen abwechslungsreichen Beruf, wo man ankommt und sofort nach Belfast muss. Dann fängt man an, um sein eigenes Leben zu zittern, weil man nicht weiß, kommt man nachts aus dieser Geschichte heil raus oder nicht? Ich erkannte die Relation, fragte mich, ob meine Beziehungsgeschichte wirklich existenziell war und mich umbrachte. Ich stellte fest, dass ich Angst um mein eigenes, jämmerliches Leben hatte und zweifelte, ob ich aus Belfast gut rauskommen würde.

So war ich eigentlich mit meinem Liebeskummer und dieser Eifersucht ziemlich gut bedient. Ich glaube, dass in diesen Lebenssituationen ein solcher Beruf ein absolutes Gottesgeschenk ist.

Eva Herman: Wie haben Sie die Krise schließlich gemeistert?

Luc Jochimsen: Mein Mann hat sich umentschieden.

Eva Herman: Zu diesem Zeitpunkt waren Sie als Korrespondentin für die ARD in London, damit also eine öffentliche Frau. War der Gedanke an Trennung in Verbindung mit Ihrer Bekanntheit ein Problem?

Luc Jochimsen: Nein, das ist es nun überhaupt nicht gewesen, weil es ja heutzutage fast an der Tagesordnung ist, sich zu trennen. Vor dreißig Jahren wäre es sicher schwieriger gewesen, da hätte man sich eher desavouiert gefühlt. Aber, ich denke, so viele Frauen werden von ihren Männern verlassen und Männer werden von ihren Frauen verlassen.

Eva Herman: Könnte Ihr Mann auch entscheiden, nach Frankfurt zu kommen, oder muss er unbedingt in Hamburg sein?

Luc Jochimsen: Ja doch, ich glaube schon, dass das für ihn wichtig ist, in Hamburg zu arbeiten und dort sein Domizil zu haben. Und ich glaube, Ihre ganzen Fragen, ob es schwierig ist, an der Seite der Frau XY zu sein, treffen für meinen Mann nicht zu, weil er letztendlich auch sein eigenes Leben führt. Genauso wie ich mein eigenes Leben hier führe. Und dann gibt es wunderbare Zeiten, da sind wir eben zusammen.

Eva Herman: Ich möchte nochmal auf das Thema Kinder kommen. Ihr Mann wollte damals ein Kind. Sie eher nicht.

Luc Jochimsen: Ich habe mich sehr schwer getan! Und ich sage Ihnen auch ganz offen und mache keinen Hehl daraus: Ich habe zwei Abtreibungen gehabt. Ich war jung verheiratet, gerade ein paar Monate lang, und wie das so ist, ich wollte zu dem Zeitpunkt wirklich kein Kind. Ich war gerade zwanzig, stand am Anfang des Studiums, und ich hatte ganz bestimmte Dinge in meinem Leben vor. Ich habe auch nie unter schärfster Gewissensprüfung wegen dieser zwei Abtreibungen ein schlechtes Gewissen gehabt oder gelitten oder so etwas. Als ich dann zum dritten Mal schwanger war, war mein erster Gedanke eigentlich auch wieder der, dass es mir überhaupt nicht in den Kram passte, weil ich gerade richtig in der Berufstätigkeit angekommen war. Das erste Mal war es ganz am Anfang, das zweite Mal mehr oder weniger mitten in der Dissertation und dann, das dritte Mal, da hatte ich gerade als Autorin einen richtig guten Einstieg geschafft. Von daher haben die zwei vorherigen Abtreibungen bei der Entscheidung, das Kind zu bekommen, eine große Rolle gespielt. Ich sagte mir: Eines ist mittlerweile klar, wenn du jetzt auch wieder meinst: erst später, dann belügst du dich. Dann musst du grundsätzlich werden mit dir selbst, und du musst auch deinem Mann sagen: Pass mal auf, ich will keine Kinder, es passt einfach nicht in mein Leben. Ich will es nicht, ich will es grundsätzlich nicht, so … Und ich bin fürchterlich ins Schleudern gekommen. Ich dachte, Moment, so ist es ja eigentlich nun wiederum auch nicht, obwohl ich große Angst hatte. Ich hatte wirklich große Angst.

Eva Herman: Existenzangst?

Luc Jochimsen: Nein, nicht Existenzangst. Ich wusste nicht, wie ich das praktisch schaffen sollte. »Wie willst du das vereinbaren, wie soll das laufen, wie willst du das machen?« Davor hatte ich ganz große Angst. Aber ich habe mir dann gesagt, es ist eine Grundsatzentscheidung.

Eva Herman: Es scheint eine sehr rationale Entscheidung gewesen zu sein. Gab es danach für Sie gerade deswegen emotionale Einschränkungen dem Kind gegenüber?

Luc Jochimsen: Nein, als das Kind da war, nicht. Aber ich muss Ihnen sagen, ich habe eine merkwürdige Schwangerschaft verbracht. Als ich den Entschluss gefasst hatte, das Kind auszutragen, bin ich in einen fast acht Monate langen Schlaf gefallen. Ich war apathisch. Ich war zu überhaupt nichts mehr fähig, und ich fühlte mich eigentlich in der Falle. Ich weiß noch, ich bin morgens aufgestanden, habe mit meinem Mann gefrühstückt, dann hat er das Haus verlassen und ich, die eigentlich immer ein solches Bündel an Lebhaftigkeit war, habe mich dann, kaum hatte er die Tür zu gemacht, ins Bett verkrochen. Und als ich wieder aufwachte, da war es abends um sieben und er kam wieder nach Hause. Und ich lag immer noch im Bett. Tagein, tagaus. Ich ging dann zu meinem wunderbaren Arzt und fragte ihn: »Sagen Sie mal, ist das denn normal?« Und er sagte: »Was heißt normal? Nichts ist normal, und nichts ist unnormal. Wenn Sie dieses Schlafbedürfnis haben, dann ist das wunderbar für Ihr Kind. Sie werden ein Kind haben, das immer gut schlafen kann.« Und in der Tat, ich hatte nachher das große Glück, dass das Kind nachts nie geschrien hat. Es hat mehr oder weniger von dreiundzwanzig bis sieben Uhr durchgeschlafen. Es war auch im Mutterleib nichts anderes gewohnt, da wurde auch immer geschlafen und wir können das heute noch. Mein Sohn ist jetzt siebenunddreißig, und wir beide sind Weltmeister im Schlafen.

Eva Herman: Was würden Sie jungen Frauen heute sagen: Kann man Kinder planen? Kann man rational entscheiden?

Luc Jochimsen: Tja, das ist natürlich individuell sehr unterschiedlich. Ich glaube, was man planen kann oder worauf man sich einstellen kann, ist, dass man sich wirklich überlegt, dass es viele Frauen gibt, mit denen man diese Bürde, die ja gleichzeitig auch was Großartiges ist, gemeinsam schultern kann. Diese Vorstellung, man müsse das ganz alleine machen, halte ich, sagen wir mal, für ein kulturhistorisches Sekundenmoment in unserer Menschheitsgeschichte. Eigentlich haben wir Menschen immer unsere Kinder gemeinsam aufgezogen. Wir haben es nie auf diese Vereinzelung zukommen lassen und im Grunde, das wissen wir aus der Literatur und aus der Geistesgeschichte, ist den Kindern oder dem Nachwuchs insgesamt damit wirklich mehr geholfen, wenn er in der Gruppe, in der Horde, wie auch immer Sie das nennen wollen, wirklich gemeinsam mit anderen aufwächst. Es waren ja nicht nur die Adelsfamilien, die ihre Kinder über Gouvernanten und Hauslehrer aufzogen. Es waren auch die Handwerksfamilien. Wenn ich an meine Großeltern denke, die aus Gastwirtsfamilien oder mittleren Beamtenfamilien stammten, so war immer auch die unverheiratete Tante mit im Haus und auch der tatterige Onkel. Ich glaube, dass es wichtig ist, Menschen von ganz unterschiedlicher Kapazität unter einem Dach zu haben. Da ist dann ein alter Onkel oder Großvater, der einem zeigt, wie man Feuer macht, und man hat jemanden, der den Kopf bedient, mit dem man reden kann. Und ich glaube auch, dass viele Frauen zu sehr von einem falschen Konsequenzbegriff in der Erziehung ausgehen. Um noch einmal auf Dippi zu kommen: Ich hatte bestimmte Erziehungsvorstellungen, zum Beispiel, dass Süßigkeiten absolut schädlich sind. Bei mir gab es keine Bonbons. Dippi kam und hatte als Ablösung schon immer in dieser wunderbaren, voluminösen Handtasche Schokolade und Bonbons. Das wusste mein Sohn, das hat ihm den Abschied von der Mutter aufs Herrlichste versüßt. Und mir war klar, dass er keinen Schaden daran genommen hat. So war das eben. Die Mutter hatte Vor- und Nachteile. Der Nachteil war, man bekam bei ihr überhaupt keine Süßigkeiten, die bekam man bei der Dippi. Dippi hatte auch Nachteile, sie war nicht die Mutter. Ich sagte damals – heute würde man sich weglachen –, Fernsehen ist gut und schön, aber nicht »Raumschiff Enterprise«. Ich wollte nicht, dass er dieses schreckliche »Raumschiff Enterprise« sah. Ich wusste durch den einen oder anderen Kontrollanruf von unterwegs, wenn »Raumschiff Enterprise« lief, saßen die beiden nebeneinander und guckten. Und das war vollkommen in Ordnung. Er saß nicht allein gelassen vor einem Horrorfilm, was meine Vorstellung war, sondern die beiden saßen da und haben wahrscheinlich Bonbons gegessen und »Raumschiff Enterprise« geguckt und fanden das gemütlich und absolut wunderbar. Das meine ich, diese Unterschiedlichkeiten sind für Kinder fürchterlich wichtig.

Eva Herman: Was glauben Sie, würden Sie heute beruflich machen, wenn Sie nicht das geworden wären, was Sie sind?

Luc Jochimsen: Ach, ich hätte gerne Jura studiert, und ich könnte mir vorstellen, dass ich in einem juristischen Beruf, völlig einerlei ob Anwalt, Staatsanwalt oder Richter, tätig sein könnte. Vielleicht würde mich der Richterberuf am meisten interessieren.

Eva Herman: Warum?

Luc Jochimsen: Weil ich finde, dass ein Land gute oder schlechte Politiker haben kann, wichtig ist auf jeden Fall, dass es gute Richter hat.

Eva Herman: Und Sie wären eine gute Richterin?

Luc Jochimsen: Ich würde es hoffen, ich weiß es nicht. Ich würde mich auf jeden Fall sehr darum bemühen.

Eva Herman: Würde für Sie ein Lifting infrage kommen?

Luc Jochimsen: Nee!!!

Eva Herman: Warum nicht?

Luc Jochimsen: Ich bin fürchterlich besessen, was die körperliche Unversehrtheit angeht. Ich bin auch jemand, der im Gegensatz zu anderen niemals eine Organspende zulassen würde, obwohl ich wirklich sozial eingestellt bin. Die Vorstellung, dass die mich selbst im Tode noch irgendwie ausschnipseln, das ist mir unerträglich. Deswegen, bitte keine Manipulation am Körper, das bereitet mir Schrecken.

Eva Herman: Könnte das durch das Kriegserlebnis entstanden sein?

Luc Jochimsen: Das könnte sein.

Eva Herman: Haben Sie denn Verständnis für Frauen, die sich liften lassen?

Luc Jochimsen: Ich habe volles Verständnis dafür. Ich finde nur, es gibt so viele Beispiele, wo das schrecklich misslingt. Muss das denn sein? Frauen aus dem Fernsehen, die wir alle kennen. Das ist ja nicht auszuhalten. Fantastische, kompetente Kolleginnen, die sich geradezu haben hinrichten lassen. Es ist grauenhaft, das mit anzusehen.

Eva Herman: Was verbinden Sie mit dem Alter?

Luc Jochimsen: Natürlich Furcht vor dem Tod. Ich finde unsere Lebensformel, nach der wir, wenn wir Glück haben, ein reiches Leben führen und dann sterben müssen, grauenhaft. Ich habe auch grauenhafte Angst vor dem Tod, nicht nur vor dem Sterben. Es gibt Leute, die sagen: »Vor dem Tod fürchte ich mich überhaupt nicht.« Ich finde die Vorstellung, dass dieses Leben aufhört, grauenerweckend und das assoziiere ich mit dem Alter, und abgeleitet davon natürlich einhergehend: Reduktion. Man muss die Erfahrung machen, dass man immer weiter reduziert wird. Dass man damit auch seine Würde verliert, weil man abhängig von anderen Menschen wird, wie man es seit Babyzeiten nicht gewesen ist. Das finde ich alles ziemlich schrecklich. Auf der anderen Seite muss ich sagen, Alter gibt eine große Sicherheit. Wenn ich mir überlege, im Vergleich zu, sagen wir mal, vor zwanzig oder dreißig Jahren, weiß ich heute ziemlich genau, was ich will. Mir kann niemand mehr viel vormachen. Es ist eine schöne gelassene Sicherheit. Eine bestimmte Angst, Dinge nicht richtig zu machen, Fehler zu begehen, die nimmt ab. Dafür kommt aber die vor dem Tod und vor dem Sterben, ja, und vor dem gebrechlich und abhängig werden.

Eva Herman: Gegen diese Angst gibt es keine Mittel?

Luc Jochimsen: Es gibt, glaube ich, wenig Mittel. Manchmal gibt es die Mittel der Kunst. Zum Beispiel einen wunderbaren Roman von Simone de Beauvoir über einen Mann, der vierhundert Jahre alt geworden ist. Der durch alle Zeiten gegangen ist, unbesiegbar, unsterblich, der lebt und lebt. Am Anfang findet er das ganz toll, doch nach dreihundert Jahren ungefähr ist er angeödet von der ständigen Wiederholung geschichtlicher Vorgänge. Schließlich wird er so müde, bleimüde, und er sucht von da an eigentlich immer nur den Tod … er geht in die vorderste Linie bei Kriegen und hofft, umgebracht zu werden. Und das klappt nicht. Das tröstet mich, wenn es dann so ist. Dass man unendlich müde wird und sinnentleert, und so denke ich, vielleicht hat es doch einen Sinn.

Eva Herman: Gab es in Ihrem Leben Phasen, in denen Sie sich weiblicher fühlten als in anderen?

Luc Jochimsen: Nein, eigentlich nicht.

Eva Herman: Fühlten Sie sich immer gleich?

Luc Jochimsen: Vielleicht die Schwangerschaft ausgenommen, wo ich mich in einer Falle fühlte, da könnte man ja wirklich sagen, dass ich, rein sachlich, in der Schwangerschaft besonders weiblich gewesen bin, ja.

Eva Herman: Aber da waren Sie, glaube ich, eher ein weibliches Murmeltier.

Luc Jochimsen: Ja, da war ich ein weibliches Murmeltier, genau.

DR. LUC JOCHIMSEN
Ehemalige Chefredakteurin des Hessischen Rundfunks.

Biographie:
1936 Geboren in Nürnberg · 1954 Abitur und Studium der Soziologie, Politik und Philosophie · 1961 Promotion bei Helmut Schelsky in Münster mit einer Arbeit über »Zigeuner-Eine Minderheit in der Bundesrepublik« · 1975 NDR-Redakteurin des ARD-Magazins »Panorama« · 1985 bis 1988 ARD-Korrespondentin in London · 1989 bis 1991 Leiterin der Abteilung Feature/Auslandsdokumentation des NDR · 1991 bis 1993 Leiterin des ARD-Fernsehstudios in London · 1994–2001 Fernseh-Chefredakteurin des Hessischen Rundfunks

Preise und Auszeichnungen:
1971 Grimme-Preis · 1981 Alexander-Zinn-Preis der Freien und Hansestadt Hamburg · 1984 Prix Italia für den Film »Umgang«

Veröffentlichungen:
1971 »Hinterhöfe der Nation – die deutsche Grundschulmisere« · 1981 »Kennen Sie Bebels Frau? Oder Sozialismus als Männersache«

Luc Jochimsen ist verheiratet und hat einen Sohn. Sie wurde im Frühjahr 2001 im Alter von 65 Jahren pensioniert und lebt heute mit ihrem Mann abwechselnd in ihrem Haus in Italien und in Hamburg.

SANDRA MAISCHBERGER

Zum Zeitpunkt unseres Interviews wurde Sandra Maischberger mit öffentlichem Lob überhäuft. Die Zeitungen
druckten wahre Elogen, Sandra erhielt mehrere Auszeichnungen, darunter den begehrten Bayerischen Fernsehpreis.

Sehr verdient. Denn sie moderiert eine der erfolgreichsten
und interessantesten Sendungen im deutschen Privatfernse-
hen: »Maischberger« bei n-tv.

Kaum jemand scheint heute an Zeiten zu denken, in denen
es ihr schlechter ging:

Als sie vor einigen Jahren aus der TV-Sendung »Talk im
Turm« herausgemobbt wurde. Als kaum ein Sender etwas
von ihr wissen wollte. Und viele Kollegen sie fallen ließen.
Eine schwierige Zeit für Beruf und Selbstbewusstsein.

Vielleicht lassen sich ihr Wissenshunger und ihre Sehnsucht
nach Leben, die sie heute ausmachen, ein wenig mit dieser
Erfahrung erklären. Sandra lebt größtenteils in Berlin und
gibt sich dort, wie sie sagt, die Kante. Kaum ein Film, keine
interessante Veranstaltung, die sie abends nach Dienst-
schluss nicht besuchen würde.

Schlafpensum pro Nacht: Etwa fünf Stunden.

Wenige Menschen wissen, dass sie ihre wohlbehütete Kindheit zum großen Teil in Italien verlebte. Dass sie noch mit

dreizehn aussah wie ein Junge und sich auch dementsprechend aufführte.

Dass sie bis kurz vor ihrer ersten TV-Sendung nicht einmal wusste, was ein Moderator ist.

Eva Herman: Wie kamst du zum Fernsehen?

Sandra Maischberger: Über das Radio. Und ins Radio bin ich gekommen, weil ich in der Süddeutschen Zeitung ein Inserat gelesen hatte. Ich saß zu Hause bei meinen Eltern am Frühstückstisch und fand die Anzeige, in der stand, dass der Bayerische Rundfunk Moderatoren und Discjockeys suchte. Ich wusste damals nicht, was ein Moderator ist. Ich hatte das Wort vorher noch nie gehört. Ohne Spaß, ich wusste es wirklich nicht.

Eva Herman: Wo bist du aufgewachsen?

Sandra Maischberger: In München und in Italien. Aber ich hatte mich damit nicht beschäftigt. Und dann bewarb ich mich als Diskjockey, weil ich eine große Plattensammlung hatte. Musik war mein Interesse. Ich schickte eine Kassette ein, die ich zu Hause aufgenommen hatte an der eigenen Stereoanlage mit Mikrophon. Peinlich. Aber sie nahmen mich.

Eva Herman: Aufgrund der Kassette?

Sandra Maischberger: Ja. Zwei Monate später durfte ich senden.

Eva Herman: Was hast du denn gesendet?

Sandra Maischberger: Ich moderierte auf Bayern 2 eine Sendung, einmal in der Woche. »Rock-Lok«, das war eher Underground-Musik.

Sandra Maischberger: Ein paar Türen weiter war der Jugendfunk, da klopfte ich auch an. So hat das angefangen. Ich habe die ersten zwei Jahre frei gearbeitet und einfach alles gemacht, was ich machen konnte und was irgendwie seriös war.

Eva Herman: Was war denn unseriös?

Sandra Maischberger: Damals gab es in München die Möglichkeit, Geld zu verdienen mit Synchronisation von Softpornos. Das machte ein Freund, der ein Studio hatte. Er sagte:

»Guck dir das mal an.« Und ich hab einen Lachkrampf bekommen, als ich Freunde von mir in dieser Kabine hab stehen sehen, die solche Sätze sagten wie: »Ja, du machst mich heiß, ja, ja.«

Das habe ich nicht gemacht. Ich habe bei der Stadtzeitung gearbeitet, bei Musik Express/Sounds, beim Bayerischen Rundfunk, beim SWR und führte Interviews. Dann kam die Journalistenschule. Während dieser Zeit musste ich meine Sendung im Radio aufgeben, weil die Journalistenschule von morgens neun bis abends sechs Uhr ging. Also suchte ich einen Job für die Nacht und fand ihn bei Tele 5 in der Nachrichtenredaktion. Ich habe dann nachts CNN-Berichte für den Tag, für die Nachrichtenausgaben des nächsten Tages, umgeschnitten, neugetextet, quasi eingedeutscht.

Und dort fragte mich jemand, ob ich bei einem Casting mitmachen wollte. So kam ich zu meiner ersten Sendung im Fernsehen. Sie hieß »Mensch Mädchen«, ein Magazin mit Clips und Information.

Eva Herman: Wann bist du zum Bayerischen Fernsehen gekommen?

Sandra Maischberger: Mit Abschluss der Journalistenschule. Die hörte auf im Januar, und Günther Jauch stieg damals bei »Live aus dem Schlachthof« aus. Er moderierte zusammen mit Werner Schmidbauer. Werner blieb. Als Amelie Fried ausstieg, als Giovanni di Lorenzo ausstieg, als Günther ausstieg, als ich ausstieg, Werner blieb immer da. Man suchte eine Nachfolge für Günther Jauch, und ich wurde von drei Seiten empfohlen. Von der Journalistenschule, vom Bayerischen Rundfunk, und sie hatten mich bei Tele 5 gesehen. Schließlich nahmen sie mich.

Eva Herman: Hattest du konkrete Vorstellungen, was du machen wolltest?

Sandra Maischberger: Ich wollte ziemlich früh Journalistin werden. Das wusste ich schon, als ich vierzehn, sechzehn war. Das war einer der Berufe, die mich irre interessierten. Es war nicht der einzige, ich hatte zu Schulzeiten Theater gespielt, war im Orchester gewesen, Musikerin, Schauspielerin.

Eva Herman: Welches Instrument spieltest du?

Sandra Maischberger: Querflöte.

Eva Herman: Nun gehörst du ja seit nicht allzu langer Zeit zu den führenden Medienfrauen im Bereich Information. Was gehört dazu, um dies erfüllen zu können?

Sandra Maischberger: Also, mal abgesehen davon, dass ich Frauen wie Männer gleich behandelt sehen wollte, glaube ich, dass man sein Handwerk beherrschen muss.

Eva Herman: Wie sieht das Handwerkszeug aus?

Sandra Maischberger: Ein gewisses Maß an politischer Bildung ist wichtig. Man muss themensicher sein. Die Themenfindung ist ganz wichtig. Urteilskraft muss man haben und mit Sprache umgehen können. Auch sollte man in der Lage sein, zu recherchieren. Interviews sollten so kritisch wie möglich geführt werden, dass man auch Informationen bekommt und sich nicht irgendetwas erzählen lässt. Dafür gibt es Techniken, die man lernen kann.

Eva Herman: Glaubst du, dass Frauen und Männer für diesen Beruf unterschiedlich ausgestattet sind?

Sandra Maischberger: Ich höre das immer wieder. Ich kann es selber einfach nicht bestätigen. Möglicherweise wird sich das zeigen, wenn immer mehr Frauen die Dinge tun, die bisher nur Männern vorbehalten waren. Wenn ich einen Mann interviewe, dann guckt der mich natürlich anders an, als wenn ich ein männlicher Kollege wäre. Aber daraus irgendeine Lehre abzuleiten, da würde ich mich doch weigern wollen.

Eva Herman: Verschiedene Leute sagten mir, als sie von unserem Interview erfuhren, wie schön und sinnlich du seist.

Sandra Maischberger: Weil wir eine Bildsprache kultiviert haben in dieser Sendung bei n-tv, die extrem dicht ans Gesicht herangeht. Das ist eine relativ intime Gesprächssituation, und wir wollten sie auch so intim wie möglich ans Publikum weiterreichen. Und dazu gehört nun mal dieser Ausschnitt des Gesichtes, wo unten die Bildkante am Kinn ist und oben noch nicht einmal der Haaransatz zu sehen ist. Das gilt auch für den Gesprächspartner. Es intensiviert das Zuhören. Dadurch, dass ich auch so gezeigt werde, entsteht der Effekt, dass die Äußerlichkeiten weit im Vordergrund stehen. Das erzeugt einen unheimlichen Sog. Ich habe mich gewundert, warum plötzlich alle über meine Augen redeten. Das hatte vorher kaum jemand gemacht.

Natürlich gibt es auch in meinem Studio männliche Gäste, die davon beeinflusst sind, wie ich aussehe. Sie gucken mir gerne in die Augen. Soll ich sie deshalb schließen? Wenn ich mit Leuten rede, gucke ich sie wirklich intensiv an. Aber wenn es um Fakten geht, stelle ich fest, da hilft mir doch die Taktik mehr als die Augen.

Eva Herman: Weibliche Taktik?

Sandra Maischberger: Nein, Interviewtaktik, Strategie. Ich habe mich lange mit Interviews beschäftigt. Ich habe das auch an der Akademie hier in Hamburg gelehrt und an der Journalistenschule in München.

Eva Herman: Lass uns über deine Kindheit sprechen. Wie viele Geschwister hast du?

Sandra Maischberger: Einen Bruder, der zwei Jahre älter ist, jetzt in Berlin sitzt und mittlerweile Doktor der Archäologie ist.

Eva Herman: Welches Verhältnis hast du zu ihm?

Sandra Maischberger: Ein ausgesprochen liebevolles und gutes.

Eva Herman: War das immer so?

Sandra Maischberger: Nein, wir haben uns gehasst und geschlagen, wie sich das so gehört unter Geschwistern.

Eva Herman: War er der stärkere, der dominante?

Sandra Maischberger: Nein. Natürlich war er stärker, weil er zwei Jahre älter war, aber ich habe mich schon ziemlich gewehrt. Er hat mich eher verbal geärgert. Da war er natürlich zwei Jahre schneller dabei mit Sprüchen. Er konnte mich zur Weißglut bringen. Und was mich an ihm richtig störte, war, dass er furchtbar indiskret war. Er las immer mein Tagebuch und erzählte meinen Eltern, was drinstand. Das war in bestimmten Zeiten nicht mehr lustig.

Als ich anfing zu rauchen, hat er mich verpetzt, sonst hätten meine Eltern es nie erfahren. Da war ich dreizehn. Und da haben wir wirklich massiven Krach gehabt.

Wir verbrachten aber auch in dem Alter um dreizehn, vierzehn, fünfzehn, sechzehn Jahre die Sommerurlaube gemeinsam, ohne Eltern. Sehr oft sind wir mit Freunden losgefahren. Radtour in Sizilien oder mit dem Zug durch die Toskana. Es ist auch noch heute so, wenn ich mit ihm streite. Es gibt niemanden, bei dem ich weniger Hemmungen habe als bei ihm. Und gleichzeitig liebe ich ihn wirklich.

Eva Herman: Er dich vermutlich auch.

Sandra Maischberger: Ja, wir mögen uns wirklich gerne. Wir haben auch früher ganz ähnlich ausgesehen. Man hat uns für Zwillinge gehalten, als wir noch in Italien lebten.

Eva Herman: … als ihr in Italien lebtet? Wann war das?

Sandra Maischberger: Ich war drei, als wir hinzogen, und acht, als wir zurückgingen. Das heißt, ich habe Italien kennen gelernt als mein erstes, waches Land, das ich bewusst wahrgenommen habe. Auch Italienisch eigentlich gekonnt, bevor ich deutsch lernte. Das war dann ziemlich mühsam; auf der Reise zurück versuchte meine Mutter, mir die Grundbegriffe der Grammatik beizubringen. Bis heute habe ich da Schwächen.

Eva Herman: Warum habt ihr in Italien gelebt?

Sandra Maischberger: Mein Vater war Diplomingenieur. Er arbeitete an einem Experiment der Max-Planck-Gesellschaft mit. Verschiedene europäische Institute schickten ihre Experten dorthin. Es war in Frascati bei Rom. Ursprünglich sollte der Aufenthalt wohl nur ein Jahr dauern, dann wurden es fünf. Und die ganze Familie wäre gerne auch weitere fünf Jahre geblieben. Es war einfach traumhaft schön.

Eva Herman: Dein Verhältnis zu deinem Vater und zu deiner Mutter, wie würdest du es jeweils beschreiben?

Sandra Maischberger: Mein Vater ist leider viel zu früh gestorben.

Eva Herman: Wann war das?

Sandra Maischberger: 1988. Ich war noch auf der Journalistenschule. Mein Vater saß immer abends zu Hause, wenn ich nach Hause kam, und ich habe mich dann dazugesetzt und wir diskutierten. Ich habe von ihm viel über Argumentation und über das Denken und Reden gelernt. Obwohl er als Ingenieur und Physiker nicht prädestiniert war für den geisteswissenschaftlichen Exkurs. Aber er ist halt auch sehr gebildet gewesen, und wir redeten einfach über alles. Wenn ich emotional wurde, sagte er immer: »Das ist typisch weiblich, mach es nicht! Frauen in Diskussionen verlieren immer, weil sie die Emotionen durchkommen lassen.«

Eva Herman: Wie war das mit deiner Mutter?

Sandra Maischberger: Das war ein sehr enges Verhältnis. Die Familie väterlicherseits ist keine, die sich anfasst oder berührt, sinnlich ist. Es sind Schwaben. Die waren immer etwas zurückhaltend, man zeigte auch keine Gefühle. Meine Oma, bis zuletzt, zeigte keine Gefühle.

Eva Herman: Hast du als Kind bei ihm auf dem Schoß gesessen?

Sandra Maischberger: Daran kann ich mich nicht erinnern. Es war immer ein sehr herzliches Verhältnis, ein sehr enges, aber nie ein zärtliches Verhältnis. Das hatte ich mit meiner Mutter. War mit meiner Mutter ein richtiges Schmusekind. Sie war sehr emotional, und das ist sie bis heute. Ich habe ein ganz fantastisches Verhältnis zu ihr. Ich war auch immer stolz auf meine Eltern, weil sie im Gegensatz zu den Eltern anderer Schulkameraden immer äußerst tolerant waren. Ich konnte nach Hause bringen, wen ich wollte. Zu uns kamen auch alle sehr gerne, weil unser Haus offen war.

Mir fällt eine Geschichte ein: Irgendwann kam ich nach Hause und brachte aus der Münchner Fußgängerzone zwei Penner mit. Ich dachte, sie könnten bei uns übernachten. Es war ein Mädchen, sie war, glaube ich, fünfundzwanzig und der Typ war etwa dreißig Jahre alt. Mein Vater ist total ausgerastet und hat sich mit meiner Mutter über diese Frage zerstritten, weil sie sagte: »Ist doch in Ordnung.« Die Zwei schliefen tatsächlich bei mir im kleinen Kinderzimmer, mit dem Hund, der dabei war. Meine Eltern hatten sich so zerstritten, dass sie nicht gemeinsam in ein Bett gegangen sind. Es war ein sehr liberales Haus.

Eva Herman: Ist einer von beiden ein Vorbild für dich?

Sandra Maischberger: Nein, Vorbild wäre zu viel. Dafür ähneln sich die Lebenswege viel zu wenig. Aber meine Mutter hatte immer diese Selbstständigkeit, dieses »Du musst einen Beruf haben, der dir Spaß macht.« Was sie selbst nicht leben konnte. Sie ist 1940 geboren. Konnte Volksschule machen und ist dann erst mal Sekretärin gewesen, den größten Teil ihres Lebens. Das hat ihr meistens wohl wenig Spaß gemacht. Von ihr habe ich sicherlich diese Haltung, mich selber zu kümmern, mich weiterzubilden und einen guten Beruf zu haben. Und ich bewunderte sie zutiefst, als mein Vater gestorben war. Sie war achtundvierzig, hat dann noch ein Jahr lang als Sekretärin in diesem Max-Planck-Institut, wo er auch immer war, gearbeitet, und dann hat sie alles hingeschmissen.

Sie fing einen völlig neuen Beruf an, nämlich als Reiseleiterin, und leitet jetzt Reisegruppen nach Italien. Das war sehr mutig. Sie ist ziemlich viel unterwegs mittlerweile. Letztes Jahr wurde sie sechzig. Ich schenkte ihr einen Computer, und nun beherrscht sie das Internet. Das bewundere ich wirklich. In der Hinsicht ist sie sicherlich ein Vorbild. Was meinen Vater betrifft, so kann ich mir nicht vorstellen, dass heutzutage jemand abends zu Hause sitzt und ein Bier trinkt und einfach Musik hört, nichts tut. Er hatte eine Modelleisenbahn, mit ihr beschäftigte er sich Stunden. Ich kann mir das in unserem Leben nicht vorstellen.

Eva Herman: Würde er sich wundern, wenn er dich heute beobachten würde?

Sandra Maischberger: Ich glaube, er wäre stolz, aber er war Journalisten gegenüber auch furchtbar skeptisch. Das lag auch daran, dass einmal welche zu ihm gekommen sind, um eine Geschichte über sein Experiment zu machen.

So wie ich das verstanden habe, betrieb er ein Experiment zur Gravitationswellenforschung mit einem Laserstrahl, der unterirdisch über dreißig Meter ging. Damit wäre man in der Lage gewesen, Gravitationswellen aus dem Weltraum nachzuweisen. Und das beschrieb ein Journalist in einem Artikel und machte eine griffige Überschrift wie: »Warten auf den

Knall!« Mein Vater war stinksauer. Er sagte: »Was denkt der sich? Ich warte doch nicht hier. Das klingt, als würde ich nur sitzen und warten!« Er war Journalisten gegenüber sehr skeptisch. Seine Meinung über mich heute würde mich schon interessieren.

Eva Herman: Wenn du heute Männer beobachtest, gibt es in dir Momente des Vergleichs mit deinem Vater?

Sandra Maischberger: Ja, schon. Ich habe auch eine Schwäche für ältere Männer. Ich sitze da in meinem Studio goldrichtig. Da kommen viele Männer älteren Semesters rein, und ich mag die wirklich gerne. Ich beschäftige mich auch gerne mit deren Biographien.

Eva Herman: Warst du eine gute Schülerin?

Sandra Maischberger: Nein, ich habe immer das gemacht, was mich interessierte. Und das, was mich nicht interessierte, überstand ich irgendwie.

Eva Herman: Wie war deine Stellung in der Klasse?

Sandra Maischberger: Immer vorlaut. Schon in Italien. Da dachte ich auch, etwas Besonderes zu sein, weil ich ja tedesca war, also eine Deutsche. Das hatte zwar keine Auswirkungen, denn ich sprach nicht deutsch. Meine Eltern sprachen deutsch mit uns, aber wir nicht mit ihnen. Ich war immer sehr jungenhaft, hatte immer sehr kurze Haare und bis zu meinem dreizehnten Lebensjahr bin ich mit meiner Mutter in die Bäckerei gegangen und hörte Sätze wie: »Sie haben aber einen hübschen Sohn!« Was mich zu der Zeit ziemlich genervt hat. Mein Bruder und ich trugen auch immer die selben Badehosen, hergestellt von meiner Großmutter.

Später in Deutschland bekam mir das Vorlaute sehr schlecht, weil ich mit starkem italienischen Akzent und ganz schlechten deutschen Sprachkenntnissen ankam. Die haben mich zwei Jahre dazu getrieben, dass ich Migräne hatte und fast jeden Tag von der Schule nach Hause gekommen bin und geheult habe. Weil sie so gemein waren. Sie versenkten meine Uhr ins Waschbecken und meinen Schulranzen warfen sie aus dem Fenster. Es war richtig böses, fieses Mobbing, über zwei Jahre lang.

Eva Herman: Hat dich das geprägt?

Sandra Maischberger: Sicher. Ich hab mir wahrscheinlich gedacht: »Euch zeig ich es mal!« Irgendwann war ich Schülersprecherin in der elften Klasse. Und neben der Schule war ich im Orchester, dem Theater und der Schülervertretung.

Eva Herman: Das waren die schönen Künste. Hast du dich auch sportlich betätigt?

Sandra Maischberger: Oh, ja. Ich war sehr gut in Sport. Ich war eine gute Kletterin, Werfen machte mir Freude, und alle Arten von Ballspielen. In einem Verein war ich nicht. Mein Vater hat versucht, mir das Tennisspielen beizubringen, aber der Verein war furchtbar. Skifahren konnte ich natürlich, bin ein bisschen Rennen gefahren zu der Zeit.

Eva Herman: Skirennen?

Sandra Maischberger: Ja, in dieser Skijugend eben.

Eva Herman: Du hast gesagt, mit vierzehn wusstest du schon, dass du Journalistin werden willst.

Sandra Maischberger: Es war jedenfalls eine Idee.

Eva Herman: Kannst du sagen, was dich daran reizte?

Sandra Maischberger: Ich kann sagen, wie ich draufgekommen bin. Ich habe Wallraff gelesen, die »Bild«-Geschichte, den Esser. Und noch eine Geschichte: Nicolas Borns »Die Fälschung«. Das ist ein Reporter, der in den Libanon fährt, nach Beirut und über den Krieg schreibt. Er kommt wieder, und es interessiert niemanden mehr hier. Das hat mich beides sehr beeindruckt. Ich hatte Journalismus zu der Zeit ein bisschen mehr mit Abenteuer verbunden. Ich dachte, das hat etwas Detektivisches. Wichtig war, dass man in fremde Länder gereist ist. Reisen gehört auch bis heute zu meinen größten Leidenschaften. Dieses Rausgehen, auf sich gestellt sein, Sachen zu recherchieren.

Eva Herman: Wie belastbar bist du physisch und psychisch?

Sandra Maischberger: Außerordentlich, würde ich sagen. Aber wahrscheinlich erfährt man es nur in radikalen Momenten.

Eva Herman: Gab es solche Momente schon?

Sandra Maischberger: Es gab eine Nacht in einem Hotel, da war ich bei »Talk im Turm«. Das war vielleicht nach der vierten Sendung. Bis dahin war ich sehr verwöhnt von meinen Erfolgen. Überall, wo ich vorher gewesen war, hatte ich nur Lob gehört.

In dieser Sendung konnte ich es von Anfang an nicht recht machen. Ich lag alleine in meinem Hotelzimmer in Berlin und war richtig niedergeschlagen, und zwar so, dass ich nicht schlafen konnte. Das ist bei mir ein ernstes Zeichen, denn ich habe ein Talent zum Schlafen. Ich kann überall, jederzeit und in jeder Position schlafen. Und in dieser Nacht konnte ich es gar nicht mehr. Ich rief eine gute Freundin an und fragte: »Wie fühlt es sich eigentlich an, wenn man einen Nervenzusammenbruch hat?«

Ich wusste nicht, ob ich einen hatte oder nicht. Ich war aufgeregt und weinte und schlief die ganze Nacht nicht.

Eva Herman: Aber da du vorher mit Lob überhäuft worden bist, kann es doch nicht ausschließlich an schlechter Arbeit gelegen haben.

Sandra Maischberger: Das Problem war, dass ich zu der Zeit noch nicht genau wusste, was ich konnte und was nicht. Die BR-Sendung »Live aus dem Schlachthof« war eine Sache des Instinktes. Das, was ich dort machte, hatte ich nicht gelernt.

Als ich jedoch zu »Talk im Turm« kam, war ich total verunsichert, weil ich nicht genau wusste, worin eigentlich meine Stärke liegt. Ob ich es wirklich konnte, was ich mir vorgenommen hatte. Und in dieser Situation hat mich die Kritik extrem verunsichert, weil alle schrieben, dass ich dumm war. Wenn das der fünfte schreibt, dann denkst du: Ja, wahrscheinlich hat er Recht, du bist dumm!

Eva Herman: Und in der Redaktion gab es niemanden, der dich gestützt hat?

Sandra Maischberger: Die Redaktion war furchtbar unglücklich mit mir jungem Hüpfer. Die haben spätestens nach der vierten Sendung den Stab über mich gebrochen.

Eva Herman: Welche Rolle spielte Erich Böhme?

Sandra Maischberger: Es wurde behauptet, er hätte mich rausgemobbt. Das hat er nicht getan. Aber sagen wir mal so, er hat mich auch nicht gerettet.

Eva Herman: Hätte sich eine Frau in der Situation ähnlich verhalten?

Sandra Maischberger: Ich habe schon Kolleginnen erlebt, die außerordentlich unkollegial waren, sicher. Solidarität ist nicht geschlechtsabhängig. Diese Paarung hätte es auch nie gegeben. Es gibt immer nur den weißhaarigen Mann und die junge hübsche Frau.

Eva Herman: Der NDR dreht jetzt um: Alida Gundlach und Jörg Pilawa.

Sandra Maischberger: Das ist sehr schön, das finde ich ausgesprochen spannend. Ich habe übrigens trotzdem in diesem Jahr viel gelernt.

Eva Herman: Was?

Sandra Maischberger: Zum Beispiel den Umgang mit sehr viel Lob vorher, und anschließend sehr viel Kritik.

Ich moderierte nach dieser Zeit eine Sendung, die keiner

sah, aber in der ich wieder genau das machen konnte, was ich konnte. Nämlich Interviews führen.

Das war »0137« bei Premiere in Hamburg. Im Wechsel mit Roger Willemsen. Und in diesem Jahr habe ich meine Selbstsicherheit komplett zurückgewonnen.

Eva Herman: Hat Roger dir geholfen damals?

Sandra Maischberger: Nein. Helfen kann dir niemand in der Situation. Das ist ja das Verrückte: Du wirst von außen beurteilt, und es gibt kaum jemanden, der das objektiv tut. Die, die dich mögen, sind nett. Natürlich kritisieren sie dich auch, aber in Wahrheit musst du ziemlich genau selber wissen, was du willst und was du kannst.

Eva Herman: Ihr wart zu dieser Zeit liiert. Eigentlich unterstützt man sich dann doch gegenseitig.

Sandra Maischberger: Roger ist Literaturwissenschaftler. Ich war die besser ausgebildete Journalistin, schon zu dem Zeitpunkt. Natürlich haben wir uns unterhalten über Gesprächsführung, und er sagte manchmal, dass es großartig war. Aber ich bin auch kein Typ, der sich an die Hand nehmen lässt. Das kommt überhaupt nicht infrage, und ich glaube auch nicht, das es zu dem Zeitpunkt wirklich genutzt hätte.

Eva Herman: Du bekommst den Bayerischen Fernsehpreis …

Sandra Maischberger: Ich freue mich sehr darüber. Ich weiß auch, was ich kann.

Aber so, wie ich im Moment gehandelt werde, so gut bin ich nicht. Diese Branche bringt es mit sich, dass Schwächen und Stärken gnadenlos herausgestellt werden. Du wirst schlechter gemacht, als du bist. Und du wirst auch immer besser gemacht, als du es wirklich bist.

Eva Herman: Hättest du die Tagesthemen gerne moderiert?

Sandra Maischberger: Natürlich. Zu einem anderen Zeitpunkt, in einem anderen Leben. Ich habe mich mit der Sendung bei n-tv verheiratet, bis Ende nächsten Jahres. Es war der falsche Zeitpunkt. Ich weiß nicht, ob eine solche Chance noch einmal kommt. Außerdem will ich jetzt mal eine Sache ordentlich durchziehen.

Eva Herman: Wie lange hast du auf ein seriöses Angebot warten müssen, bis das von n-tv kam?

Sandra Maischberger: Lange. Es waren zwei lange Jahre ohne Fernsehen. Davor gab es ein schlechtes Jahr mit Spiegel-TV. Es war einfach eine schlechte Sendung, die wir da noch einmal versucht hatten, 1996. Danach moderierte ich Greenpeace-TV. Es waren zwei Projekte hintereinander, mit denen ich keinen Erfolg hatte. So was ist lebensgefährlich in der Branche. Danach war es ganz schwierig, wieder hoch zu kommen. Das war an den Angeboten abzulesen, die mir in diesen zwei Jahren gemacht wurden. Es kam alle zwei, drei Monate eins.

Ich hätte Fernsehen machen können, aber es waren alles Dinge, bei denen ich dachte: Keiner scheint mehr zu wissen, was ich kann oder wo ich hinpasse. Es waren nur ganz wenige seriöse und gute Angebote dabei, wie das ARD-Morgenmagazin.

Eva Herman: Warum hast du das nicht gemacht?

Sandra Maischberger: Alle zwei Wochen nach Köln zu reisen, dort eine Woche im Frühdienst zu verbringen, zerschnitt mir alles, was mir zu dem Zeitpunkt wichtig war: nämlich als Reporterin unterwegs zu sein und Filme zu drehen. Und das für eine Sache, wo ich das Gefühl hatte, dass ich die Arbeit beherrschte. Ich habe vier oder fünf Jahre Frühdienst im Radio gemacht. Dann kam ein Angebot, eine Kultursendung zu moderieren. Ich bin aber keine Kulturfrau. Oder ein Europamagazin, aber das wäre reine Moderation gewesen. Und ich bin nicht wirklich eine Moderatorin in dem Sinne, ich bin viel mehr dem Gespräch verhaftet. Es war nichts dabei, von dem ich dachte, es lohnte sich für mich, um weiterzukommen.

In der Situation fragte ich mich häufig, ob ich jemals wieder vor die Kamera kommen würde, so wie ich es gerne wollte.

Eva Herman: Waren das Ängste?

Sandra Maischberger: Ich weiß, dass ich das Gefühl hatte, wenn jetzt nicht bald was passiert, dann ist es vorbei. Das Absurdeste, was mir angeboten wurde, war eine Vorher-Nachher-Show. Aber nicht mit Schminke, sondern es ging um Schönheitschirurgie. Ich dachte: Jetzt geht es richtig bergab.

Eva Herman: Gibt es eine ganz private Seite von dir? Eine Privatlebenseite?

Sandra Maischberger: Oh, wenig im Moment. Ich gebe mir absolut die Kante in Berlin. Gehe fast jeden Abend weg. Weil es einfach so spannend ist. Es gibt Lesungen, Kino, es gibt irgendwelche Partys, und es gibt einen Haufen interessanter Leute, mit denen ich gerne essen gehe und rede. Ich nehme zur Zeit wenig Rücksicht auf meine Gesundheit, schlafe auch extrem wenig. In diesen anderthalb Jahren habe ich im Durchschnitt fünf Stunden pro Nacht geschlafen.

Eva Herman: Klingt aber alles so, als ob es dir nichts ausmacht.

Sandra Maischberger: Ja, ich merke es dann schon, wenn Urlaubszeit ist. Die ersten drei Monate im Jahr sind sehr hart, da gibt es keine Atempause, kein verlängertes Wochenende oder so etwas.

Eva Herman: Aber in deinem Bewusstsein ist schon verankert, dass du das alles selber planst und dich niemand dazu zwingt?

Sandra Maischberger: Ja, ich bin selber schuld. Als ich neunzehn war und anfing in dem Job, nahm ich mir vor, bis dreißig meine Schäfchen im Trockenen zu haben. Aus irgendeinem verrückten Grund dachte ich, bis dahin habe ich eine Chance, dann nicht mehr. Frag mich nicht warum. Heute hat sich das natürlich gedreht. Aber jetzt habe ich das Gefühl, die Zeit rennt mir davon. Es gibt zu wenig Zeit und zu viele Sachen, die ich machen möchte.

Ich lebe in Phasen. Wir haben uns einmal acht Monate Auszeit genommen hier, Jan und ich. Sind um die Welt gereist. Dann lieber radikal eine Weile gar nichts tun. Und dann wiederum auch radikal, in diesem Falle zwei, drei Jahre alles mitnehmen. Das ist mir lieber als zu wissen, ich mache jetzt die nächsten zehn Jahre eine relativ geregelte Geschichte.

Eva Herman: Willst du Kinder?

Sandra Maischberger: Ja. Aber zur Zeit gucke ich mir mein Leben an und denke, jetzt nicht. Mit einer täglichen Sendung muss ich momentan nicht darüber nachdenken. Da würde ich mir keinen Gefallen tun, meinem Partner nicht und dem Kind auch nicht. Außerdem pendle ich zwischen zwei Städten, was auch nicht familienfreundlich ist.

Eva Herman: Würdest du zu einem späteren Zeitpunkt aufhören zu arbeiten?

Sandra Maischberger: Nein, definitiv nicht. Arbeit ist ein wichtiger Bereich in meinem Leben. Ich weiß nicht, wie ich mich entwickle als Mutter. Ich komme ja aus dieser warmen Situation mit meiner Mutter aus Italien, wo Kinder einfach eine Selbstverständlichkeit sind. Die Familie hat einen anderen Stellenwert. Die Italiener, das gefällt mir, kommen immer in Gruppen. Und von daher habe ich eine klare Sehnsucht danach, vielleicht gibt es bei mir wieder eine radikale Entscheidung, die dann heißt: »Ach, Familie gefällt mir so gut, ich mach das jetzt und zwar ausschließlich.« Allerdings glaube ich, mit hoher Sicherheit, dass ich mich nicht ganz aus dem Job zurückziehen würde. Dazu macht mir das zu viel Spaß. Einer meiner Grundantriebe ist, ich will nicht dumm sterben, ich will so viel lernen, wie es nur irgendwie möglich ist. Und das kann man leicht in diesem Beruf.

Eva Herman: Womit begründest du deinen Wissenshunger, deine Gier nach Leben?

Sandra Maischberger: Ich weiß es nicht. Es gibt nur diese eine Welt, und man hat nur ein Leben. Ich glaube nicht an ein Leben nach dem Tod. Alles was man gerne machen möchte, sollte man hier jetzt tun. Ich finde es einfach faszinierend, mir gefällt die Welt. Das ist ganz banal. Und was einem gefällt, darüber möchte man viel wissen.

Eva Herman: Wie lange bist du mit Jan zusammen?

Sandra Maischberger: Am 1. Mai 2001 waren es acht Jahre.

Eva Herman: Das ist eine lange Zeit.

Sandra Maischberger: In dieser Branche ist das eine Ewigkeit.

Eva Herman: Als ihr euch kennen lerntet, warst du öffentlich bekannt.

Sandra Maischberger: Er war Kameramann bei Spiegel-TV, der Sendung, die ich moderierte. Ich lernte ihn kennen und verliebte mich in ihn.

Eva Herman: Eine Job-Liebe.

Sandra Maischberger: Ja. Ich habe alle meine Freunde am Arbeitsplatz kennen gelernt. Ich bewege mich ja nur am Arbeitsplatz.

Eva Herman: Glaubst du, das es berufsspezifische Probleme gibt für öffentliche Frauen, einen Partner zu finden, außer am Arbeitsplatz?

Sandra Maischberger: Wohlmöglich wird es schwieriger jemanden zu finden, der sich wirklich für einen selbst interessiert. Ich glaube, dass es schwierig ist für Menschen, die eine bestimmte Berühmtheit haben.

Du triffst ja jemanden, der weiß über dich schon etwas, bevor du etwas über ihn weißt. Er hat sich schon ein Bild von dir gemacht und denkt etwas Bestimmtes über dich. Hat vielleicht Sehnsucht nach einer bestimmten Seite, die er denkt, an dir gefunden zu haben. Das heißt, du lernst eigentlich wenige Menschen kennen, die sich einfach nur mal an dich herantasten. Es wird unglaublich schwierig, festzustellen, ob sich jemand wirklich für das interessiert, was man selbst ist oder nur für das Bild, das man nach außen abgibt.

Jan und ich kamen zusammen, obwohl wir vorher ein halbes Jahr gestritten hatten über das Verhältnis von Bild und Interview. Das war schon ein relativ gutes Kennenlernen. Es war eine Auseinandersetzung zwischen einem Voyeur und einem Exhibitionisten, wenn du so willst. Er hinter der Kamera, ich vor der Kamera. Er mit dem Interesse, ein schönes Bild zu machen, ich mit dem Interesse ein tolles Interview zu führen. Das passte nicht immer zusammen. Aber es war eine tolle Zeit.

Eva Herman: Ihr arbeitet heute noch zusammen.

Sandra Maischberger: Ja, wir drehen Filme zusammen, was gut ist. Denn es gibt einen bestimmten Bereich, für den ich blind bin und für den er Augen hat.

Eva Herman: Zum Beispiel?

Sandra Maischberger: Bildgestaltung. Ich bin kein optischer Mensch. Habe keinen Sinn für Farben und Formen. So was geht völlig an mir vorbei. Es interessiert mich nicht wirklich, und ich sehe es nicht. Ich gehe selten in Museen, denn mir sagen Bilder nichts. Er hat Kunst studiert, er ist geschult. Ich wiederum habe eine andere Seite perfektioniert, die mit dem Wort zu tun hat. Es macht irre Spaß, auf diese Art und Weise zusammenzuarbeiten.

Eva Herman: Wie geht dein Lebensgefährte mit deiner Prominenz um?

Sandra Maischberger: Die Prominenz macht ihm überhaupt nicht zu schaffen, glaube ich. Was eher nervt, ist die momentane Pendelei. Und dass wir wieder, jeder für sich alleine, ein relativ eigenständiges Leben führen. Ich lebe in Berlin wie ein Single. Und oft ist es auch so, dass er dann auf Drehreise ist. Oft können wir uns noch nicht einmal ans Telefon bekommen, wegen der Zeitverschiebung oder was auch immer. Das ist schwieriger als die Prominenz.

Eva Herman: Begleitet dich dein Freund zu öffentlichen Anlässen?

Sandra Maischberger: Nur, wenn er es nicht vermeiden kann. Er mag es nicht. Ich bin wiederum jemand, der gerne alleine zu solchen Sachen geht. Denn das Beste, was man aus so einem Abend machen kann, ist, mit möglichst vielen Leuten zu reden, die man lange nicht gesehen hat. Und wenn man jemanden an der Seite hat, um den man sich kümmern muss, ist das furchtbar. Dann hat man immer mit dem schlechten Gewissen zu kämpfen. Ich gehe gerne alleine weg. Das habe ich auch schon vorher gemacht, das ist in Ordnung.

Eva Herman: Gibt es das Thema berufliche Eifersucht zwischen euch?

Sandra Maischberger: Überhaupt nicht, wegen der getrennten Bereiche. Mit Roger war das anders. Wir waren beide in der Auswahl für den Grimme-Preis, und ich stand neben ihm, als bei ihm das Telefon läutete. Er hat ihn bekommen.

Für dieselbe Sendung, die wir beide gemacht haben. Er hat ihn bekommen, ich habe ihn nicht bekommen. Und ich wusste nicht genau, ob ich mich richtig freuen konnte. Es nagte an mir, dass ich ihn nicht erhielt. Ich habe ihm das auch gesagt.

Er hat es nicht verstanden.

Eva Herman: Würdest du dich liften lassen?

Sandra Maischberger: Das kann ich noch nicht beantworten. Aber das Aussehen spielt in meinem Beruf eine große Rolle. Ich habe vor Jahren eine Lebensversicherung abgeschlossen. Die wird mir ausgezahlt, wenn ich fünfundfünfzig bin. Ich dachte mir, ein großer Teil dessen, was ich momentan mache, basiert auf der Arbeit vor der Kamera. Ab dem Zeitpunkt wird es zumindest schwerer. Das ist kein Pessimismus, und es gehört auch nicht viel Phantasie dazu, um das zu wissen. Und deswegen habe ich gedacht, ich möchte nicht in eine Situation kommen, wo ich irgendetwas machen muss, um Geld zu verdienen. Deswegen wurde die Versicherung so gestaffelt, dass die erste Auszahlung genau dann kommt. Wenn es schwieriger wird, in späteren Jahren in diesem Beruf zu arbeiten, habe ich zumindest keinen finanziellen Druck.

Eva Herman: Dann kaufst du eben den Fernsehsender.

Sandra Maischberger: Das wäre es wirklich! Was mich tatsächlich angefangen hat zu interessieren, ist die unternehmerische Seite des Fernsehens. Früher war mir das egal, aber es ist wirklich spannend. Christiane zu Salm-Salm ist in der Hinsicht ein leuchtendes Beispiel. Sie hat den Kirch-Leuten Prozente an einem Sender abgetrotzt. Ich glaube, sie war die erste Frau überhaupt, die das bei Kirch durchgesetzt hat.

Eva Herman: Für welchen Sender?

Sandra Maischberger: Sie ist Geschäftsführerin von tm3 geworden, davon gehört ihr ein Teil. Sehr schlau.

Eva Herman: Woher kennst du sie?

Sandra Maischberger: Es gibt ein Medienfrauentreffen, initiiert von Alice Schwarzer und Sabine Christiansen. Dort habe ich sie kennen gelernt. Es sind völlig unterschiedliche Welten, aus denen wir kommen. Aber wir sehen uns öfter, und wir telefonieren und schreiben E-Mails und bleiben so im Kontakt. Wenn ich eine unternehmerische Frage habe, stelle ich sie an Christiane, weil sie eine gute Ratgeberin ist. Es ist auch interessant, eine Frau zu kennen, die auf der anderen Seite steht, eine Fernsehchefin, die dir den professionellen Blick des Gegenübers gibt, was ich sonst immer nur mit Männern austausche. Ich habe großen Respekt, wie sie das verhandelt hat.

Eva Herman: Noch einmal zum Lifting. Käme es infrage für dich?

Sandra Maischberger: Kann ich nicht sagen. Ich weiß, dass ich jetzt besser aussehe als mit zwanzig. Mir steht das, was ich im Gesicht habe, besser, finde ich. Früher war ich dogmatisch. Keine Schminke, keine Haarfarbe. Aber selbst meine Mutter hat jetzt angefangen, sich die Haare zu tönen. Sie geht noch nicht so weit, dass sie sie sich färben lässt, aber manchmal kommt sie mit karottenroten Haaren an, und wir lachen beide sehr darüber. Es gibt kein Dogma mehr.

Eva Herman: Gibt es für dich einen Sinn des Lebens?

Sandra Maischberger: Liebe und Weisheit. Ich glaube, dass dies Leben eine relativ zufällige Sache ist und wir als Menschen gerade so viel Grips mitbekommen haben, dass wir ein bisschen mehr davon sehen und begreifen können als der Rest der Tierwelt. Der einzige Sinn, den ich im Leben für mich sehe, ist, so viel wie möglich zu begreifen. Ich möchte so sehr leben, wie es irgend möglich ist.

Eva Herman: Für ein Ergebnis, das dich prägt?

Sandra Maischberger: Damit ich nicht dumm sterbe. Ich wäre gerne einmal eine weise, alte Frau.

SANDRA MAISCHBERGER
Moderatorin der täglichen n-tv Sendung »Maischberger«

Biographie:
1966 Geboren in München · 1985 Abitur in Garching bei München · 1987 bis 1989 Ausbildung zur Redakteurin an der deutschen Journalistenschule München · 1985 bis 1993 Freie Mitarbeit im Radioprogramm des Bayerischen Rundfunks; Chefin vom Dienst im aktuellen Bereich · 1987–1989 freie Mitarbeit und Moderation beim Privatsender Tele 5 · ab 1989 Moderation der wöchentlichen Jugendsendung »Live aus dem Schlachthof« beim Bayerischen Fernsehen · 1991 Moderation der wöchentlichen Live-Sendung »Talk im Turm« bei SAT.1 · 1992 Moderation des täglichen Interviewmagazins »0137« beim Sender Premiere · 1993 Konzeption und Moderation der wöchentlichen Sendung »SPIEGEL-TV Interview« bei VOX · 1995 achtmonatiger Auslandsaufenthalt, freie Mitarbeit bei SPIEGEL TV: Reportagen, Themensendungen, Interviews · 1996 Moderation der SPIEGEL TV-Live-Sendung »Freitag Nacht« bei VOX · 1997 Moderatorin und Reporterin von »Greenpeace TV« bei RTL · seit 1998 freie journalistische Tätigkeit u. a. für WDR, ZDF, AMICA · 2000 Moderation »Die Zwei. Maischberger und Schmidbauer« für den Bayerischen Rundfunk · 2000 Moderation der Sendung »Maischberger« bei »n-tv«

Preise und Auszeichnungen:
2000 Hanns-Joachim-Friedrich-Preis · 2000 Deutscher Fernsehpreis · 2001 Bayerischer Fernsehpreis

Sandra Maischberger lebt in Berlin und Hamburg.

DAGMAR REIM

Dagmar Reim war eine meiner ersten Wunschkandidatinnen für dieses Buch. Ich kenne sie seit vielen Jahren durch unsere lange Zusammenarbeit beim Norddeutschen Rundfunk. Doch schon etliche Jahre zuvor, beim Bayerischen Rundfunk in München, kreuzten sich unsere Wege.

Seitdem ist sie für mich der Inbegriff von Mut und Aufgeschlossenheit. Sie machte in vielen Situationen den Mund auf, in denen andere mit Blick auf die eigene berufliche Zukunft lieber schwiegen, um Schwierigkeiten zu vermeiden. Unerschrocken setzte sie sich für Mitarbeiter ein, die in brenzlige Situationen geraten waren.

Was sie für richtig befindet, dafür steht Dagmar Reim ein.

Es ist kein Zufall, dass sie eine fantastische Karriere gemacht hat. Obwohl ihr beruflicher Wunschtraum ein anderer gewesen war: Korrespondentin wollte sie werden, in einem fremden Land. Doch das Schicksal vereitelte diesen Plan, als ihr zweites Kind behindert zur Welt kam.

Niemand, der nicht unmittelbar und persönlich mit einer solchen Erfahrung konfrontiert wird, kann ermessen, was dies jeden Tag aufs Neue bedeutet.

Ängste, Sorgen, Entscheidungen, die gefällt werden müssen, lenken enorm vom normalen Arbeitsleben ab. Die Perspektive auf das Leben verändert sich und Dinge, die zuvor völlig unwichtig waren, spielen plötzlich eine Rolle.

Dagmar Reim ließ sich nie etwas anmerken, »da draußen im Job«, und vermutlich kennen viele ihre Lebensgeschichte nicht einmal.

Sie ist ein wundervoller Mensch und eine sehr starke Frau und sie macht glaubhaft, dass ihre Glückseligkeit nicht von ihrem beruflichen Status abhängt.

»Ich muss nichts beweisen«, sagt sie. »Ich muss auch nichts werden. Ich bin etwas!«

Eva Herman: Was sind für dich die wichtigsten Eigenschaften, die man braucht, um Erfolg in den Medien zu haben?

Dagmar Reim: Man muss neugierig sein, man muss kommunikativ sein, und man muss es spannend finden, immer wieder andere Menschen und Situationen kennen zu lernen.

Eva Herman: Gibt es besondere weibliche Merkmale, die dir dabei zugute kommen?

Dagmar Reim: Nein, das glaube ich nicht! Ich denke, dass diese ganzen Geschichten über »Frauen führen anders« oder weibliches Führungsverhalten nur sehr begrenzt tauglich sind. Ich will dir ein Beispiel nennen: Ich kenne eine Frau, die führend in einem Medienjob tätig war. In einem vergleichbaren Medienjob. Und sie hat, nach Ansicht vieler, die das beurteilt haben, gravierende Fehler gemacht. Das wurde insofern auf mich übertragen, als man sich gefragt hat, ob ich es genauso machen würde wie sie. Bei hundert Männern, die Führungsverantwortung haben, wird keiner fragen, ob der Hundertste es so macht wie der Neunundneunzigste. Das ist in der Tat ein Unterschied. Man hat sich als Frau darauf einzustellen, dass man ein Unikat ist und deswegen sehr viel genauer hingesehen wird als bei Männern.

Eva Herman: Was ist mit den so genannten weichen Fertigkeiten, wie Einfühlungsvermögen und Intuition. Haben Männer die auch?

Dagmar Reim: Ich glaube, dass Frauen prinzipiell etwas mehr Einfühlungsvermögen zeigen können. Ich kenne auch sehr einfühlsame Männer. Wenn dann aber Frauen leistungsorientiert sind und auf Leistung beharren, auch in ihrem beruflichen Umfeld, dann heißt es leicht: Die sind ja männlich! Oder weniger freundlich: Die sind ja zickig, und die sind hart! Bei Männern gilt gerne als durchsetzungsstark, was bei Frauen negativ bewertet wird.

Eva Herman: Würdest du dich als durchsetzungsstark bezeichnen?

Dagmar Reim: Das weiß ich nicht, das musst du andere fragen. Ich glaube, dass ich relativ gut weiß, was ich will und das auch begründen kann, aber ich weiß nicht, ob ich genügend hart im Verfolgen dieser Ziele bin. Ich versuche es jedenfalls.

Eva Herman: Was sind deine Ziele?

Dagmar Reim: Es war bei mir wie bei vielen Frauen. Ich habe das, was ich jetzt mache, nicht als Ziel gehabt. Es hat sich so ergeben, und ich finde es gut so, aber ich kann mich nicht an einen Zeitpunkt X erinnern, wo ich mir das als Ziel gesetzt hätte.

Eva Herman: Was wäre dein Ziel gewesen?

Dagmar Reim: Ich wäre sehr gerne Auslandskorrespondentin geworden. Ich habe von diesem Ziel wegen meines behinderten Kindes Abstand genommen. Er ist so behindert, dass ich ihn nicht in eine andere Weltgegend bringen kann. Er braucht eine muttersprachliche Umwelt, er hat autistische Anteile, und deswegen kann ich ihn nicht nach England, Pakistan oder sonst wohin verfrachten. Das wäre mein Traum gewesen, aber davon habe ich Abschied genommen.

Eva Herman: Hätten Männer die Entscheidung so getroffen?

Dagmar Reim: Das weiß ich nicht. Ich kenne keinen Mann in solch einer Situation.

Eva Herman: Du bist Direktorin im Landesfunkhaus. Wie leicht ist für dich der Umgang mit deinen Mitarbeitern?

Dagmar Reim: Generell ist es nicht schwierig, weil es nicht die erste Stelle ist, in der ich Führungsverantwortung trage. Ich war zuvor Chefredakteurin im Hörfunk, und da habe ich schon üben können.

Eva Herman: Fällt dir der Umgang mit Männern oder Frauen leichter?

Dagmar Reim: Es gibt mit Frauen eine gewisse Ebene der Übereinstimmung. Es gibt bestimmte Dinge, die man nicht diskutieren muss.

Eva Herman: Zum Beispiel?

Dagmar Reim: Zum Beispiel das uralte und immer wieder gute Thema Vereinbarkeit von Beruf und Familie. Ich begrüße die neuen Volontäre und Volontärinnen, und wenn ich dann zu den Frauen sage: »Ich freue mich, dass wieder mehr Frauen als Männer in diesem Ausbildungsjahrgang sind, aber ich sage Ihnen jetzt schon voraus: Viele von Ihnen werden uns nach einem sehr guten Berufsstart, mit Anfang, Mitte Dreißig abhanden kommen, weil mittelmäßige Männer sie davon überzeugen, es sei sinnvoll, ihre Kinder zu Hause alleine zu erziehen.« Dann lachen die Frauen, und die Männer wirken leicht beklommen. Aber das ist die Realität. Wir haben hier im Landesfunkhaus sehr viele Frauen mit Familie mit Kindern. Und ich glaube, dass sie zumindest spüren: Von mir geht Ermunterung aus. Dieses Modell, man kann beides, wenn man sich gut organisiert, und wenn man Unterstützung hat.

Eva Herman: Du sagtest, dass die Männer die Frauen Anfang, Mitte dreißig überreden, die Kinder allein großzuziehen. Denkst du, dass andere Modelle, die es im Moment noch zu wenig gibt, sinnvoller wären? Dass Männer sich mehr einbinden müssen?

Dagmar Reim: Ja. Die Modelle gibt es, und der NDR ist ein großzügiger Arbeitgeber, der die so genannte Erziehungszeit für Männer wie für Frauen anbietet. Unsere Männer im NDR nutzen dieses Angebot zu 0,2 %. Ich selbst habe in meinem Berufsleben insgesamt neun Jahre eine Stelle geteilt. Beim

Westdeutschen Rundfunk in Köln, beim NDR in Hamburg. Beim WDR war ich die erste Redakteurin, die das mit Hilfe einer älteren, sehr angesehenen Kollegin, Carola Stern, durchgesetzt hat. Es bedarf in allererster Linie guten Willens, und daran fehlt es zu häufig. Wenn also die Voraussetzungen nicht stimmen, wenn sich Männern die Alternative stellt, ich gebe diesen interessanten Job auf, oder ich behalte ihn, dann beginnt diese Unwucht, dieses Ungleichgewicht. Und dann sind es eben die Frauen, warum weiß ich nicht, die zurückscheuen und sagen: »Gut, dann arbeite du.« Ich warte immer noch auf den Tag, an dem ein Mann in einer Führungsposition gefragt wird: »Und wie vereinbaren Sie das mit Ihren Kindern? Sie haben doch Kinder!«

Eva Herman: Wann war für dich klar, dass du Journalistin werden wolltest?

Dagmar Reim: Ganz früh! Mit fünfzehn ungefähr. Fast alle meine Klassenkameradinnen wollten Lehrerin werden. Damals sah der Arbeitsmarkt anders aus. Alle wurden ohne Ansehen der Person oder der Eignung genommen. Man konnte zur Universität gehen. Man wusste schon, wann man Sommerferien haben würde, und man wusste, wie man den Lehrer-Job mit Mann und Kind und Einbauküche würde kombinieren können. Und mir war klar, dass ich das nicht wollte. Da ich gerne schrieb, bin ich zur Heimatzeitung in unserem kleinen Dorf gegangen und habe gefragt, ob sie noch eine Korrespondentin für katholische Angelegenheiten brauchten. Brauchten sie. Eine, die zum Nulltarif schrieb! Das war ich!

Eva Herman: Hast du Geschwister?

Dagmar Reim: Einen jüngeren Bruder.

Eva Herman: Und deine Eltern …

Dagmar Reim: Meine Mutter war allein erziehend. Ich bin in einem funktionierenden Matriarchat aufgewachsen. Mutter, Großmutter, Urgroßmutter und ich.

Eva Herman: Wo ist der Vater geblieben?

Dagmar Reim: Gestorben.

Eva Herman: Wie alt warst du da?

Dagmar Reim: Er hat nie bei uns gelebt.

Eva Herman: Glaubst du, dass dich das funktionierende Matriarchat geprägt hat?

Dagmar Reim: Aber ja!

Eva Herman: Wie?

Dagmar Reim: Es ist nie einer auf die Idee gekommen, Mädchen für schwach zu halten. Diese Frauen in meiner Familie, die standen ihre Frau, und das war ganz selbstverständlich. Es ist überhaupt nie eine auf die Idee gekommen, man könnte sich von einem Mann ernähren lassen. Und das war in diesem kleinen Dorf noch unüblich. Heute ist das selbstverständlich, aber in meinem Jahrgang war ich eine der wenigen, die ins Gymnasium gehen sollten.

Eva Herman: Arbeitete deine Mutter?

Dagmar Reim: Ja, immer.

Eva Herman: Was tat sie?

Dagmar Reim: Sie hat ein Geschäft aufgebaut, ein Textilgeschäft. Ganz allein aufgebaut nach dem Krieg, und in diesem Geschäft mit angeschlossener Schneiderei, die meine Großmutter betrieb, bin ich aufgewachsen.

Eva Herman: Und du hast wahrscheinlich auch schon mitgeholfen?

Dagmar Reim: Ja, ich saß immer im Stoffregal und las.

Eva Herman: Du hast nicht geholfen?

Dagmar Reim: Ich habe auch gearbeitet, aber immer so viel wie möglich zwischendurch gelesen.

Eva Herman: Was hast du gelesen?

Dagmar Reim: »Försters Pucki«, »Heidi«, alles, was es damals gab. »Der Trotzkopf«. Alle Karl May-Bände und alles, was die katholische Leihbücherei sonst noch hergab.

Eva Herman: Hattest du eine streng katholische Erziehung?

Dagmar Reim: Nein, sie war so angenehm, wie es katholische Erziehung dann sein kann, wenn die Mehrheit katholisch ist. Wie es auch später im Rheinland war, wo ich dann hinging: Leve und leve losse!

Eva Herman: Welche Rolle hat dein Bruder gespielt?

Dagmar Reim: Ich war die große Schwester, die er gelegentlich gehasst hat, weil alle gesagt haben: »Warum kannst du nicht auch so gut in der Schule sein wie sie?«

Eva Herman: Ist deine Mutter ein Vorbild für dich gewesen?

Dagmar Reim: Ja, in vielen Punkten! Sie ist eine besonders starke Frau, und sie hat sich gegen enorme Vorurteile durchsetzen müssen. In einem kleinen, katholischen Nest, das nach dem Krieg noch ähnlich antisemitisch war wie während des Krieges, von einem Juden ein Kind zu bekommen, ohne Ehe, das ist kein Vergnügen! Ich habe sehr viel später erfahren, dass Leute in meinen Kinderwagen geschaut und gesagt haben: »Das wird schief gehen!« Das Dorf hat eigentlich erwartet, dass sie mit mir oder wenigstens ich in der Gosse landen werde.

Eva Herman: Welche Rolle spielte in dieser Zeit deine Großmutter?

Dagmar Reim: Es war eine Symbiose. Eine Allianz, denn ohne sie hätte es meine Mutter nicht geschafft.

Eva Herman: Fehlten – aus heutiger Sicht – männliche Aspekte in deiner Erziehung?

Dagmar Reim: Man liest ja immer wieder in der Psychologie, dass ein Kind beides braucht. Ich glaube, es ist schlimmer, einen Vater, den man gekannt hat, zu verlieren. Ich glaube, es ist nicht so schlimm, wenn man gar nicht weiß, was da vielleicht noch sein könnte. Dass aber vielleicht doch etwas gefehlt haben könnte, habe ich an meinem kindlichen Verhalten dann gemerkt, wenn sich ein Interessent dem Matriarchat genähert hat. Also meiner Mutter, die ja damals noch jung und attraktiv war. Den habe ich versucht wegzubeißen.

Eva Herman: Gab es in der Schule, der Universität oder in der Klosterschule Personen, die dich prägten oder Vorbilder für dich waren?

Dagmar Reim: Es gab in dieser Jugendzeit, in dem kleinen Kaff einen Priester, der mir sehr imponiert hat und mit dem ich heute noch befreundet bin.

Eva Herman: Warum imponierte er dir?

Dagmar Reim: Der hatte seine erste Stelle in unserem Dorf. Ich war vierzehn, er kam mit fünfundzwanzig. Ich nehme an, da war bei mir auch etwas Liebe im Spiel, also Verehrung, Anschwärmen. Und er hat enorm gearbeitet für seine Sache, er hat sich eingesetzt für die Kinder, für die Jugendlichen und hat dazu beigetragen, dass sie etwas freier sein konnten, als es damals üblich war. Es hat mir sehr gefallen, wie intensiv er seine Ziele verfolgt hat.

Eva Herman: Verändert eine solche Begegnung?

Dagmar Reim: Ich glaube das schon, gerade in einem solchen Beruf wie in unserem. Ich weiß nicht, wie es dir geht, aber ich habe immer wieder Leute gesehen und erlebt, wie zum Beispiel die Kollegin Carola Stern beim WDR, die mir geholfen hat, dass ich im Beruf bleiben konnte, und die mich beeindruckt hat. Sie war eine sehr anerkannte politische Journalistin, und ich war die kleine Anfängerin. Und sie hat zu mir gesagt: »Sie müssen sich mal vorstellen, Frau Reim, als ich vor ein paar Jahren zum ersten Mal in die Schaltkonferenz kam, guckte der Chefredakteur kurz hoch und sagte zu mir: ›Das ist kein Kaffeekränzchen für Frauen!‹« Daran habe ich schon erkannt, was sich in diesen Jahren verändert hat, und wie wir vorangekommen sind. Und sie hat mir auch ans Herz gelegt: »Wir, die erste Generation Frauen, die nach dem Krieg diesen schönen Beruf ergriffen hat, wir haben uns nicht getraut, beides zu verlangen, Familie und Beruf. Sie *müssen* das machen!« Das habe ich mir gemerkt.

Eva Herman: Für dich war von Anfang an klar, dass du Kinder wolltest?

Dagmar Reim: Ja.

Eva Herman: Und dass diese Kinder so wichtig sind, dass du beruflich kürzer treten würdest?

Dagmar Reim: Ja. Ich habe von dem Moment an, in dem ich Kinder hatte, halb gearbeitet.

Eva Herman: Fällt es dir leichter, mit Männern oder mit Frauen zu arbeiten? Stell Dir vor, das Landesfunkhaus wird jetzt komplett neu besetzt, und du musst nur entscheiden, ob du prozentual mehr Männer oder Frauen um dich herum haben möchtest?

Dagmar Reim: Dann möchte ich mehr Frauen haben.

Eva Herman: Warum?

Dagmar Reim: Ich denke, wenn wir uns einmal aus der Welt verabschieden, dann sollten wir etwas für die Frauen in unserem Beruf erreicht haben. Ich habe früher nichts von Quoten gehalten, ich habe aber inzwischen viel in unserem Beruf erlebt, und ich denke, dass in aller Regel die Männer freiwillig gar nichts abgeben. Null Komma null. Und ich glaube, dass bestimmte Frauen sich immer durchsetzen werden. Das ist klar. Aber es sind prozentual viel zu wenige. Gesellschaftlich verändert sich erst dann etwas, wenn Frauen in allen Etagen die Regel sind und nicht die große Ausnahme. Solange sie die Exoten sind, werden sie auch ganz anders fokussiert als Männer. Ich habe großes Glück gehabt. Ich habe mit meinen männlichen Kollegen im Beruf begonnen, dann habe ich Kinder bekommen und neun Jahre halb gearbeitet. Das hat mir gut gefallen. Ich war sehr zufrieden. Eines Tages war Schluss mit der Zufriedenheit. Es erschienen immer mehr achtundzwanzigjährige junge Herren in der Redaktion, gelfrisiert, mit Rasierklingen an den Ellenbogen, und erläuterten mir, wie Radio geht. Das hat mich zunehmend verdrossen. Doch dann kam ich in die glückliche Lage, dass mein Mann mir angeboten hat, mit mir zu tauschen. Das war ein großer Glücksfall. Dann habe ich mit knapp vierzig Jahren wieder ganz gearbeitet. Schließlich kam ein Mann und hat vorgeschlagen, ich sollte mehr Verantwortung übernehmen Das war unser Chef.

Eva Herman: Wie alt waren eure Kinder, als dein Mann die Sache veränderte?

Dagmar Reim: Zehn und sieben. Mein Mann war übrigens nicht ständig bei den Kindern. Wir hatten eine Kinderfrau, weil wir beide wussten, es wäre besser so. Er hat immer gesagt: »Wenn du rund um die Uhr zu Hause bist, sind vier Menschen unglücklich, und das wollen wir nicht.«

Eva Herman: Hat dir was gefehlt, wenn du das Haus verlassen hast?

Dagmar Reim: Ja, selbstverständlich. Als ich am ersten Arbeitstag, nach der Geburt des ersten Kindes wieder zurückging in den WDR, zu einer halben Stelle, habe ich den ganzen Weg bis zum Funkhaus geweint. Ich dachte, ich bin eine Rabenmutter und setze mein Kind aus. Wenn ich heute Abend heimkomme, wird es tot sein oder mich ablehnen. Doch am Abend saß es breit grinsend auf dem Arm seiner Kinderfrau. Da sind mir mehrere Steine vom Herzen gefallen.

Eva Herman: Hattest du auch später noch Gewissensbisse, als die Kinder größer wurden?

Dagmar Reim: Klar, die kommen immer mal wieder. Ich schaue mir meine Kinder genau an. Unser Neunzehnjähriger war selbstverständlich früh selbständig. Als er in der Pubertät war, konnten wir einander schonen, weil wir nicht den ganzen Tag aufeinander saßen. Wenn ich zu Hause gewesen wäre und gesehen hätte, wie wenig er arbeitet, wäre ich bestimmt durchgedreht. Er sagt immer: »Mama, Fuß vom Gas, ich mach das schon!« Er wäre auch beinahe in der zehnten Klasse sitzen geblieben. Das hat mich dann drei Wochen, bevor es so weit war, erreicht und stark an meinen Nerven gezerrt. Er hat es dann doch geschafft – um Haaresbreite. Und jetzt macht er Abitur. Easy, wie er sagen würde. Bei dem Zweiten ist es ja ein Spezialfall. Er ist ein behindertes Kind und macht naturgemäß sehr, sehr kleine Fortschritte. Aber ich denke, wenn ich zwölf Stunden am Tag mit ihm zusammen wäre, würde ich öfter darüber nachdenken, was er alles nicht kann. Und so wecke ich ihn morgens, mache Frühstück, achte darauf, dass er angezogen ist und gefrühstückt hat, bis der Schulbus kommt. Wenn ich abends nach Hause komme, freue ich mich auf ihn und sehe auch kleine Fortschritte. Er hat jetzt zum Beispiel gelernt, seine Schuhe zu schnüren. Wir haben ihm das oft gezeigt, doch er wollte nichts davon wissen. Nun dachte ich, die Lehrerin hätte es ihm beigebracht, die Lehrerin meinte, wir hätten es ihm beigebracht, dabei hat er es allein gelernt. Er wollte es allein tun. Genauso war es mit dem Schwimmen. Er hat es sich selbst beigebracht, und eines Tages konnte er es.

Eva Herman: Wie alt ist er?

Dagmar Reim: Sechzehn.

Eva Herman: Und er ist den ganzen Tag in der Schule?

Dagmar Reim: Er fährt morgens um acht mit dem Bus und kommt vierzehn Uhr zwanzig zurück, nach dem Mittagessen.

Eva Herman: Werdet ihr immer mit ihm zusammen leben?

Dagmar Reim: Wir wollen das nicht, wir möchten auch sterben können. Wenn du ein behindertes Kind für immer zu Hause behältst, ist es immer dein Kind, und du wagst nicht zu sterben. Er hat ja dann keine anderen Bezugspersonen. Und deswegen werden wir uns von ihm trennen, wenn er die Schule abgeschlossen hat. Wenn er achtzehn wird, soll er, so unser Plan, in eine Lebensgemeinschaft kommen, wo er bleiben kann und wo er auch Menschen findet, bei denen er bleiben kann und die dann zu ihm gehören. Wir suchen schon jetzt.

Eva Herman: Das ist eine schwierige Entscheidung.

Dagmar Reim: Es ist unendlich schwierig. Es ist schon schwer genug, ein gesundes Kind gehen zu lassen. Bei mir war das so, als beim großen Sohn die erste feste Freundin ankam. Während ich ihn noch als meinen viertausend Gramm schweren Säugling in meinem Arm in der Erinnerung sehe, stöckelt die Dame an mir vorbei, grüßt knapp, verschwindet in seinem Zimmer, dort geht das Licht aus … Erschütternd. Mein Mann sagte: »Du bist ja eine Glucke, wie furchtbar!« Aber ich war nur traurig. Bei einem behinderten Kind, wenn du spürst, dass du es auf Erden am besten verstehst, dass du weißt, was es braucht und wie es geliebt sein will, ist Loslassen noch schwerer. Aber es geht nicht anders. Mein Albtraum ist eine Frau, die ich oft samstags beim Einkaufen auf dem Markt sehe. Sie ist ungefähr achtzig, hat an der Hand einen vielleicht vierzigjährigen behinderten Sohn, und sie wagt nicht zu sterben.

Eva Herman: Was glaubst du, wie er das aufnehmen wird?

Dagmar Reim: Gut! Er ist nicht nur ein äußerst optimistisches Kind, er ist auch sehr sonnig. Er hat gerne mit Menschen zu tun. Er würde – und das ist auch das Gefährliche, deshalb dürfen wir ihn auch nie einen Moment aus den Augen lassen – mit jedem gehen, weil er glaubt, dass sich jeder über ihn freut. Wenn jemand etwas Böses zu ihm sagt oder ihn beschimpft, hat er große Angst. Flüchtet sofort zu mir, weil er das nicht kennt.

Eva Herman: Schwierig.

Dagmar Reim: Ja. Wir bereiten uns auf die Trennung vor, jahrelang. Und trotzdem ist es enorm schwer. Wir besichtigen Lebensplätze. Nicht zu weit weg, damit wir ihn holen können, auch zum Wochenende. Aber ich darf noch nicht daran denken, dass er ganz weg wäre. Ich darf ihn nicht fest halten. Er muss sich ja auch von seiner Familie wegentwickeln dürfen, und wir haben seinen Geschwistern gesagt: »Ihr müsst ihn nicht bei euch aufnehmen, aber er bleibt auf eure Liebe angewiesen, wenn wir tot sind.«

Eva Herman: Wie reagiert sein Bruder?

Dagmar Reim: Benjamin liebt Fabian sehr, aber wir dürfen ihm die lebenslange Alleinverantwortung nicht aufbürden.

Eva Herman: Es gibt aber eine Verantwortung …

Dagmar Reim: Ja, die akzeptiert er auch! Er wird immer dafür sorgen, dass Fabian nicht in irgendeiner Ecke verschwindet, und wir werden genug Geld hinterlassen. Das ist geregelt. Fabian hat ja zum Glück drei Geschwister, Benjamin, Jan und Anne. Sie werden sich um ihn kümmern, aber wir dürfen nicht verlangen, dass sie ihn zu sich nehmen.

Eva Herman: Ein schmaler Grat.

Ich habe bei all diesen Interviews die Erfahrung gemacht, dass ich die Frauen, mit denen ich sprach, anschließend besser verstand. Die Wege nach oben sind vielfältig, die Geschichten dahinter auch.

Dagmar Reim: Ja, es gibt keinen Standardweg. Es gibt kein Rezept. Und es gibt schon gar nichts, was man von einer auf andere übertragen könnte.

Eva Herman: Wie wichtig ist Macht für dich?

Dagmar Reim: Macht generell ist die Möglichkeit, etwas zu verändern. Der Wille zur Veränderung allein reicht nicht. Es muss auch die Möglichkeit gegeben sein, etwas durchzusetzen, und deshalb ist Macht, im Großen wie im Kleinen, enorm wichtig. Wer nichts verändern kann, kann nur träumen.

Eva Herman: Also ist Macht für dich kein negativer Begriff?

Dagmar Reim: Nein, ich finde es unsinnig, das Wort ausschließlich negativ zu besetzen. Es gab jahrzehntelang den Trend zu sagen: »Ach, nach Macht strebe ich gar nicht! Das ist etwas, was ich gar nicht mag!« Wenn man sich darüber klar ist, dass Macht Möglichkeiten zur Veränderung beinhaltet, dann kann sie eigentlich nicht positiv oder negativ besetzt sein. Sie muss vorhanden sein, wenn man etwas machen will.

Eva Herman: Glaubst du, dass Frauen Macht anders definieren als Männer?

Dagmar Reim: Ich habe bislang nur mit wenigen Männern über ihre Definition von Macht gesprochen. Ich habe allerdings Machtausübung bei Männern wie bei Frauen beobachtet.

Eva Herman: Und was schließt du daraus?

Dagmar Reim: Ich glaube, dass manche Männer mehr Imponiergehabe rund um das Ausüben von Macht brauchen. Sie benötigen, glaube ich, mehr Selbstdarstellung. Ein neuer Hahn ist auf dem Hof und wird jetzt mal zeigen, wer hier den Mist scharrt!

Eva Herman: Du hattest vor, Journalistin zu werden. War für dich gleichzeitig mit dem Ziel auch der Wunsch verbunden, etwas zu verändern?

Dagmar Reim: Nein. Ich wollte eigentlich die klassische britische Tradition des Journalismus lernen: sehen, was ist, und darüber berichten. Das war mein Ziel. Diese achtundsechziger, siebziger Euphorie, die Welt zu verändern, dafür war ich dann anscheinend doch zu skeptisch. Ich habe gesehen, wie die großen Revolutionäre als Tiger gesprungen und als Bettvorleger angekommen sind.

Eva Herman: Du sagtest, du wärst gern Auslandskorrespondentin geworden, jetzt bist du Hierarchin. Wie groß ist der Spaß dabei?

Dagmar Reim: Da ich nicht zur Spaßgeneration gehöre, ist mir das Wort Spaß als Lebensmaxime ein wenig fremd, aber ich gestatte mir in meinem Beruf den Luxus, das zu machen, was ich sinnvoll finde und woran ich auch Freude habe. Wenn der Zeitpunkt gekommen wäre, wo dies nicht mehr möglich wäre, würde ich damit aufhören. Denn ich muss nichts beweisen. Ich muss nichts werden. Ich bin etwas! Ich bin Frau, ich bin Mutter, ich bin Hausfrau, ich bin Ehefrau, ich bin Freundin. Ich muss nicht auf diesem Stuhl sitzen. Das kann morgen ein anderer sein. Das ist eine Aufgabe, die ich übernommen habe auf Zeit! Ich liebäugle durchaus mit dem Gedanken, wieder eine kleine Einfrau-Schreibwerkstatt zu eröffnen, und ich überprüfe mich ständig. Es würde mir der Status der Direktorin nicht fehlen. Helmut Schmidt hat mal gesagt: »Es ist nicht so besonders lustig ein ›Has-been‹ zu sein.« Das ist dann besonders wenig lustig, wenn man außer dem, was man beruflich macht, nichts hat. Ich habe aber sehr viel außer dem, was ich beruflich mache. Viele Interessen, die jetzt zu kurz kommen. Meine Todesanzeigensammlung will sortiert werden.

Eva Herman: Deine was?

Dagmar Reim: Meine Todesanzeigensammlung. Ich sammle Todesanzeigen, ich möchte ein Buch daraus machen!

Eva Herman: Über Todesanzeigen?

Dagmar Reim: Ja.

Eva Herman: Was sammelst du?

Dagmar Reim: Nur skurrile! Nur besondere, keine normalen! Nur ungewöhnliche!

Eva Herman: Seit wann machst du das?

Dagmar Reim: Ich kann es genau nachsehen … seit ungefähr zwanzig Jahren. Da erschien in Köln eine Todesanzeige: Starb im Alter von, mein Schwiegervater, ein Sinnbild von Ignoranz, Intoleranz und noch eine Kränkung. Ich habe unglaubliche Sachen, zum Beispiel links auf der Zeitungsseite die Familie, rechts die Geliebte.

Eva Herman: Sind es treffende, umfassende Aussagen in den Anzeigen?

Dagmar Reim: Ja, oft auch unbewusst.

Eva Herman: Man braucht wohl eine komische Ader, um so was zu sammeln.

Dagmar Reim: Ja. Ich bin nicht nekrophil, sondern mich beschäftigt Sprache sehr, und was Menschen ausdrücken wollen, und was sie dann ausdrücken können. Dazwischen klaffen oft Welten. Zum Beispiel: »Wir haben uns in aller Stille mit einem Trompetensolo verabschiedet.«

Eva Herman: Glaubst du, dass Macht Menschen langfristig verändert?

Dagmar Reim: Das könnte gut sein, und deshalb habe ich große Sympathie für Zeitverträge in jeder Form. Sowohl im Geschäftsleben als auch in journalistischen Berufen und in der Politik. Ich halte den Vorschlag von Gerhard Schröder, Befristung auf maximal drei Legislaturperioden, für sinnvoll.

Eva Herman: Hast du dir ein zeitliches Limit gesetzt?

Dagmar Reim: Ich habe in meinem Berufsleben nie etwas länger gemacht als vier bis fünf Jahre. Ich habe jetzt einen Sechsjahresvertrag und finde das gut.

Eva Herman: Du hast deinen Mann sehr früh kennen gelernt. War für dich sofort klar, das ist er?

Dagmar Reim: Nein, er war verheiratet! Und ich war verlobt! Und dann habe ich geheiratet, aber nicht ihn!

Das ist eine peinliche Geschichte! Es war wie in einem schlechten Roman.

Ich hatte mir vorgenommen, ein total spießiges Leben zu führen: einen Mann, der mich auf Händen trägt, und zwei Kinder und Sicherheit und Recht und Ordnung. Und mein Verlobter schien mir dafür die beste Gewähr zu sein.

Eva Herman: Gott, du Arme!

Dagmar Reim: Und dann habe ich einen verheirateten Mann kennen gelernt, mit zwei Kindern. Und da hab ich mir gesagt: »Kommt überhaupt nicht infrage!« Und habe geheiratet. Den Verlobten.

Eva Herman: Und wie lange ist das schlecht gegangen?

Dagmar Reim: Nicht sehr lange. Wir sind zusammengekommen, haben uns wieder getrennt, sind wieder zusammengekommen … furchtbar.

Eva Herman: Kannst du dich erinnern, was dich an ihm fasziniert hat?

Dagmar Reim: Ich war eine kleine Praktikantin beim Bayerischen Rundfunk, und er war Korrespondent der großen Frankfurter Rundschau.

Eva Herman: War er vielleicht so etwas wie der fehlende Vater?

Dagmar Reim: Ich glaube nicht, aber alle dachten es. Alle! Die eine Hälfte sagte: »Was willst du mit so einem alten

Mann?«, und die andere Hälfte sagte: »Du bist wohl auf der Suche nach deinem Vater!«

Eva Herman: Traust du dich denn generell an Männer heran?

Dagmar Reim: Ja. Ich glaube schon, dass ich damals nicht zu schüchtern war.

Eva Herman: Bist du eine Frau, an die sich Männer grundsätzlich herantrauen?

Dagmar Reim: Ich kann das nicht beurteilen, da ich nicht mehr im aktiven Geschäft tätig bin, aber ich glaube, dass Männer in unserem Beruf lieber mit jüngeren Frauen zu tun haben, denen sie Eindrucksvolles erzählen können.

Eva Herman: Die neueste Untersuchung sagt, dass Männer Powerfrauen, Karrierefrauen, zu denen du ja auch zählst, eher unattraktiv finden, und dass auf Platz eins der Schrecklichkeit Journalistinnen stehen.

Dagmar Reim: Das ist interessant. Ich finde diese Angst vor so genannten Powerfrauen interessant, wenn ich mir manche Herren ansehe. Herren, die viel erreicht haben, die zu dick sind, zu wenig Haare haben, schlecht gekleidet, aber voller Ansprüche sind, was das weibliche Geschlecht angeht. Tom Wolfe hat es ja einmal wundervoll beschrieben in seinem Buch »Fegefeuer der Eitelkeiten«: Die Ehefrauen dieser bedeutenden, wichtigen Karrieremänner schilderte er als Röntgenbilder. Das waren Frauen, die sich total runtergehungert und durch Hunderte Stunden Fitnessstudio, kosmetische Operationen usw. zu totalen Klappergestellen entwickelt hatten. Und was taten die erfolgreichen Herren? Sie betrogen ihre Röntgenbilder mit den Zitronentörtchen. Das waren die appetitlichen Dreiundzwanzigjährigen ohne großen Anspruch.

Eva Herman: Wird sich da je etwas verändern?

Dagmar Reim: Daran wird sich nicht viel ändern, denn man kann eine Menge für die Befreiung der Frau tun, aber man wird die Biologie nicht ändern können. Und Männer mit Mitte fünfzig sind und bleiben hochattraktiv: graue Schläfen, Geld und Einfluss. Frauen Mitte fünfzig sind auf dem Weg, alte Frauen zu werden und die erotische Auslese geschieht bei Männern über äußerliche Attraktivität und bei vielen Frauen über Scheckbücher. Das bedeutet: Macht macht erotisch. Ich habe mal einem Hierarchen, als er Hierarch wurde, empfohlen, wann immer er in erotische Versuchung gerät, möge er sich im Geiste die Frage stellen: »Würde sie mich auch lieben, wenn ich der Fahrer des Intendanten wäre?«

Eva Herman: Guter Hinweis.

Dagmar Reim: Ja, wird aber in der Praxis meist nicht beachtet.

Eva Herman: Das klingt sehr pragmatisch. Du sagst, so ist das und fertig. Stört es dich nicht?

Dagmar Reim: Nein. Die Welt ist schön, und es gibt so vieles, was interessant ist. Das müssen nicht immer Männer sein!

Eva Herman: Hast du Angst vor dem Alter?

Dagmar Reim: Es ist nicht schön, alt zu werden. Es wollen ja alle Menschen alt werden, es will aber niemand krank werden. Es will auch niemand hässlich und unattraktiv werden. Da man aber nicht alles haben kann, nämlich alt sein und erfahren, gleichzeitig aber attraktiv und verführerisch, muss man sich dann doch für eines entscheiden. Und so möchte ich wirklich lieber, wie Bert Brecht sagt, die unwürdige Greisin werden, die viel Spaß hat in ihrem Alter. Der vergebliche Kampf gegen jede Falte, die das Alter mit sich bringt, ist zu frustrierend.

Eva Herman: Es gibt ein schönes Zitat von Lisa Fitz aus einer ihrer letzten Vorstellungen, wo sie sagte: »Viele kämpfen ums Jungbleiben. Mir ist es wurscht, wie ich ausseh, ich bleib bis ich bröckele!« Käme ein Lifting für dich infrage?

Dagmar Reim: Nein.

Eva Herman: Aus welchem Grund?

Dagmar Reim: Ich kenne so viele Lifting-Leichen. Frauen, die ihren rechten Fuß auf ein Höckerchen stellen müssen, wenn sie lächeln wollen, weil die Haut zu eng angezogen ist. Oder die Glotzaugen haben wie Zombies. Das ist schrecklich.

Eva Herman: Wie ist deine Identität mit deinem Job verwoben?

Dagmar Reim: Ich glaube, dass ich mich nicht in erster Linie über den Job identifiziere. Jeder hat ja verschiedene Haupt- und Unteridentitäten. Hauptsache für mich ist, die Mutter meiner Kinder zu sein.

Eva Herman: Verändert sich deine Rolle, wenn du den NDR betrittst, bist du dann jemand anderes?

Dagmar Reim: Ich sehe es vor allem umgekehrt, sie verändert sich dramatisch, wenn ich zu Hause ankomme. Sobald ich die Tür aufschließe, ist der Norddeutsche Rundfunk ganz weit weg. Weil mich mein jüngerer Sohn ungefähr zweihundertprozentig beansprucht. Das finde ich nach einer Gewöhnungsphase sehr angenehm.

Eva Herman: Warum?

Dagmar Reim: Ich verbringe hier im NDR viel Zeit, ich komme um neun und gehe in der Regel um sieben, dann muss auch Schluss sein. Dann muss ein anderes Leben beginnen. Ich hielte es für katastrophal, wenn sich das in den Abend als Dauerthema hinzöge.

Eva Herman: Ist das auch etwas, was dein Mann von dir erwartet?

Dagmar Reim: Nein, er ist durchaus bereit, mit mir über den Beruf zu sprechen. Das geschieht auch, aber ich möchte nicht zu Hause die Fortsetzung des Berufs ohne Schreibtisch haben.

Eva Herman: Bist du eifersüchtig?

Dagmar Reim: Nein. Vielleicht in früher Jugend, aber jetzt bin ich es nicht mehr.

Eva Herman: Und dein Mann?

Dagmar Reim: Er ist talentiert dafür, scheint mir.

Eva Herman: Du sagtest vorhin, du hattest eine sehr starke Mutter. Wie viel hatte sie mit deinem frühen Kinderwunsch zu tun?

Dagmar Reim: Ich habe zumindest an ihr gesehen, dass sie lebenslang viel und engagiert gearbeitet hat und unter schwierigen Bedingungen, ohne Ernährer, ohne einen, mit dem man sich austauschen kann, ein Kind großgezogen hat. Und dass sie dann noch meinen Bruder aufgenommen hat. Ein zweites Kind.

Eva Herman: Dein Leben hat sich mit den Kindern noch dramatischer verändert als bei anderen, durch dein behindertes Kind. Wenn du heute die Entscheidung nochmal treffen könntest. Was würdest du tun?

Dagmar Reim: Immer wieder Kinder. Es ist von Gott sehr gut angelegt, dass die Kinderlosen nicht wissen, was ihnen entgeht. Sie wären sonst depressiv. Aber umgekehrt ist es auch gut, dass man vorher nicht weiß, wie schwer es sein kann. Hättest du mich mit fünfundzwanzig gefragt, ob ich mir so etwas zutraue, wäre ich wahrscheinlich zurückgeschreckt. Da ich die Situation inzwischen kenne, weiß ich, es ist zu schaffen.

Eva Herman: Ist es ein langer Prozess, bis man akzeptiert …

Dagmar Reim: Ja. Bei uns war zunächst die Prognose optimistisch. Es sah so aus, als könne er ganz gesund werden. Wir haben unsere Hoffnungen Stück für Stück begraben und unsere Erwartungen Stück für Stück zurückgeschraubt. Das, finde ich, ist ein relativ gnädiger Prozess. Ich kenne eine Frau, da war vom Moment der Geburt an klar, dass das Kind schwerbehindert sein würde. Sie hat mir gesagt, dass sie damals einen tiefen Schock erlitten hat. Den hatte ich nicht, da ich ja erst voller Hoffnung war, und das war hilfreich.

Eva Herman: Was ist für dich der Sinn des Lebens?

Dagmar Reim: Dass man mit den Menschen, mit denen man freiwillig zusammenlebt, die man sich ausgesucht hat, aber auch mit jenen, die man beruflich trifft, versucht, ein gutes Stück Weg zu gehen. Dass man nicht auf Kosten anderer lebt, dass man versucht, etwas zu geben und etwas zu bekommen. Dass man einander nicht das Leben schwer macht.

Eva Herman: Wie wichtig ist deine Position für deine Freunde?

Dagmar Reim: Darüber habe ich noch nicht nachgedacht. Ich glaube nicht, dass sie wichtig ist. Ich habe heute noch die besten Freunde in München und in Köln. In Hamburg sind einige wenige dazugekommen. Meine alten Freunde gehören seit Jahrzehnten dazu. Ich schließe nicht mehr viele neue Freundschaften, fällt mir auf, wenn ich zurückschaue. Man gewinnt einige durch die Kinder, das sind Sandkastenfreundschaften, Kindergartenfreundschaften, Schulfreundschaften, aber die beste Freundin, das sind Beziehungen, die über Jahrzehnte gehen. Und die sind unabhängig vom Beruf.

Eva Herman: Welche Vorteile genießt du durch deine Position?

Dagmar Reim: Ich genieße den Vorteil, dass ich mir meine Tage eher selbständig einteilen kann. Ich darf mich mit vielen Sachen beschäftigen, die mich sehr interessieren, und ich weiß, wenn ich heute nicht für dreihunderttausend Mark Schweinehälften verkaufe, bleibt mein Job dennoch erhalten. Das heißt, es ist auch ein Maß an selbstverständlicher Sicherheit, das ich genieße.

Eva Herman: Du bist Funkhausdirektorin und stellvertretende Intendantin. Welche Vorteile wollen andere dir angedeihen lassen?

Dagmar Reim: Es hat noch keiner versucht, mich zu korrumpieren.

Eva Herman: Das überrascht mich.

Dagmar Reim: Keiner. Es gibt auch keinen Politiker, der versucht hätte, Einfluss zu nehmen. Das ist auch positiv. Es zeigt, dass der öffentlich-rechtliche Rundfunk an Wichtigkeit verloren hat dadurch, dass wir jetzt zwischen dreißig Programmen wählen können, aber auch, dass er weiter weggerückt ist von der Politik. Das finde ich gut!

Eva Herman: Hat dein Job auch Nachteile?

Dagmar Reim: Ich glaube, dass er von allen Kollegen ein relativ hohes Maß an Disziplin verlangt. Allerdings richte ich diese Anforderung auch an mich selbst. Meine nähere oder weitere Umgebung soll nicht mitbekommen, ob ich gerade große Sorgen habe. Ich erwarte von mir, dass ich gleichbleibend freundlich und zugewandt mit den Kollegen umgehe, auch wenn es mir einmal schwer fällt.

Dagmar Reim

Direktorin des NDR-Landesfunkhauses Hamburg und stellvertretende Intendantin des Norddeutschen Rundfunks.

Biographie:

1951 Geboren in Heidelberg · 1970 Abitur in Bensheim · 1970 bis 1972 Studium an der Johannes-Gutenberg-Universität Mainz in Geschichte, Germanistik und Publizistik · 1972 bis 1975 Fortsetzung des Studiums an der Ludwig-Maximilians-Universität München, Studienabschluss Magister Artium · 1975 bis 1979 Redakteurin beim Bayerischen Rundfunk, München · 1979 bis 1986 Redakteurin beim Westdeutschen Rundfunk, Köln · 1986 bis 1994 Redakteurin beim Norddeutschen Rundfunk, 1993 bis 1994 ARD-Sprecherin · 1995 bis 1998 Chefredakteurin Hörfunk NDR Programmbereichsleiterin NDR 4 · seit 1998 Direktorin des NDR-Landesfunkhauses Hamburg

Dagmar Reim ist verheiratet, hat zwei Söhne und lebt in Hamburg.

NINA RUGE

Wenn man Nina Ruge in ihrer ZDF-Sendung »Leute heute«
moderieren und agieren sieht, kommt man kaum auf die
Idee, dass sie ein ängstliches Kind gewesen sein könnte.
Doch sie hatte Angst vor dem Leben, vor dem Sprung vom
Dreimeterbrett oder davor, mit der U-Bahn zu fahren.
Schüchtern und scheu war sie, unsicher darüber, wer sie
sein oder was sie werden könnte. Ein Zwerglein, sagt sie
selbst.

Diese tiefe Unsicherheit hatte Gründe, die sie schließlich
entdeckte, auf der Suche und dem Weg zu sich selbst.

Mehrfach brach sie in ihrem Leben erfolgreiche Projekte ab,
um völlig neu anzufangen. So gab sie ihre Stellung im Schul-
dienst auf, um zum Fernsehen zu gehen. Sie verließ ihren
Ehemann und wechselte die Stadt.

Und als sie schließlich den Nachrichten-Olymp, das »heute
journal«, erklommen hatte, verlor die Sendung für sie nach
vier Jahren ihren Reiz. Wieder in einer anderen Stadt wand-
te sie sich neuen Aufgaben zu, wiederum ohne den Partner.

Ein Leitspruch von Christa Wolf ist dabei ihr Wegbegleiter
gewesen: »Hinter sich lassen, was keine Herausforderung
mehr darstellt.«

Ein anderer Satz stammt von ihrer Mutter: »Irgendwann im
Leben spürst du die Geburt des Todes.«

Dieses Gefühl hat sie kennen gelernt. Mit Intuition und Sensibilität spricht sie darüber, was es bedeutet und welche Konsequenzen es mit sich bringt.

Eva Herman: Nina, welche sind die wesentlichen Charakteristika deines Berufsprofils?

Nina Ruge: Ich glaube, das Allerwichtigste ist, dass ich ehrlich zu mir bin, einen guten Draht zu mir habe. Meiner Meinung nach ist ein Moderator nur dann ein guter Moderator, der erstens nicht künstlich, zweitens authentisch und drittens relativ bescheiden ist. Die beste Voraussetzung für mich war: Ich wollte niemals Moderatorin werden.

Eva Herman: Wolltest du das wirklich nie?

Nina Ruge: Nein, ich wollte immer hinter die Kamera. Ich habe beim RIAS Fernsehen angefangen und Film-Berichte gemacht. Eigentlich wollte ich weiter für Kino-Produktionen arbeiten, weil das meine große Leidenschaft war. Aber als beim RIAS die Fernsehschiene aufgebaut wurde und kurzfristig Mitarbeiter gesucht wurden, die Filmberichte drehen, war ich mal wieder neugierig. Ich wusste, wie man Spielfilme macht – jetzt wollte ich die Arbeit beim Fernsehen kennen lernen. So bin ich dann schlicht und einfach hängen geblieben.

Mir geht es in diesem Beruf darum, von innen, aus der Grundhaltung heraus, Moderatorin zu sein. Das heißt, Vermittlerin zu sein zwischen den Zuschauern und dem, was die Welt ist, egal ob es sich um politische Nachrichten handelt oder eine Meldung über die Trennung von Tom Cruise und Nicole Kidman. Ich darf als Mittlerin erst mal nur die Welt und die Zuschauer im Blick und auch im Bauch haben, und nicht mich selbst. Wenn ich selbst eine Rolle spiele, dann nur auf eine sehr ehrliche, ungekünstelte Art und Weise. Das Wichtigste in dieser Tätigkeit ist für mich, authentisch zu sein und vor allem bescheiden. Ich bin mir immer bewusst, dass ich nicht toller, attraktiver und sonst was bin als andere, sondern dass mich der Zufall zu diesem Job geführt hat. Er

hätte sich auch ganz leicht jemand anderes ausgucken können.

Eva Herman: Welchen Berufswunsch hattest du als Kind
oder Jugendliche?

Nina Ruge: Ich wollte immer Architektin werden. Schon als
Sechsjährige malte ich immer runde Garagen, wollte rosa
Häuser mit weißen Punkten bauen. Meine Mutter hat bis zu
ihrem Tod gerne die Geschichten von meinen kühnen Ge-
bäudeentwürfen erzählt. Um Architektur studieren zu können, wählte ich Mathe und Physik im Abitur.

Eva Herman: Mathe, Physik?

Nina Ruge: Ja, das war schon hart. Ich ärgere mich heute
noch ein bisschen, weil ich deshalb Englisch in der zehnten
Klasse abgegeben habe, Französisch dann in der zwölften
Klasse. Heute finde ich das schlichtweg unvernünftig. Ich
spreche zwar fließend Englisch, aber nicht richtig perfekt.
Ich habe sehr früh Abitur gemacht, mit siebzehn, und da wir
etwas Ungewöhnliches waren, nämlich der mathematische
Zweig an einer Mädchenschule Braunschweigs, hat uns der
dortige Rotary Club zur Berufsinformation eingeladen. Mit
einem Architekten besichtigte ich dann seine Bauprojekte,
und er hat mich bei dieser Gelegenheit erfolgreich davon
abgebracht, das Architekturstudium zu ergreifen. Denn wir
kamen in sein Büro – das Bild sehe ich heute noch vor mir,
als sei es gestern gewesen: wie an langen Zeichentischen
mehrere Architektinnen saßen – und er zu mir sagte: »Frau
Ruge, da werden Sie auch sitzen. Weiter kommen Sie als
Frau in diesem Business nie!« Das hat mich so geschockt,
dass ich mir gesagt habe: »Nee, das machst du nicht!« Dann
wollte ich eigentlich Kunst studieren, Grafikdesign. Das war
damals ein Numerus Clausus-Fach. Die 1,7 habe ich leider
knapp verfehlt – im Nachrückverfahren hätte ich es aller-

dings geschafft. Aber ich habe mich dann spontan für die Fächer beworben, die mir in der Schule Spaß gemacht hatten. Das waren Deutsch und Biologie. Ich war damals einfach so drauf. Karriereplanung? Lag mir mehr als fern. Also habe ich Deutsch und Bio für das Höhere Lehramt studiert. Nach drei Jahren als Lehrerin – ich habe sehr viel Energie hineingesteckt in diesen Beruf – wuchs die bohrende Frage in mir: Was willst du wirklich? Lehrerin sein für dein ganzes Leben? Nein. Was könnte die Alternative sein? Also habe ich mich parallel erst mal ausgetestet, eine private Schauspielausbildung begonnen, an der Braunschweiger Filmklasse studiert und Hörfunkberichte gemacht.

Eva Herman: Hast du Geschwister?

Nina Ruge: Ja, ich habe eine fünf Jahre ältere Schwester.

Eva Herman: Ist sie auch in diesem Beruf tätig?

Nina Ruge: Nein, sie war Stewardess und hat dann nebenbei Medizin studiert. Heute ist sie Luftfahrtmedizinerin.

Eva Herman: Gab es jemanden, der ein Vorbild für dich war? Jemanden, der dich getrieben oder motiviert hat?

Nina Ruge: Meine Eltern haben mich natürlich extrem geprägt, weil sie beide sehr pflichtbewusste Menschen waren. Rein persönlich motiviertes Fortkommen oder egozentrische Motive lehnten sie völlig ab.

Bei meiner Mutter wurde, als sie mit mir schwanger war, Krebs in weit fortgeschrittenem Stadium entdeckt. Trotzdem hat sie mich nicht abgetrieben. Sie wurde kurz nach der Geburt operiert, und ich war für einige Wochen im Säuglingsheim. Sie hat den Krebs besiegt. Das war ein Wunder. Dreißig Jahre später allerdings starb sie an den Folgen der damaligen Bestrahlungen, an Blutkrebs.

Ich habe zwischen zwei Menschen gelebt, die extreme Aufgaben zu bewältigen hatten. Meine Mutter war zum Beispiel sehr traurig, dass sie wegen der Krankheit ihr Medizinstudium nicht beenden konnte. Als ich vierzehn war, hat sie ihr Studium wieder aufgenommen und ihren Doktor gemacht, dann als Ärztin gearbeitet. Auch mein Vater hatte unter allergrößten Belastungen gelebt – während der Nazizeit. Er konnte erst nach dem Krieg mit dem Studium beginnen, hat in kürzester Zeit seinen Doktor gemacht und anschließend als Professor ein großes Institut aufgebaut.

Beide Eltern waren sehr stark durch die Ärmel-aufkrempeln-und-anpacken-Mentalität der Nachkriegszeit geprägt. Mein Vater hat für seinen Beruf, für sein Institut, für die Forschung und Lehre gelebt, meine Mutter in ihrem Kampf gegen den Krebs und später im nachgeholten Examenstraum. Diese Rollenmuster haben mich natürlich sehr stark geprägt. Auch, dass Pflichten ernst zu nehmen manchmal wichtiger sein kann als die Familie.

Eva Herman: Wirklich?

Nina Ruge: Ja, schon. Familie ist wichtig, und die beruflichen Aufgaben sind auch wichtig. Ich bin unglaublich pflichtbewusst, und wenn ich eine Aufgabe annehme, dann erledige ich sie gründlich und pünktlich. Das ist meine preußische Ader – schließlich sind beide Eltern Berliner … Mein Vater ist immer schon fünf Minuten vor einem Termin zur Stelle. Herrlich!

Eva Herman: Welche Rolle spielte deine Schwester früher für dich?

Nina Ruge: Meine Schwester hat ähnlich wie ich nach der großen Herausforderung und nach dem Ankommen im Leben gesucht. Sie hat ebenfalls ganz verschiedene Berufe und damit verbundene Lebensstile für sich getestet. Unsere Biographien haben Brüche, wir sind Zickzackwege gegangen, um uns immer wieder neuen Herausforderungen zu stellen.

Das hat nichts mit Unstetigkeit oder Orientierungslosigkeit zu tun. Eine sehr gute Freundin hat mir irgendwann einmal einen Spruch von Christa Wolf geschickt, der bis heute für mich ein Leitspruch geblieben ist: »Hinter sich lassen, was keine Herausforderung mehr darstellt«. Das war immer meine Devise, auch im Fernsehgeschäft. Zum Beispiel mein Job als Co-Moderatorin im »heute journal« war eine anspruchsvolle, wunderbare Tätigkeit, aber nach vier Jahren war sie entspannte Routine, keine Herausforderung mehr. Also bin ich ausgestiegen.

Eva Herman: Nach dem Siddhartha-Prinzip.

Nina Ruge: Der Vogel kämpft sich aus dem Ei. Das Ei ist die Welt. Wer geboren werden will, muss eine Welt zerstören.

Eva Herman: Hast du mit deiner Schwester konkurriert, oder war sie ein Vorbild für dich?

Nina Ruge: Da war weder Vorbild noch Konkurrenz. Das liegt daran, dass wir ganz unterschiedliche Typen sind. Ich war ziemlich schüchtern und scheu.

Eva Herman: Kaum zu glauben.

Nina Ruge: Meine Schwester war die Lebendige, Offensive – während ich eher in meinem Zimmer saß und mit Puppen oder mit Autos spielte.

Eva Herman: Mit Autos hast du gespielt?

Nina Ruge: Ja, auch. Meine Eltern haben uns nicht in Rollenmuster gezwängt. Das kam erst in der Pubertät, als ich sehr stark gegen die Denkmuster meiner Eltern rebellierte. Sie haben uns schon sehr streng auf eine »höhere Töchter«-Biographie hin erzogen. Dagegen habe ich mich recht heftig aufgelehnt – meine Eltern hatten da, glaube ich, ein paar sehr aufreibende Jahre …

Das ist vielleicht etwas, was mich kennzeichnet. Ich habe, um zu entdecken, wo ich im Leben wirklich hin will oder was Leben ist, mehrfach alle Brücken hinter mir abgebrochen und ganz neu angefangen. Als ich aus dem Lehrerberuf ausgestiegen bin, hatte ich mich gerade auch von meinem Mann getrennt und bin aus Braunschweig weggegangen nach Berlin. Und als ich aus der politischen Nachrichtenschiene ausgestiegen bin und »Leute heute« startete: Wieder Trennung, von meinem zweiten Mann, wieder Stadtwechsel und wieder ganz von vorne anfangen. Vergleichbares eigentlich auch schon, als ich siebzehn war und gerade das Abitur hatte. Da bin ich von zu Hause in eine Wohngemeinschaft gezogen. Meine Eltern waren stinksauer, und konsequent wie sie waren, schlug sich das auch finanziell nieder: Sie gaben mir monatlich das, was ich bekommen hätte, wenn ich weiter bei ihnen gewohnt hätte, nämlich dreihundertfünfzig Mark, und enterbten mich. Jahrelang hatte ich dann relativ wenig Kontakt zu ihnen. Sonntags bin ich zum Kaffee zu ihnen gefahren, doch sie kamen nie in meine Wohngemeinschaft. Sie lehnten meinen Lebensstil, meinen Freund, grundsätzlich ab. Einiges verstehe ich heute: Ich habe damals vieles ausprobiert, was sehr provokativ für sie war. Ich war in Psycho-Gruppen, habe wie ein Schlot geraucht und war politisch heftig links angehaucht. Und das war natürlich für meine Eltern, die so konventionell waren, das Allerletzte.

Eva Herman: Dass sie dich enterbt haben, ist natürlich erstaunlich. Ist ihr Verhalten für dich heute nachvollziehbar?

Nina Ruge: Ja, sie hatten schlichtweg Angst, dass ich abdrifte und in irgendwelchen dunklen Kanälen verwahrlose, und sie glaubten, dass das Enterben vielleicht ein Druckmittel sein könnte.

Eva Herman: Was es nicht war?

Nina Ruge: Ob ich in ferner Zukunft irgendetwas erben würde – das interessierte mich nicht. Übrigens gilt das bis heute.

Eva Herman: Worauf basiert dieses Verhalten, Entscheidungen mit allen Konsequenzen zu treffen?

Nina Ruge: Ich denke, ich hätte mich anders verhalten, wenn ich in einer Atmosphäre mit ganz viel Wärme, Geborgenheit und auch Nähe aufgewachsen wäre. Mein Vater würde jetzt wahrscheinlich sagen: »Aber, das hast du doch gehabt!« Dann würde ich ihm antworten: »Ja, nach deinem Dafürhalten habe ich das auch gehabt. Das ist kein Vorwurf.« Aber meine Eltern waren eben stark mit ihrer eigenen, alles fordernden Lebenssituation beschäftigt. Heute kann ich sie wahnsinnig gut verstehen. Um mit ihren harten Kriegserfahrungen und ihrem Schicksal zurechtzukommen, hatten sie einige hoch angesehene, persönliche Werkzeuge entwickelt: Größe, Durchhaltevermögen, Unbeugsamkeit. Das hat aber auch ein gewisses emotionales Vakuum geschaffen. Und darin habe ich mich wie ein winziges Zwerglein gefühlt, das keine Bedeutung hat und in gewisser Weise auch kein Recht zu existieren.

Aber das ist nichts Besonderes, das geht sehr vielen Menschen so, die mit starken Eltern-Persönlichkeiten aufwachsen. Ich beschwere mich nicht darüber, im Gegenteil, das birgt eine große Chance zu wachsen. Aber es war wichtig für mich, diese Gefühle wahrzunehmen und zu verstehen.

Eines allerdings musste irgendwann zu Reibereien führen: Meine Eltern hatten sehr klare Vorstellungen darüber, wie meine Schwester und ich zu sein hätten. Von Klavierunterricht, Reiten, Tennis, auf Bundeswehrbälle gehen, über Zöpfe tragen, niemals Jeans und möglichst eine gute Partie zu machen bis hin zum Medizinstudium in Paris.

Auf der einen Seite diese klaren Vorstellungen meiner Eltern, auf der anderen Seite gar nicht zu wissen und auch nicht zu spüren, wer ich bin und was ich will – das machte mich zu einer unsicheren, vielleicht auch gekünstelten Person. Ich denke, ich war aus dem Grund phasenweise, während der Pubertät, ein ganz schön arrogantes Mädchen: sehr schüchtern und gleichzeitig sich selbst völlig überschätzend. Also musste ich eine Menge falscher ›Halteseile‹ kappen, eine Menge zerstören, um auszutesten, wo die Welt ist, wo ich bin, was Leben ist und was Leben bereithalten kann, auch an Sinnlichkeit.

Sinnlichkeit war in unserer Familie – und in den fünfziger, sechziger Jahren ja generell – ein Tabu. Das fing beim Essen an, und das hörte beim »sich freuen« auf. Ich verstehe und akzeptiere heute, wieso das so war bei uns. Aber auch und gerade Sinnlichkeit: Das musste und wollte ich alles für mich neu entdecken.

Eva Herman: Hast du beim »Entdecken« Glück gefühlt?

Nina Ruge: Auf jeden Fall. Und das Erstaunliche ist, ich habe früher als Kind sehr viel Angst gehabt …

Eva Herman: Angst wovor?

Nina Ruge: Ich hatte Angst, allein auf die Straße zu gehen, um einzukaufen. Ich hatte Angst, allein Zug zu fahren. Ich bin nie vom Dreimeterbrett gesprungen, das mache ich heute noch nicht! Eigentlich hatte ich vor der Welt Angst.

Eva Herman: Woher rührte diese Angst?

Nina Ruge: Daher, dass ich das Gefühl hatte, so klein zu sein und so unbedeutend. Und doch die Ahnung: Eigentlich bist du okay! Also habe ich meine eigenen Grenzen erforscht und nicht mehr die Grenzen anderer als Maßstab genommen. Mit der Ablösung von meinen Eltern löste ich mich auch von fremden Maßstäben. Das ständige ›Du musst, du sollst, du darfst nicht, wenn … dann …-Gefühl‹ ist weg. Und damit die Angst, falsch zu sein. Heute gibt es nur noch wenige Situationen, die mir Angst machen.

Eva Herman: Welche sind das?

Nina Ruge: Wenn mir der Boden unter den Füßen weg-rutscht. Das heißt, ich fahre ungern Rollschuh, Schlittschuh und Ski. Ich muss mich immer auf festem Terrain einordnen und verlasse mich nur auf mich selbst. Wenn ich irgendetwas Rutschendem, Rollendem trauen soll, werde ich unsicher. Andererseits: Treffe ich – irgendwo in der Welt – urplötzlich auf Probleme, kein Geld, kein Telefon, oder was auch immer, habe ich keine Angst. Oder ich stehe vor der Kamera, und es regnet Pannen – keine Angst. Ich stehe auf der Bühne, live vor achttausend Menschen – keine Angst. Oder höchst unangenehme Situationen, nachts um eins, nach der Sendung, am S-Bahnhof Alexanderplatz, in Tiefgaragen … keine Angst. Gewaltbereite Kerle spüren das. Wenig Angst zu haben – das ist das Schönste, was ich auf diesem Weg gewann.

Eva Herman: Hattest du, als du dich in Richtung Fernsehen bewegtest, Vorbilder?

Nina Ruge: Überhaupt nicht. Das liegt vielleicht daran, dass ich in den Fernsehberuf hineingeschliddert bin, wirklich ohne Zutun. Ich hatte ein Bewerbungsgespräch beim Fernseh-Chefredakteur des RIAS in Berlin. Den Tipp bekam ich von einer Sekretärin beim SFB, für diesen Fernsehsender arbeitete ich nebenbei, neben meinen Kinojobs. Sie sagte: »Pass auf, da ist ein Aushang bei uns am schwarzen Brett, der RIAS sucht Redakteure, die im Fernsehen arbeiten wollen. Bewirb dich doch mal!« Es war Winter, es gab keine Kinoproduktion – also schickte ich meine Bewerbung. Ich hatte mich schon einige Jahre zuvor beim RIAS Hörfunk beworben, und eine nüchterne Absage kassiert, nach dem Motto: Sie haben doch kein Volontariat und kein Journalistikstudium, wir sind hier höchstes Niveau journalistischer

Qualifikationen und Qualitäten gewohnt, was wollen Sie eigentlich bei uns? Trotzdem bewarb ich mich also wieder – und bekam eigenartigerweise einen Brief nach dem anderen: Sie haben die nächste Bewerbungshürde überwunden usw. Dabei hatte ich ja nur beim NDR-Hörfunk ein paar Beiträge gemacht.

Gut, ich saß also beim Fernseh-Chefredakteur, der hatte die Füße auf dem Tisch und sagte: »Frau Ruge, was wollen Sie eigentlich hier, Sie können doch weder Journalistenschule noch Volontariat vorweisen.« Woraufhin ich ihn fragte: »Warum haben Sie mich eingeladen? Weshalb habe ich dann die wunderbaren Briefe gekriegt, dass ich die Bewerbungshürden überwunden hätte?« »Tja«, meinte er, »Vielleicht testen wir Sie mal ...« In dem Moment kam der Fernsehdirektor herein: »Die testen wir auf Moderation!« So bin ich zu dem Job gekommen. Eine neue Herausforderung.

Eva Herman: Welche Leute haben dir dabei geholfen?

Nina Ruge: In diesem Job ich selbst zu werden? Niemand beim Fernsehen. Ich habe beim zweiten Moderationstest die freundliche Rückmeldung unseres Chefredakteurs erhalten: »Sie sprechen ja wie eine Schlaftablette! Ich glaube, das können wir vergessen!« Das hat mich total gefuchst. Am selben Abend gab meine Cousine, eine Pianistin, ein Konzert in Berlin, und ihre Freundin saß mir danach beim Essen gegenüber. Ich erzählte ihr im Überschwang des Frusts vom ›Kompliment‹ des Chefredakteurs, und sie sagte gelassen: »Ich bin Schauspielerin, ich gebe Sprechunterricht. Wenn Sie Lust haben, nehmen Sie Trainingsstunden bei mir.« Es stellte sich heraus, dass sie keinen Sprechunterricht der üblichen technischen Sorte gab, sondern sie bot Menschbildung.

Eva Herman: Klingt interessant.

Nina Ruge: War es auch. Sie hat mir beigebracht, was atmen ist, was gegroundet sein bedeutet, körperlich und geistig. Sie lehrte mich, wie meine Stimme ist, mein Sprechrhythmus und was meine Seele ist. Sie hat mir den Weg gezeigt, beim Moderieren ich selbst zu bleiben. Konventionellen Sprechunterricht dagegen habe ich eine Stunde besucht und sofort an den Nagel gehängt. Ich fühlte mich zurechtgebogen, stimmlich glattgebügelt. Stattdessen arbeitete ich regelmäßig und engagiert mit Monika weiter. Ein unendlicher Gewinn. Außerdem hatte ich Günter Neufeldt, damals mein Co-Moderator beim RIAS. Er hatte ein Journalistikstudium absolviert, die klassische Volontärslaufbahn hinter sich und war lange beim NDR-Hörfunk gewesen. Im ersten Jahr haben wir jeden Abend die Sendung auseinandergepflückt. Er hat mich offen und hart kritisiert: Inhaltliche Fehler in meinen Moderationen, Schachtelsätze und die ganzen Fürchterlichkeiten, die man am Anfang verbricht. Das war ein perfektes Coaching.

Eva Herman: Wann hattest du zum ersten Mal das Gefühl, deine Identität gefunden zu haben?

Nina Ruge: In den ersten großen Live-Sendungen vor Ort, im Frühstücksfernsehen, drei Stunden lang.

Eva Herman: Wann war das?

Nina Ruge: Kurz nach der Wende, 1990. Die Sendung lief, und ich musste versuchen, den Zuschauern so klar, unkompliziert und eindringlich wie möglich die Atmosphäre vor Ort rüberzubringen. Zum Beispiel Babelsberg – für mich eine ganz besondere Location, weil meine Mutter immer von ihrer Arbeit als Sekretärin dort geschwärmt hatte, später besuchte sie die Abendschule. Sie hat die Wende nicht erlebt, konnte Babelsberg also Zeit ihres Lebens nicht wieder besuchen. Für mich damals ein Gänsehauterlebnis. Plötzlich war ich da, wo meine Mutter gearbeitet hatte. Obwohl eine solche Mammut-Live-Sendung für jeden Anfänger einen Mordsstress bedeutet, spürte ich dort vor der Kamera das erste Mal: Ja, jetzt fühlst du dich in deiner Haut wohl.

Eva Herman: Wann ist deine Mutter gestorben?

Nina Ruge: Im Februar 1989.

Eva Herman: Ist das für dich ein Schritt gewesen, dich zu verändern?

Nina Ruge: Nein, ich habe leider zu meiner Mutter nicht den Draht gefunden, den ich heute zu meinem Vater habe, ein klares und wunderbar offenes gegenseitiges ›I love you‹. Er findet es heute völlig in Ordnung, was ich mache und unterstützt mich, egal wofür ich mich entscheide. Doch damals, als ich den Lehrerjob an den Nagel hängte und nach Berlin ging, und nun überhaupt nicht klar war, was aus mir würde: Keine Festanstellung, kein Geld – ich wohnte in einer Hinterhofwohnung und ernährte mich nach Meinung meiner Eltern mehr schlecht als recht von Gelegenheitsjobs bei Fernseh- und Kino-Produktionen … da war das natürlich beiden äußerst unheimlich.

Mein Vater sieht heute erleichtert: Alles war richtig – doch meine Mutter erkrankte erneut an Krebs und starb, bevor sie diese Erleichterung hätte erleben können. Und sie durchlitt diese furchtbare Krankheit mit der Einstellung, Größe zeigen zu müssen, nichts als Größe – allein durch dieses Schicksal gehen zu müssen und sich nirgends wirklich anlehnen zu dürfen. Ich respektiere diese Haltung und bewundere sie einerseits auch, aber sie machte es mir auf der anderen Seite unmöglich, sie auf diesem so schweren Weg zu begleiten. Das tut weh, bis heute.

Eva Herman: Du bist eine sehr feminine Person. Es gibt Frauen, die mehr männliche Aspekte in sich tragen. Was sind, glaubst du, deine typischsten weiblichen Eigenschaften?

Nina Ruge: Ich bin sensibel. Ich spüre Verborgenes, Verdrängtes und kann darauf schnell reagieren, auch in Interviews. Unterschwelliges zurückspiegeln oder daran Fragen anknüpfen, das ermöglicht Gesprächstiefe. Und ich habe gelernt, charmant zu sein. Charme signalisiert Glücklichsein. Schließlich gibt es nur wenige Dinge auf dieser Welt, vor denen man sich verstecken oder für die man sich schämen müsste. Und diese wenigen Dinge kann ich ansprechen, ohne dass sie bleischwer werden.

Und ich denke, ich signalisiere meinen Gesprächspartnern Akzeptanz: Egal, wie schräg du drauf bist, ich nehme dich wie du bist.

Eva Herman: Hast du männliche Eigenschaften?

Nina Ruge: Ich kann sehr tough sein, ungeduldig. Wenn es darum geht, in kürzester Zeit einen Filmbericht oder ein Interview in den Kasten zu bekommen, kann ich recht bestimmend sein. Wenn ich mir etwas in den Kopf gesetzt habe, ziehe ich das durch. Wenn ich den Artikel bis zu einem bestimmten Datum fertig haben will, dann schreibe ich notfalls die Nacht durch.

Eva Herman: Hat Macht für dich je eine Rolle gespielt?

Nina Ruge: Nein. Ich habe immer nur auf mich vertraut und nur von mir alles gefordert, mich selbst auch ausgebeutet, wenn ich zu viel von mir wollte. Aber ich habe nie andere benutzt oder ausgenutzt. Ich war eher ein One-Single-Stone.

Eva Herman: Die Zusammenarbeit mit Männern und Frauen, welche bevorzugst du?

Nina Ruge: Weder noch. Ich komme mit Frauen genauso gut klar wie mit Männern, und ich liebe es, im Team zu arbeiten. Obwohl ich nicht der Typ Vereinsschwein bin.

Worauf ich allergisch reagiere, ist Unoffenheit, tricky arbeiten, taktieren, Winkelzüge machen, Seilschaften bilden.

Eva Herman: Sind das Männer- oder Fraueneigenschaften?

Nina Ruge: Erfahren habe ich das vor allem als männliche Eigenschaften. Doch Karrierebiographien nach dem Motto »Wer sitzt mit wem in der Kantine« und »Wer hat mit wem welche politischen Bändel und Händel«, das gibt es natürlich auch bei Frauen.

Eva Herman: Hatte die Quotenregelung für dich eine Bedeutung, und was hältst du grundsätzlich davon?

Nina Ruge: Ich halte in meinem Beruf nichts von der Quotenregelung. Allerdings kann ich mir vorstellen, dass es gewisse Branchen gibt, in denen es keine andere Chance gibt, um Frauen zu fördern. Doch in dem Augenblick, in dem es um wichtige Qualifikationen geht, würde einer Frau immer ein Makel anhaften, wenn sie über eine Quotenregelung aufgestiegen wäre, obwohl sie ganz klar über Persönlichkeit und Leistung qualifiziert war.

Eva Herman: Nur fünf bis sieben Prozent aller Leistungspositionen in deutschen Unternehmen, in Kultur, in Politik, Wirtschaft, Industrie sind mit Frauen besetzt. Wie würdest du das interpretieren? Können sie nicht, oder wollen sie nicht?

Nina Ruge: Sie dürfen nicht, und sie wollen zum Teil nicht. Das gilt auch für mich. Ich habe im ZDF zum Beispiel nie daran gedacht, irgendeinen Posten in der Senderhierarchie anzustreben, weil ich ein Mensch bin, der unmittelbar produktorientiert arbeiten möchte. Was ich im Kopf habe ist immer nur, supergute Sendungen zu machen – und nicht eine Karriere in Richtung Abteilungsleiterin.

Eva Herman: Sind Männer als politische Journalisten stärker akzeptiert als Frauen?

Nina Ruge: Bei renommierten Wirtschaftsveranstaltungen, die ich moderierte, habe ich immer wieder die Erfahrung gemacht, dass da zunächst ein gewisses Grunderstaunen da war, dass ich von der Materie einiges verstehe und auch das Handwerkszeug beherrsche, aus dem Effeff Diskussionen zu leiten, diffizile Sachverhalte aufzugreifen, spontan in die Diskussion einzubauen, auf tagespolitische Headlines zurückzugreifen. Oft schlug eine gewisse Arroganz durchaus in Bewunderung um. Das können allerdings dieselben Jungs sein, die sich dann in einem anderen Zusammenhang doch entscheiden, lieber einen Mann auf eine gehobene Funktionsstelle zu setzen …

Eva Herman: War es schwierig, in deiner Position einen Partner zu finden, von dem du wusstest, er meint dich?

Nina Ruge: Nein, weil ich mit meinem Partner schon in Zeiten zusammen war, als überhaupt nicht daran zu denken war, dass ich irgendwann einmal vor einer Kamera stehen würde. Sicherlich achte ich sehr bewusst auf die Auswahl meiner Freunde. Meine engste Freundin stammt aus der Zeit, als ich noch Lehrerin war – bei neuen Freunden hier in München signalisiert mir mein Bauch sehr zuverlässig, ob sie mich als Frau oder als Fernseh-Frau meinen.

Eva Herman: Als du nach München kamst, ging deine Ehe auseinander. War es eine schwierige Zeit?

Nina Ruge: Eigentlich nicht. Ich war der Überzeugung, dass ich von nun an mit großer Wahrscheinlichkeit allein leben würde. Jenseits der vierzig grenzt es an ein Wunder, DEN Partner fürs Leben zu finden. Lieber allein, als gemeinsam einsam – das war meine Erfahrung und meine Devise. Einen faulen Kompromiss wollte ich nicht. Dass ich den Richtigen finden würde, das habe ich nicht geglaubt.

Eva Herman: Deine Trennung ist durch die Presse gegangen.

Ist es schwierig, in dieser Lebenslage in der Öffentlichkeit zu stehen?

Nina Ruge: Ja. Denn zur Trennung gehören auch Phasen, in denen ich noch nicht so richtig weiß, ob ich es vielleicht noch schaffe, ob wir es noch schaffen. Und da gibt es Phasen – bei uns war das so –, in denen man sich eine Auszeit nimmt, in denen es vielleicht auch eine andere Beziehung gibt. Vielleicht aber wünschen sich beide, nach dieser Phase der Distanzierung doch wieder zusammenzukommen. Das vor der Presse geheim zu halten, ist unendlich schwierig. Medienberichte zur falschen Zeit können einen in jeder Hinsicht schädlichen Entscheidungs-Druck bewirken. Urpersönliches, Intimes, den eigenen verletzlichen Seelenzustand auf dem Tablett der Boulevardpresse ausgewalzt zu sehen ... ein Albtraum.

Eva Herman: Meinst du, dass die Angst vor der Öffentlichkeit Kollegen von einer eigentlich berechtigten Trennung abhalten könnte?

Nina Ruge: Ja. Zumindest so zu experimentieren, wie es andere können. Oder das Gegenteil: Trennung, weil die Presse druckt und ›drückt‹.

Eva Herman: Hat dich das bei der neuen Beziehung gestört?

Nina Ruge: Total. Das Gefühl zu haben, keinen Schritt tun zu können, der nicht registriert wird. Nehmen wir einmal an, unsere Beziehung wäre nicht gut gegangen. Für mich wäre das – vom Imagefaktor her gesehen – weniger riskant gewesen als für meinen Partner. Er ist mit der – von der Presse erzwungenen – Offenlegung unserer Beziehung ein Mordsrisiko eingegangen, und das wusste ich auch. Das ist ein erheblicher Druck. Bis heute! Wir haben das beide am Anfang etwas unterschätzt. Wir dachten, das gäbe höchstens ein halbes Jahr Wirbel, dann sei das vorbei. Doch weit gefehlt. Diese Kombination »Manager und Fernseh-Frau« ist offenbar weit nutzbarer für die Medien – auch auf Dauer – als wir vermuteten. Das führt heute dazu, dass wir auf kaum eine Veranstaltung gemeinsam gehen, dass wir uns in Deutschland möglichst nirgends sehen lassen, wo es Fotografen gibt.

Eva Herman: Traurig.

Nina Ruge: Das ist nur konsequent. Jammern bringt nichts.

Eva Herman: Was genau macht die öffentliche Situation für deinen Lebensgefährten zum Problem?

Nina Ruge: Wenn ein Journalist über ihn und seine Tätigkeit recherchiert, schlägt er im Presse-Archiv unter seinem Namen nach – wenn dann zuallererst fünf BILD am Sonntag-, fünf »Gala«- und drei »Bunte«-Artikel aufgelistet sind, dann liegt die Versuchung nahe, ihn als Partygänger zu kategorisieren und nicht als Spitzenmann der Automobilindustrie. In der Wirtschaft ist man öffentlichkeitsscheu. Das gehört zum Berufsethos.

Eva Herman: Ist es wichtig, dass dein Partner auch ein Ruhepol für dich ist?

Nina Ruge: Klar.

Eva Herman: Wenn du aus dem Job kommst und ins Privatleben gleitest, schaltest du einen anderen Gang ein?

Nina Ruge: Ich versuche als erstes, die »To Do«-Zettel aus meinem Hinterkopf fortflattern zu lassen. Aber ich liebe meine Arbeit auch sehr – und lebe so in meiner Arbeit, dass ich mir fast jeden Abend sagen kann: Das war ein richtig guter Tag, auch wenn ich »nur« gearbeitet habe. »Sei dir selbst eine Insel der Zuflucht!« – das gilt für jeden Augenblick. Ich möchte nicht ausschließlich nach der Zuflucht beim anderen suchen. Das ist zwar wunderschön, wenn es sich ergibt – entscheidend ist aber, dass ich nicht darauf angewiesen bin. Ruhe, Gelassenheit, Geborgenheit muss ich bei mir selber finden. Viel schöner ist es, das anderen weiter zu geben. Für mich gilt das auch in der Liebe. Ich verschenke sie und ich frage nicht, was ich zurückbekomme. Na ja – wenn ich am Vertrocknen bin, dann frage ich natürlich …

Eva Herman: Ist und war für dich finanzielle Unabhängigkeit wichtig?

Nina Ruge: Ja, außerordentlich. Ich war noch nie in meinem Leben von einem Mann finanziell abhängig.

Eva Herman: Du könntest es dir wahrscheinlich auch nicht vorstellen?

Nina Ruge: Sehr schwer. Umgekehrt war es so. Mein Ex-Mann hatte eine Zeit lang keinen Job, was für mich aber gar kein Problem darstellte. Umgekehrt wäre es eins gewesen.

Eva Herman: Komisch, nicht?

Nina Ruge: Nein, das ist nicht komisch. Ich bin halt so. Wenn ich auf meinem ›I do my thing‹-Weg abhängig gewesen wäre von irgendjemandem, dann hätte ich meinen Weg verlassen, nicht mehr mein Ding gemacht.

Eva Herman: Hast du jemals über Kinder nachgedacht?

Nina Ruge: Das war eine ganze Zeit lang kein Thema. Aber nicht, weil ich Familie grundsätzlich ablehne, gar nicht. Ich hatte das Gefühl, noch nicht so weit zu sein in meinem Leben. Ich kannte die Welt noch nicht, und ich kannte mich noch nicht genug, um verantwortungsbewusst das geben zu können, was ein Kind braucht.

Über meine Zukunftsträume – ob mit oder ohne Kind – verliere ich kein Wort mehr, weil jede noch so vage Äußerung Schlagzeilengefahr birgt.

Eva Herman: Glaubst du, dass es für eine Karrierefrau wie dich, ich meine das positiv, schwierig ist, den richtigen Mann zum richtigen Zeitpunkt zu finden?

Nina Ruge: Ich glaube eher, dass wir so viele ›Chancen‹ haben, wie nur wenige andere Frauen. Allerdings: Nicht jeder traute sich an mich heran. Aber der war es dann eben auch nicht.

Eva Herman: Fühlst du dich beruflich am Ziel?

Nina Ruge: Nie. Aber ich fühle mich sehr zu Hause und sehr wohl. Das ist das Gefühl, das du wahrscheinlich ähnlich kennst. Das Studio ist mein Wohnzimmer, das Team eine Art hochsympathische Wohngemeinschaft. Ich freue mich jeden Tag, ›zur Arbeit‹ zu gehen.

Eva Herman: Was ist für dich der Sinn des Lebens?

Nina Ruge: Liebe zu leben. Und dazu gehört viel. Dazu gehört erst mal, liebesfähig zu werden und dazu gehört auch, sich als Teil des Kosmos zu verstehen. Aber das ist vielleicht ein bisschen zu spirituell für dieses Buch.

Eva Herman: Nein, du rennst bei mir offene Türen ein. Stehst du dem Buddhismus nah?

Nina Ruge: Ich bin auf einem Weg, der in diese Richtung führt. Ich glaube, dass mein ganzes Leben darauf hingelaufen ist, ohne dass ich das benennen konnte – und dass ich jetzt an einem Punkt bin, an dem ich spüre: es gibt nur einen Weg, wirklich glücklich zu sein. Und diesen Weg beschreibt der Buddhismus – andere ›Beschreibungen‹ gibt es natürlich auch.

Eva Herman: Glaubst du, dass durch mangelnde Präsenz und Glaubwürdigkeit der Kirchen heute Menschen auf anderen Pfaden suchen?

Nina Ruge: Ja. Ich glaube, auch wenn es nur sehr selten ausgesprochen wird, dass es eine Menge Menschen gibt, die auf einem gelassen-spirituellen Weg sind.

Eva Herman: Wie wichtig ist deine Position für deine Freunde? Nicht für die, die du schon aus Braunschweig kennst, sondern für die, die dazu gekommen sind?

Nina Ruge: Mit meinen engsten Freunden spreche ich sehr selten über Fernsehen, Promis, Galas. Die haben selbst spannende Jobs. Da gibt es keine Wertschätzungshierarchien. Wir gehen gemeinsam in Ausstellungen, wir sitzen in der Sonne oder in der Kneipe und reden. Mein Job ist eine nette schillernde Beigabe, die manche mit großen Augen bestaunen und denken: Mensch, das ist ja wirklich irre, dass die Leute sie jetzt überall erkennen und Autogramme wollen!

Ich empfinde es dagegen als völlig normal, dass mich unsere Zuschauer erkennen, schließlich bin ich seit fast dreizehn Jahren so gut wie täglich auf dem Bildschirm. Für mich gehört das genauso zu meinem Beruf wie die tägliche Zeitungslektüre. Das einzig Interessante für meine Freunde ist daran höchstens, dass sie mich auf besondere Veranstaltungen begleiten können. Das genießen sie.

Eva Herman: Stört es dich, auf der Straße erkannt zu werden?

Nina Ruge: Überhaupt nicht. Ich denke immer: Wunderbar, die Leute sehen unsere Sendung! Und meistens ist es so, dass mir die Zuschauer sehr emotional entgegen kommen; ich frage mich dann oft, womit ich das verdient habe. Schließlich ist das nur das Medium, das mir solche Popularität verleiht. Nur weil ich jeden Spätnachmittag per Fernsehschirm bei denen im Wohnzimmer sitze oder am Küchentisch, mögen die mich jetzt. Und auf der anderen Seite denke ich: Es tut mir einfach gut, obwohl sie nur die Fassade und das Abziehbild kennen.

Eva Herman: Findest du dich attraktiv?

Nina Ruge: Ich glaube, ich habe oft Ausstrahlung. Ich komme ganz häufig morgens in die Redaktion und halte mich für die Frau, die am miesesten aussieht. Meine Kolleginnen sind unheimlich nett gestylt und geschminkt, und ich weiß ja, ich werde später noch in die Maske gehen. Wenn ich dann am Abend was vorhaben sollte, wäre ich ja perfekt geschminkt. Ich bin häufig übermüdet und übernächtigt und sehe ›not very pretty‹ aus. Wenn ich gut erholt bin, dann fühle ich mich rund, und dann fühle ich mich auch schön.

Eva Herman: Wie wichtig ist denn Schönheit für dich?

Nina Ruge: Immer weniger. Ich meinte früher, immer auch privat dem Bild entsprechen zu müssen, das von mir über den Schirm geht. Da habe ich mich tagsüber geschminkt und geschaut, dass ich immer einigermaßen perfekt aussehe. Insgeheim hatte ich oft die Befürchtung, dass jemand denken könnte: Huch, die ist ja in Wirklichkeit viel weniger schön als auf dem Fernsehschirm.

Heute ist das für mich eine Befreiung, dass ich mit Brille und mit Zottelhaaren rumlaufe, und es macht mir nichts aus. Gar nichts. Es macht mir nichts mehr aus, bei einem Vorgespräch für irgendeine große Veranstaltung unter Probenlicht auf eine große Leinwand projiziert zu werden und auszusehen wie Draculas Tochter. Dann weiß ich genau, was in den Anwesenden vorgeht. Die denken alle: Ach, so sieht die in Wirklichkeit aus! Ist ja auch nur so ein verhuschtes Mäuschen. Und dann denke ich – und kichere innerlich: Genau, so sieht die aus!

Eva Herman: Würde für dich ein Lifting infrage kommen?

Nina Ruge: Ja, ich kenne so viele Frauen, die das auf eine behutsame Art gemacht haben, und die sehen Klasse aus. Ich würde es sofort machen, wenn mir etwas zu sehr hängen würde. Offensichtlich halte ich den Kopf falsch, denn ich habe mal einen Schönheitschirurgen gefragt, was ich mit diesem angehenden Doppelkinn machen soll. Er meinte: »Du musst noch nicht operieren, du musst nur den Kopf anders halten.« Na, ich befürchte, irgendwann wird das nicht mehr reichen.

Eva Herman: Welche Bedeutung hat denn das Alter für dich?

Nina Ruge: Meine Mutter sagte mir immer: »Irgendwann im Leben spürst du die Geburt des Todes.« In mir ist er geboren. Ich fühle mich jetzt endlich. Und ich erlebe es sehr intensiv, wenn in meinem Bekanntenkreis Menschen krank werden und sterben. Das Gefühl, alle Zeit der Welt zu haben, ist verloren gegangen. Das macht das Leben viel intensiver. Ich habe früher recht kurzatmig gelebt, und heute spüre ich intuitiv immer stärker die wichtigen Dinge. Von unwichtigen Dingen lasse ich mich nicht mehr blenden. Das ist ein großes Geschenk, das das Älterwerden mit sich bringt.

Eva Herman: Gerade in dieser glamourösen Welt.

Nina Ruge: Ja. Wenn Frauen mit Anfang zwanzig dastehen, außergewöhnlich attraktiv und mit dieser Chuzpe und unschuldigen Arroganz der Jugend, die ich auch hatte, und denken: Schau dir mal diese Tussi an, die hat bald im Fernsehen keine Chance mehr. Dann fühle ich mich doch schon sehr methusalemmäßig. Das ist ja auch Realität. Aber tauschen möchte ich um nichts in der Welt. Nur schade, dass alles morgen vorbei sein kann.

Eva Herman: Hast du Angst vor dem Alter?

Nina Ruge: Nein. Nicht, wenn ich so weiterlebe, das Gefühl habe, nichts zu bereuen. Angst habe ich vor diesem Verfall, vor dem körperlichen Verfall. Je besser es dir im Kopf und im Herzen geht, desto schlechter geht es deinem Body. Nicht sehr prickelnd … doch es gibt ja Menschen, die im Alter blühen.

NINA RUGE

Moderation des täglichen ZDF-Unterhaltungsmagazins »Leute heute«.

Biographie:

1956 Geboren in München · Abitur · Studium der Biologie und Germanistik für das höhere Lehramt in Braunschweig · 1983 bis 1987 Referendariat, Studienrätin an einem Gymnasium in Wolfsburg. Private Schauspielausbildung. Beiträge für den Hörfunk des NDR. Aufgabe des Schuldienstes. Script- und Regieassistentin bei Spielfilmproduktionen für Kino und TV sowie redaktionelle Mitarbeit im Familienprogramm des SFB · 1988 Redakteurin bei RIAS TV. Moderation bei RIAS TV: »Abendjournal« und »Frühstücksfernsehen« · seit 1989 Tätigkeit für das ZDF · 1989 bis 1994 Co-Moderation des ZDF-»heute journal«. Moderation des RIAS TV »Frühstücksfernsehen« bis 1991. Moderation bei Deutsche Welle TV Auslandsfernsehen: »Standpunkte« und »Boulevard Deutschland« ab 1991 Moderation bei 3sat: »Sonntagsshow«, »Newsquiz« und »Tagesgespräch« · 1994 bis 1996 ZDF-Moderation: »heute nacht« und »tele-zoo« Moderation bei Deutsche Welle TV: »tv journal« · seit 1995 UNICEF-Botschafterin · seit 1996 Moderation bei 3sat: »Ruge, neunzehnZehn« · seit 1997 Moderation beim ZDF: »Leute heute« · seit 1998 Moderation bei 3sat: »Classic Cuts« · seit 2000 Moderation beim ZDF: »V.I.P. Stars and Stories« Moderation bei Klassik Radio: »Klassik Leute«

Veröffentlichungen:

1997 »Achtung Aufnahme – Erfolgsgeheimnisse berühmter Moderatoren«

Nina Ruge lebt in München.

Petra Schürmann

Sie war einmal Miss World. Ein Titel, der ihr Ruhm, aber auch eine Menge Ärger einbrachte.

Trotz aller Erfolge, die sie durch ihr abgeschlossenes Studium und auch als Journalistin und Moderatorin erzielt hat, war sie häufig »nur« die Schönheit Petra Schürmann. Das schmerzt die immer noch »bildschöne« Frau bis zum heutigen Tag.

Die wenigsten wissen, dass ihre Doktorarbeit über Nietzsche fast fertig war, als sie als Moderatorin beim Fernsehen zu arbeiten begann. Nach kurzer Zeit war sie vom Bildschirm nicht mehr wegzudenken und ihre Karriere verlief steil bergauf. Vielleicht wäre es in Hollywood so weitergegangen, wenn sie zu einem ernsthaften Angebot aus dem Land der unbegrenzten Möglichkeiten ja gesagt hätte.

Das tat sie aber nicht, denn sie wollte in ihrer Heimat bleiben und eine Familie haben.

Der Mann, der sich dann in sie verliebte, veränderte ihr ganzes Leben. Denn er war zu diesem Zeitpunkt verheiratet, mit einer berühmten TV-Kollegin.

Heutzutage ist man, was solche Konstellationen betrifft, einiges gewöhnt und die Öffentlichkeit reagiert meist gelassen. Damals jedoch war es ein Skandal! Ein Skandal, der schwerwiegende Konsequenzen haben konnte.

In unserem Gespräch schildert die Moderatorin, auf welche abwegigen Ideen einige Leute kamen, um ihr die so genannte bürgerliche Moral näher zu bringen.

Und sie erzählt, wie es ihr bis zur Geburt ihrer Tochter gelang, die Schwangerschaft geheim zu halten und welche guten Gründe es seinerzeit dafür gab.

Eva Herman: Was ist typisch für deinen Beruf?

Petra Schürmann: Das Wesentliche ist Kreativität. Kreativität, die nicht ausufern darf, sondern die immer wieder moderat in einen Rahmen gebracht und auch dargestellt werden muss. Das heißt, du brauchst eine ungeheure Disziplin, wenn du es richtig machen willst.

Das erzähle ich häufig jungen Leuten, die gerade erst anfangen. Man schickt auf unverantwortliche Weise junge Menschen vor die Kamera, die dazu gar nicht im Stande sind, weil oft der Hintergrund fehlt. Früher hat man Talente entdeckt, aufgebaut, gepflegt und immer wieder korrigiert.

Eva Herman: Welche Anforderungen wurden an dich gestellt, als du Moderatorin wurdest?

Petra Schürmann: Das war eine zwiespältige Sache, fast zwielichtig, würde ich sagen. Ich kam von der Uni, jeder wusste das. Inmitten einer Arbeit über Hegel für das Hauptseminar wurde über mich ein Porträt gemacht. Titel: Prominente von gestern, und was sie heute machen. Da war ich im zarten Alter von einundzwanzig und schon von gestern. Das lag natürlich an der Misswahl. Und dann sagte man: »Fabelhaft, die hat ja ein richtiges Studium absolviert, die nehmen wir jetzt als Ansagerin.«

Eva Herman: Um welches Studium handelte es sich?

Petra Schürmann: Philosophie als Hauptfach, Theologie als erstes Nebenfach, dann habe ich gewechselt zu Amerikanistik, und das dritte Fach war Kunstgeschichte.

Was mich bis heute kränkt, ist, dass Männer karrieremäßig an mir vorbeischossen, ohne jemals eine Uni von innen gesehen zu haben. Die waren nur rotzfrech und hatten sehr viel Selbstbewusstsein, was mir leider völlig abging. Ich musste mich immer beweisen. An der Uni war das ganz genauso. »Was will denn diese dahergelaufene Schönheitskönigin?«, hieß es häufig. »Die soll erst einmal zeigen, was sie kann.«

Eva Herman: Wann wurdest du Schönheitskönigin?

Petra Schürmann: Gleich nach dem Abitur.

Eva Herman: Hättest du damals gern politische Sendungen moderiert?

Petra Schürmann: Ja, mit Leidenschaft. Ich habe mich schon immer für Politik interessiert. Und wenn ich Sabine Christiansen sehe, dann denke ich mir manchmal, genau das wäre es gewesen. Aber da war überhaupt nie eine Chance. Erst mal jahrelang nicht, weil wir einen Redaktionsleiter hatten, der immer sagte: »Seid schön, und haltet den Mund. Ihr seid die Visitenkarte des Senders, und darüber geht es nicht hinaus.« Und ich sagte: »Aber man muss doch mal was beweisen können!« Dann kam sein Nachfolger und der meinte: »Ja, dann versuchen Sie es einfach mal, und Sie wissen schon: Frauen müssen dreimal besser sein als Männer.«

Eva Herman: Und hast du es versucht?

Petra Schürmann: Ich habe es sofort versucht. Und es lief gut, obwohl männliche Kollegen das gar nicht so gern sahen.

Eva Herman: Wärst du denn, ohne »Prominente von gestern« gewesen zu sein, überhaupt zum Fernsehen gekommen?

Petra Schürmann: Nein, sicher nicht.

Eva Herman: Also liegt es letztlich an der Misswahl, dass man überhaupt auf dich aufmerksam wurde?

Petra Schürmann: Ja.

Eva Herman: Glückliches Schicksal einerseits und Fluch andererseits?

Petra Schürmann: Fluch würde ich jetzt mal nicht sagen. Dazu ist das Ganze zu banal, aber eine Art von Handikap, so würde ich es vielleicht nennen.

Eva Herman: Handikap deswegen, weil schöne Frauen nichts im Kopf haben können?

Petra Schürmann: Nun, ich habe zum Glück was im Kopf. Aber damals habe ich auch nichts gegen das Klischee ausrichten können. Auch nicht, als ich zum Beispiel die beste Hegel-Arbeit des Hauptseminars bei Professor Kuhn schrieb. Ich habe mich dreieinhalb Wochen eingeschlossen und habe nur von abgepacktem Brot, Milch und Eiern gelebt und ab und zu mal eine Birne oder einen Apfel gegessen.

Eva Herman: Wie lautete der Titel der Arbeit?

Petra Schürmann: »Der Begriff der Versöhnung bei Hegel.« Professor Kuhn war Vorsitzender des Deutschen Philosophenverbandes und mein Professor an der Uni und später dann mein Doktorvater. Er sagte, das hat sie toll gemacht. Doch die Studenten, die Kommilitonen schrien gleich: »Wer weiß, wer die Arbeit gemacht hat. Sie soll es in einem Kolloquium beweisen, dass sie es kann.« Und Kuhn fragte mich: »Trauen Sie sich das zu?« Dann habe ich gesagt: »Wieso sollte ich mir das nicht zutrauen? Die Materie ist mir bekannt.« Und dann sagte er: »Nein, das meine ich gar nicht. Vor diesen missgünstigen Kommilitonen, das ist es.« Ich habe es gemacht, und die waren ziemlich blamiert. Insofern auch deshalb, weil Professor Kuhn mir dann eine Doktorarbeit angeboten hat, die ich leider bis heute da liegen habe. Obwohl ich bereits eine von ihm abgenommene Gliederung gemacht hatte. Die Arbeit stand in den Grundfesten, sagen wir mal.

Eva Herman: Ist Professor Kuhn dein Mentor gewesen?

Petra Schürmann: Überhaupt nicht. Nein, in dem Sinne nicht. Ich habe die Doktorarbeit von ihm bekommen, aber es war ein Gummithema und frech wie ich damals war, habe ich an Karl Jaspers geschrieben. Nie auf eine Antwort hoffend, habe ich ihm meine Sorgen in Sachen Doktorarbeit unterbreitet, und er hat auf Dünndruckpapier, das war damals eine Sensation, und mit einer Typenradschreibmaschine in gotischer Schrift zurückgeschrieben. Hinreißend. Ja, und dass er mich natürlich, logischerweise nicht betreuen kann, weil er habe ja auch andere Aufgaben und viel zu tun, aber er möchte doch den Mut einer jungen Studentin belohnen und mir sofort antworten. Das war für mich sehr wichtig.

Eva Herman: Wer beeinflusste dich in deiner Kindheit und Jugend?

Petra Schürmann: Ganz eindeutig meine Eltern. Meine Mutter war eine Frau, die sich nicht damit zufrieden gab, einfach nur Hausfrau zu sein. Sie hat sich immer weitergebildet und war vor allen Dingen der Auffassung, dass sie ihre zwei Töchter genauso wie den Bub, ihren Jüngsten, unbedingt durch Schule, Abitur und Studium bringen wollte. Unter allen Umständen. Dafür hat sie alles gemacht. Sie hatte einen unglaublichen Charme. Und wenn es mal in der Schule kriselte, dann machte sie sich hübsch, ging hin und redete so lange mit den Lehrern, bis sie ihr völlig verfallen waren und uns nochmal eine Chance gaben. Das war einfach eine Sensation, und dann hatte ich einen Vater, der nicht nur ein unglaublich schöner Mann war, er hatte auch eine ungeheure Souveränität.

Eva Herman: Was machte dein Vater beruflich?

Petra Schürmann: Er war Direktor eines Siemens-Werkes, das Kabel herstellte. Die beiden waren sich über die Kindererziehung total einig. Meine Mutter musste das im Alltag ausbaden, wogegen mein Vater die prinzipiellen Sachen untermauert hat. Und beide waren der Ansicht, man muss die Talente der Töchter genauso fördern wie die von Söhnen.

Eva Herman: Ist Disziplin etwas, das du mit auf den Weg bekommen hast?

Petra Schürmann: Disziplin kann man leider nicht erben, aber das Gespür dafür vielleicht. Meine Eltern jedenfalls hielten sehr viel von der Disziplin im Denken.

Eva Herman: Was bedeutet Disziplin im Denken?

Petra Schürmann: Dass du dich am Riemen reißt, analytisch denkst und gedanklich nicht alles in Kraut und Rüben schießen lässt. Eine Reinigung der Gedanken und auch der Kreativität. Ein Beispiel: Ich habe als Kind getanzt, fühlte mich immer ein bisschen als Zigeunerin und fand das ganz herrlich. Und dann hat meine Mutter mich so angewidert angeschaut und gesagt: »Geh doch nicht so aus dir raus, das ist ja überhaupt nicht damenhaft.« Der Zwiespalt gehört zu meinem Leben. Ich hatte immer kleine, nicht bedeutende musische Talente, anderseits eine gewisse Disziplin im Denken. Wo alle anderen sagten: »Um Gottes Willen. Nein, das ist zu schwierig und zu verzwickt.« Das war für mich genau wunderbar. Seltsamerweise hat mich das Talent zum logischen Denken im Mathematik- und Physikunterricht völlig im Stich gelassen.

Eva Herman: Und außerhalb deines Elternhauses? Wer konnte dich beeindrucken?

Petra Schürmann: Ich kann mich noch an das Entsetzen meiner Eltern erinnern, als ich als Wahlfach in den letzten beiden Schuljahren statt Religion Philosophie genommen habe. Jetzt musst du dir vorstellen, du kommst nach Hause, Religion war das wichtigste Fach überhaupt, und ich nehme Philosophie! Erstens lag es mir ungeheuer, und dann war ich kein Mensch, dem du sagen konntest: »Das musst du einfach glauben, das ist Glaubenssache!« Genau das wollte ich nicht. Und wir hatten einen Philosophielehrer, der mich ungeheuer beeindruckt hat.

Eva Herman: Wie sieht es denn heute aus mit deinem religiösen Verständnis?

Petra Schürmann: Es ist sehr viel besser geworden. Ich habe eine schwierige Phase gehabt, als meine Tochter Alexandra klein war und ich uns ja allein ernähren musste. Damals kriegte ich plötzlich vom Finanzamt eine ungeheure Nachforderung und zur gleichen Zeit auch vom Katholischen Kirchensteueramt. Und dann habe ich mit dem Finanzamt verhandelt. Das Finanzamt hat viel menschlicher reagiert als das Kirchensteueramt. Letztere haben mir gesagt, es ging immerhin um dreißigtausend Mark, »Das ist uns wurscht, wo Sie das her kriegen. Sie zahlen, sonst wird gepfändet.«

Eva Herman: Welchen Beruf würdest du heute ausüben, wenn du damals nicht als Prominente aufgefallen wärst?

Petra Schürmann: Dann wäre ich heute wahrscheinlich Studienrätin, oder ich hätte journalistisch gearbeitet.

Eva Herman: Hattest du für deinen Beruf Vorbilder? Frauen, die du verehrtest?

Petra Schürmann: Soll ich dir mal etwas Furchtbares sagen? Es gab noch keine Frauen, die da irgendetwas bewegt hätten in diesem damals noch ziemlich neuen Medium. Ich werde nie vergessen, dass ich, als das Farbfernsehen aufkam, in Berlin bei der Funkausstellung zusammen mit Willy Brandt auf den roten Knopf drücken durfte. Victoria Voncampe war auch mit dabei. Das war unsere Funktion, und darauf hatten wir uns einfach einzustellen. Dekoration zu sein und nicht mehr.

Eva Herman: Du bekamst damals ein uneheliches Kind. Wie reagierte das Umfeld? Und welche Probleme hattest du?

Petra Schürmann: Es ist ja heute absolut Mode, ein Kind zu bekommen und den Vater nicht zu nennen. Das ist Mode geworden, und es stört mich zutiefst!

Eva Herman: Warum?

Petra Schürmann: Weil es, wie gesagt, Mode ist, ein Gag, um sich interessant zu machen. Und übrigens: Warum soll man den Vater nicht nennen? Es sind ja nicht Situationen wie früher, wo du praktisch auf dem Scheiterhaufen gelandet bist, wenn du mit einem verheirateten Mann zusammen warst. Alle haben dich verdonnert. Aber mein Kind war auf der anderen Seite eine ungeheure Kraft, und ich werde nie die Zeit vergessen, als ich schwanger war – eine glückliche Zeit. Ich wollte einfach ein Kind. Es war kein Unglück oder irgendwas Zufälliges. Ich wollte um diese Zeit ein Kind. Und ich hab gedacht, jetzt bin ich reif dafür und ... ich stehe heute noch auf dem Standpunkt, dass es eine ganz große Tragik im Leben einer Frau ist, wenn sie kein Kind kriegen kann. Weil sie dann ein Glück nicht kennen lernt, das für mich überhaupt das allerhöchste ist, in meinem gesamten Leben. So, um zurückzukommen auf diese Schwangerschaft. Ich ging damit zu meinem Fernsehdirektor. Immer wenn ich in Bezug auf etwas fürchterliche Angst habe, dann begebe ich mich direkt in die Situation hinein. Weil es keine andere Chance gibt, es zu überwinden, als nur die. Und ich bin zu ihm gegangen, es war unser geliebter Dr. Münster, und er hat gesagt: »Ich verstehe die Problematik nicht! Wovor haben Sie Angst? Haben Sie Angst, dass Sie Ihre Figur verlieren?« Ich habe viel gemodelt damals. Ich sagte: »Nein! Ich habe einfach Schiss. Hier vor Ihnen, vor den Fernsehkollegen und was weiß ich ...«

Eva Herman: Vor den Zuschauern auch?

Petra Schürmann: Ja, ein bisschen auch vor den Zuschauern, weil ich ja nicht wusste, wie sie reagieren. Und sie haben zum Teil auch sehr negativ reagiert. Und dann sagte er zu mir: »Entschuldigung. Wollen Sie mich beleidigen? In welchem

Jahrhundert sind wir denn eigentlich?« Und das hat mich getröstet. Ich wäre ihm am liebsten um den Hals gefallen. Und dann hat er noch gesagt: »Und ich finde es dennoch ganz toll, dass Sie zu mir kommen. Weil ich Sie nur so, mit dieser Kenntnis schützen kann, wenn jetzt die Neider von allen Seiten kommen.«

Eva Herman: Die Situation war schwierig, weil du nicht verheiratet warst, und der Vater des Kindes …

Petra Schürmann: War verheiratet! Und darauf musste und wollte ich auch Rücksicht nehmen. Das war eine Absprache, weil schon zwei kleine Kinder da waren. Ich hab gesagt: »Es geht nicht, es muss alles so bleiben, wie bisher, bis die Kinder groß genug sind, dass man es ihnen zumuten kann.«

Eva Herman: Ahnten die Zuschauer, vor allem die Presse, wer der Vater war?

Petra Schürmann: Ich hatte überhaupt keine Probleme mit der Presse. Die haben alle etwas geahnt, wussten natürlich nichts Genaues und haben mich nicht gelöchert. Weil ich immer für die Presse da war. Ich werde nie vergessen, dass Sven Simon Springer zu mir kam und mich fotografiert hat, während nebenan das Baby weinte. Ich sagte: »Entschuldige, ich muss mal schnell raus!« Und dann hat er geantwortet: »Ich weiß schon, das Kind! Aber nachdem du es ja nun wirklich nicht willst, werde ich auch nichts schreiben.«

Eva Herman: Und wann wurde es öffentlich?

Petra Schürmann: Es kam dann irgendwie heraus, weißt du. Es war ja ganz klar. Ich meine vierzehn Tage vor der Geburt kam die »Bild«-Zeitung zu mir und sagte: »Man munkelt, dass Sie ein Kind bekommen!« Da hab ich gesagt: »Sehen Sie was? … Ist irgendwo was?« Es war wirklich nichts zu sehen.

Eva Herman: Wie hast du das denn nur gemacht?

Petra Schürmann: Es war Gott sei Dank damals Mode, hängende Kleider zu tragen, also nicht auf Figur gequält. Und dann habe ich mir gesagt: Kind, jetzt reißen wir uns zusammen, bis vorne zum Tisch, hab es an meine Wirbelsäule zurückgezogen und dann am Tisch habe ich wieder losgelassen. Aber es war wirklich auch gar nicht viel zu sehen. Das Kind war klein.

Eva Herman: Das heißt, du hast mit Sven Simon Springer ein Interview gemacht. Nebenan weinte das Kind und eigentlich …

Petra Schürmann: … war er darauf angesetzt, nicht nach Hamburg zurückzukommen, ohne eine Reportage mit mir und dem Kind.

Eva Herman: Und wie ist die Reportage ausgefallen?

Petra Schürmann: Toll! Er hat nur über mich geschrieben, schöne Frau und tolle Umgebung, kultiviert, und was weiß ich. Die tollsten Bilder gemacht. Aus!

Eva Herman: Wie erklärst du dir, dass der Springer Verlag dich schützte?

Petra Schürmann: Weil ich nicht hinterrücks war. Ich habe sie mit einbezogen, als das Kind da war. Aber ich habe an ihre Fairness appelliert. War wahrscheinlich das Gegenteil von Ernst August von Hannover, der gleich zuschlägt. Ich hab mir gedacht, es sind alles arbeitende Menschen, und die arbeiten für mich, und ich arbeite für sie.

Eva Herman: Aber als bekannt wurde, dass Gerhard Freund der Vater des Kindes ist, gab es Presseberichte.

Petra Schürmann: Es gab Presseberichte, ja. Wichtig war, wie sich meine Eltern verhalten haben. Ich habe als Erstes meinen Vater eingeweiht: In kleinen psychologischen Schritten versuchte ich es: »Ich habe etwas, worauf ich mich freue. Ich bin der glücklichste Mensch auf der Welt.« Und dann sagt er: »Lass mich überlegen. Du bekommst ein Kind.« Ich dachte: »O Gott, dieser streng katholische Vater. Was bedeutet diese Reaktion?« Er freute sich wahnsinnig. Ich hätte nicht damit gerechnet.

Eva Herman: Eigentlich ist meist der erste Weg der zur Mutter.

Petra Schürmann: Ich habe es umgekehrt gemacht, weil ich seinen Stolz nicht verletzen wollte. Er sollte der Geheimnisträger sein, der es dann ihr weiter verklickern konnte.

Eva Herman: Und was war mit ihrem Stolz?

Petra Schürmann: Sie war nicht gekränkt. Mein Vater erzählte ihr: »Wir können uns auf etwas Großartiges freuen.« Und sie erwiderte: »Petra kriegt ein Kind, das ist mir völlig klar. Ich bin doch nicht blind.« Und so hatte ich Rückendeckung. Und dann geschah die Katastrophe: Meine Mutter starb ein paar Wochen vor der Geburt meiner Tochter Alexandra, was mir zig Jahre einen Albtraum von Ausmaßen bescherte, wie ich es nicht beschreiben kann. Ich träumte immer, ich gehe mit meiner Mutter und dem Kind an der Hand spazieren, die drei Weiber in völliger Einheit ... und dann tut sich plötzlich die Erde auf, ein Riesenspalt entsteht, und meine Mutter steht auf der anderen Seite und ich kann sie nicht mehr erreichen. Ich konnte nicht mehr an sie heran. Ich weinte und schluchzte im Traum, und es tat so weh. Oder umgekehrt: Zwei verzweifelte Frauen diesseits des Spaltes und ein völlig entgeistertes Kind drüben, unerreichbar, das schrie: »Hilf mir, Mami!«

Eva Herman: Wie reagierte die Öffentlichkeit, als bekannt wurde, dass Gerhard Freund der Vater ist? Und wie alt war die Kleine?

Petra Schürmann: Zwei muss sie gewesen sein. Nee, sie war kleiner, sie war etwa ein Jahr alt. Und Sven Simon ist nochmal gekommen und hat mich mit Alexandra fotografiert. Aber er hat es nicht veröffentlicht. Es war nur für mich. Und die Öffentlichkeit? Irgendeine Zeitung hat eine Umfrage gemacht unter den Fernsehdirektoren und Intendanten. Das war schön. Ich auf dem Bild in der Mitte in einer Mandorla, ja wie in der Kirche, Mutter mit Kind, und dann immer in Medaillons die Köpfe von den Intendanten der verschiedenen anderen Rundfunk- und Fernsehanstalten und alle durch die Bank haben gesagt: »Das ist ihr Privatvergnügen, da würden wir uns nie einmischen, wir denken doch nicht mittelalterlich. Und was ist das denn überhaupt für eine spießige Auffassung?« Und so hat jeder seinen Kommentar abgegeben, nur der alte Holzamer vom ZDF, der ja auch schon mal eine Ansagerin rausgeschmissen hat, weil sie ein Babydoll-Kleid im Fasching anhatte, der war richtig bösartig: »In dem Fall hätten wir uns von ihr trennen müssen.« Es gab noch etwas anderes, es gab eine hohe Politikerin, den Namen möchte ich nicht nennen, sie hat einen Artikel über mich in der Zeitung veröffentlicht. Es wäre das Letzte von wegen Vorbildfunktion. Das hätte nie passieren dürfen und was ich mir überhaupt einbilde. Und ich wäre doch katholisch und so weiter. Darüber hat sich dann Franz-Josef Strauß so aufgeregt, dass er einen Gegenartikel schrieb. Er formulierte es so: »Ich verstehe diese bigotte Auffassung nicht, einmal ist man gegen Abtreibung, und dann bekennt sich eine mutige junge Frau zu ihrem Kind, und dann ist wiederum das falsch.«

Eva Herman: Es gab aber heftige Reaktionen von Zuschauern.

Petra Schürmann: Ja, es war ja furchtbar. Ich habe schlimme Dinge erlebt. Ich stand zum Beispiel kurz vor einer Generalansage, und dann hieß es: »Können Sie nochmal ganz schnell ans Telefon kommen.« Weißt du, was das bedeutet, eine Viertelstunde vor der Sendung? »Wir haben Ihre Tochter in unserer Gewalt.« »Ihr Kind«, das haben sie gesagt. »Ihr Kind in unserer Gewalt!« Ich war tränenüberströmt. Die ganze Wimperntusche floss, und ich beauftragte schnell jemanden, ehe ich vor die Kamera musste, zu Hause anzurufen, weil ich genau wusste, mein Vater war da. Er bot uns ungeheuren Schutz. Wie gesagt, meine Mutter war tot, und mein Vater war zu uns ins Haus gezogen. Und dann hat er gesagt, das Kind schläft, ich sitze daneben, das Haus ist verriegelt, und ich habe eine Waffe. Es kann überhaupt nichts passieren, sagen Sie es ihr noch ganz schnell. Die Kollegin gab mir dann ein Zeichen durch die Scheibe. Und ich war wieder beruhigt.

Eva Herman: Das war Bösartigkeit.

Petra Schürmann: Das war reine Bösartigkeit. Und es passierte nicht nur einmal, dass ich Autogrammwünsche erfüllt hatte und sie zurückbekam: Da waren schwarze Zungen herausgemalt aus meinem Mund und Krallen an den Händen. Ich war eine Hexe. Es war wirklich bösartig. Bis heute kriege ich solche Briefe. Dazu muss man sagen, dass ich mich immer sehr gut mit der ersten Frau von Gerhard verstanden habe, aber mit einer großen Distanz. Wir hatten gar nichts miteinander zu tun. Und ich behaupte auch jetzt noch: Wenn es in einer Beziehung nicht kriselt, kannst du nicht einbrechen.

Eva Herman: Dass diese Liebe eine starke Berechtigung hat, habt ihr ja im Laufe der vielen Jahre bewiesen.

Petra Schürmann: Ich denke, ja. Aber die Zeit war schwer. Ich hatte zum Beispiel einen Anrufbeantworter mit einer Geheimnummer. Da war jemand zu hören, der schlug mit irgendwas auf Stein und sagte dann zu mir auf dem Anrufbeantworter: »Du alte Hexe, so mache ich dich auch kalt, das ist nämlich eine Axt, mit der ich hier auf Stein schlage, und bald bist es du!« Ich hatte immer Angst um das Kind. Ich durfte eine Waffe besitzen und zwar einen Gaspatronen-Revolver. Und mein Vater hatte eine Schrotflinte. Und es geschah eines Abends, dass es im Haus knackte, irgendetwas war nicht geheuer, und mein Vater kam von unten herauf, aus seiner Wohnung. Gewehr im Anschlag. Und ich hatte die Pistole im Anschlag und wollte von oben runter. Reines Glück, dass wir nicht aufeinander geschossen haben. Weißt du was war? Nichts war. Die Heizung hatte geknackt. Da war wohl eine Luftblase drin, aber du kannst dir vorstellen, wie überreizt unsere Nerven waren in dieser Zeit, dass wir so reagiert haben. Ich glaube, wenn mein Vater nicht da gewesen wäre, hätte ich es weitaus schwerer gehabt.

Eva Herman: Wie lange lebte dein Vater bei euch?

Petra Schürmann: Acht oder neun Jahre hat er bei mir gewohnt, dann hat er zum zweiten Mal geheiratet.

Eva Herman: Lass uns auf deinen Beruf zurückkommen. Welches sind wichtige Merkmale für einen Moderator?

Petra Schürmann: Meine Meinung: Frauen sind die besseren Moderatoren. Sie sind kreativ, haben Hintergrund. Das ist das Handwerkszeug, und sie haben den Instinkt, um Dinge vor der Kamera richtig rüberzubringen. Es soll ja die Menschen erreichen, und es geht über das reine Verlesen von Nachrichten hinaus, wenn du moderierst oder Interviews führst. Ich glaube aber, dass ein Quäntchen von Brutalität, die vielleicht zu manchen Dingen gehört, dass das einem Mann besser liegt. Jemanden rücksichtslos vor der Kamera zu entlarven. Ich glaube, dass das Männer besser können, weil sie hemmungsloser sind.

Eva Herman: Was bringt dich beruflich aus der Fassung?

Petra Schürmann: Unvermögen und Arroganz. Ich habe

manchmal das Gefühl, dass die, die nicht so viel können, es mit Arroganz wettzumachen versuchen. Und da sehe ich rot.

Eva Herman: Welche männlichen Eigenschaften fehlen dir komplett?

Petra Schürmann: Machtbewusstsein. Ich hasse es.

Eva Herman: War für dich die Quotenregelung wichtig?

Petra Schürmann: Lächerlich. Wenn du über eine Quote Fähigkeiten oder Unfähigkeiten irgendeines Menschen regeln willst, das ist der Wahnsinn. Und ich finde, die Quotenregelung hat den Frauen richtig geschadet.

Eva Herman: Warum?

Petra Schürmann: Ist doch klar! Wenn du denkst, diese Person kann zwar nichts, aber wir müssen sie nehmen, weil die Quote erfüllt werden muss, weil soundso viele Frauen jetzt in der Chefredaktion herumsitzen müssen, oder wo auch immer, in Industrie, Wirtschaft, Kultur. Es ist eine Diskriminierung!

Eva Herman: Wer hat dir beruflich häufiger weitergeholfen, Männer oder Frauen?

Petra Schürmann: Männer. Immer Männer. Ich bin zwar für die Gleichbehandlung von Mann und Frau, aber ich bin überhaupt keine Feministin.

Petra Schürmann: Wie ist dein Verhältnis im Arbeitsleben zu Frauen?

Petra Schürmann: Ich komme mit Einzelexemplaren sehr gut aus. Ich komme nicht klar mit den typischen Weibchen!

Eva Herman: Gibt es Eifersüchteleien anderer Frauen dir gegenüber?

Petra Schürmann: Ja. Frauen denken, sie könnten sich gut verstellen. Das können sie aber gar nicht! Ich sehe es sofort bei einer Begegnung, und sag auch manchmal zu Gerhard oder zu Alexandra: »Schau mal, da lauert wieder eine!« Und dann wissen Frauen ja auch nicht, wie hässlich Neid macht. Das kann kein Schönheitschirurg jemals wegoperieren, diese tiefen, hässlichen Furchen von Neid und Missgunst.

Eva Herman: Warum ist es leichter, mit Männern zu arbeiten?

Petra Schürmann: Ganz einfach, weil ich mit den Waffen einer Frau arbeite, schamlos.

Eva Herman: Merken Männer das nicht?

Petra Schürmann: Sie merken nichts. Diese Erkenntnis verdanke ich übrigens meiner Mutter. Sie sagte, du musst die Menschen daraufhin abtasten, welche Schwächen sie haben. Wenn einer sehr machtbewusst ist, dann musst du ihn kitzeln, indem du das gut findest. In Wirklichkeit hast du mit Macht nichts am Hut, und findest es eigentlich zum Kotzen. Und so hat jeder Mensch sein Schloss, für das du dir den Schlüssel basteln musst. Du musst genau beobachten. Und dann, da war ich so zwanzig, sagte ich meiner Mutter: »Hör mal, es ist in deinen Augen wahrscheinlich ganz schrecklich, aber ich habe etwas entdeckt. Ich habe Macht über Menschen. Ich kann mit denen machen, was ich will.« Meine Mutter, das werde ich nie vergessen, schaute wieder angewidert: »Das vergiss aber mal ganz schnell, kein Mensch hat Macht über andere Menschen!« Aber ich hatte sie wohl doch, sagte mir mein Gefühl. Vielleicht habe ich inzwischen deshalb etwas gegen Machtbewusstsein.

Eva Herman: Du stellst dich auf die Menschen ein?

Petra Schürmann: Ja. Ich höre ihnen zu. Das ist wichtig.

Eva Herman: Aber wie genuin kannst du dabei bleiben?

Petra Schürmann: Das ist nur für die Situation! Es hat mit mir nicht viel zu tun, ich bleibe ich selbst.

Eva Herman: Wir kommen zu einem anderen Thema.

Glaubst du, dass es für Karrierefrauen spezifische Probleme bei der Partnersuche gibt?

Petra Schürmann: Spezifische Probleme auf jeden Fall. Ich bin der Meinung, dass nach wie vor der Mann es schlecht verkraften kann, wenn seine Frau im gleichen Job an ihm vorbei Karriere macht.

Eva Herman: Nur im gleichen Job?

Petra Schürmann: Ja, auf dem gleichen Gebiet, sagen wir mal. Zum Beispiel wird der erfolgreiche Arzt die noch erfolgreichere Partnerin an seiner Seite schwer verkraften können. Und dabei geht es nicht nur ums Geld, sondern darum, dass er als Mann angreifbarer ist in seiner, in seinem …

Eva Herman: Selbstverständnis?

Petra Schürmann: Vielleicht schon, ja. In seiner Sicherheit. Das klingt unglaublich, aber so könnte es sein. Er glaubt, sicher zu sein, aber es braucht nur das Leiseste zu passieren, das kleinste Ankratzen, dann ist er sofort tief verunsichert. Weil er eigentlich souverän wirken will wie ein Bulle, auch charakterlich und im Kopf. Und wenn du da auch nur ein bisschen kratzt, ist er sofort aus dem Lot.

Eva Herman: Nehmen wir mal an, du moderierst eine große Abendgala, hast Erfolg gehabt, wirst gelobt. Dein Mann reagiert aber auf dich wie jeden Tag. Ist es schwierig für dich, zu Hause auf den Teppich zurück zu müssen?

Petra Schürmann: Ja, das gibt es auf jeden Fall. Gerhard kann es nicht gut haben, wenn ich von mir selber sage, das war ein irrer Erfolg heute Abend. Das merke ich ihm an. Dann macht er so »Mh, mh, mh«, als wollte er sagen, wollen wir mal nicht übertreiben oder so. Darauf reagiert er immer leicht gequält, es ist ihm irgendwie peinlich.

Eva Herman: Wie wichtig war für dich deine finanzielle Unabhängigkeit?

Petra Schürmann: Ganz wichtig. Das habe ich mit der Muttermilch eingesogen. Meine Mutter hat immer gesagt, nie darf eine Frau von einem Mann finanziell abhängig sein. Wenn zwei souverän sind, dann ist es wunderbar, aber stell dir mal vor die Demütigung, ich müsste zu einem Mann hingehen und sagen: »Jetzt rück mal Kohle raus, ich brauche was zum Anziehen.« Es reißt mich, wenn ein Mann sagt: »Ja, meine Frau wollte unbedingt dahin, schon allein damit sie sich mal wieder ein Kleid kaufen kann, und dann hat sie gesagt, du willst doch nicht, dass ich mich blamiere vor deinen Kollegen.« Das ist unvorstellbar für mich.

Eva Herman: Trauen sich Männer an dich heran?

Petra Schürmann: Ja, schon. Aber ich habe es noch nicht fertig gebracht, Gerhard zu betrügen.

Eva Herman: Es gibt eine Untersuchung, die besagt, dass Männer am meisten Angst vor selbstbewussten Frauen haben. Worin liegt der Unterschied zwischen diesen Frauen und dir?

Petra Schürmann: Dass ich wahrscheinlich nie vergessen habe, Frau zu sein. Und wenn ich einem Mann begegne, mit dem ich nicht beruflich zu tun habe, bin ich Frau. Ich finde es reizvoll, dass wir unterschiedlich geschaffen worden sind. Das Andersartige im Mann ist faszinierend, ich will ja nicht »gleich« mit ihm sein. Ich will nur gleich behandelt werden. Also mit der gleichen Würde, mit dem gleichen Respekt. Aber das Schönste im Zusammensein von Mann und Frau ist, dass der Mann komplett anders konstruiert ist als die Frau.

Eva Herman: Gibt es Punkte, auf die du im Dialog mit Männern bewusst verzichtest?

Petra Schürmann: Es gibt Dinge, wo ich mich nicht durchsetzen muss. Das sind vor allem vorgefertigte Urteile, die manche in der Diskussion anführen. Das würde ich aber bei Frauen ganz genauso sehen. Und dann denke ich mir: Bis hierher und nicht weiter! Eine Diskussion muss fruchtbar sein. Wenn die in eine Sackgasse kommt, ob das mit einem Mann oder einer Frau ist, dann verzichte ich lieber.

Eva Herman: Bist du eifersüchtig?

Petra Schürmann: Ja, ich bin rasend eifersüchtig, von Haus aus. Das habe ich auch nie gelernt abzustellen. Und es gibt Situationen, gerade weil ich in der Öffentlichkeit stehe, da machen sich Frauen an Gerhard ran, die sagen: »Petra Schürmann ist seine Frau. Mal schauen, ob wir die nicht austricksen können.« Sie legen es richtig drauf an, den Mann zu knacken. Wenn es dumme Puten sind, ist es mir eigentlich wurscht. Aber wenn es tolle Frauen sind, wird es schwierig.

Eva Herman: Du hattest zum Zeitpunkt der Geburt deines Kindes bereits Karriere gemacht. Stagnierte sie dann?

Petra Schürmann: Sie stagnierte erheblich. Um zu Hause sein zu können, schrieb ich mein erstes Buch. Da war Alexandra fünf. Und dann stand sie eines Tages vor mir, weil ich zwar im Haus war, aber eigentlich nicht vorhanden. Sie stampfte mit den Füßchen und sagte: »Weißt du was? Dieses Buch macht alles kaputt. Die ganze Liebe einer Mutter zu ihrem Kind!«

Eva Herman: Bist du der Meinung, dass die drei berühmten Ks, Kind, Karriere und Küche, gleichwertig unter ein Dach zu packen sind?

Petra Schürmann: Eins bleibt immer auf der Strecke, das ist überhaupt keine Frage. Und ich muss sagen, dass ich es eigentlich eine ungeheure und nicht zu fassende Anforderung an Frauen finde, dass man alles von ihnen verlangt. Beruflich sollen sie top sein, und ebenso als Mutter, Partnerin und Hausfrau. Verlange das mal von einem Mann. Aber es ist ebenso wahnsinnig, wenn eine Frau von einem gnadenlosen Mann geschieden wird und mit den Kindern dasitzt, und ihm ist das scheißegal, wie sie durchs Leben kommen.

Eva Herman: Hat sich deine berufliche Zielsetzung durchgesetzt?

Petra Schürmann: Ich habe immer von der großen Abendshow geträumt am Samstagabend, die es ja überhaupt nicht mehr gibt, außer »Wetten dass!«. Aber ich war mir immer auch schon der Grenzen bewusst, dass du als Frau auch nicht zweideutige Bemerkungen machen oder Witze reißen kannst. Ein Stefan Raab, der ja als das zukünftige Entertainment-Talent gepriesen wird, der kann so etwas machen. Nur stelle dir mal eine Frau in der gleichen Situation vor. Ausgeschlossen!

Eva Herman: Was geht einer Frau verloren, wenn sie keine Kinder hat?

Petra Schürmann: Das Gros der Frauen, die keine Kinder haben, wird wunderlich ab einer bestimmten Zeit. Schau, in einer Familie, ob Mann oder Kind, kritisieren sie dich. Sie entdecken auch frühzeitig Macken oder merkwürdige Sachen, Gewohnheiten, die einfach idiotisch sind. Die sich einschleichen, einschleichen müssen, weil du sie gar nicht mitkriegst. Und da finde ich es sehr wichtig, dass man jemanden hat, der nicht ätzend, sondern konstruktiv kritisch ist. Und abgesehen vom Glück, von den Freuden sind Kinder, trotz aller Schwierigkeiten, einfach das Leben!

Eva Herman: Wie wichtig ist Aussehen? Für deinen Job, für dich?

Petra Schürmann: Aussehen ist für mich immer wichtig gewesen, und ich tue die meisten Dinge nicht für den Job und nicht für die Öffentlichkeit, sondern für mich. Ich könnte mich im Spiegel nicht anschauen, wenn ich dick wäre und wenn ich nicht gepflegt wäre. Nur für mich! Und ich sage dir, wenn man sein Leben lang nichts für sich selbst tut, sondern für andere und immer eine Rolle spielt, dann ist es eine Qual. Für mich ist es keine Qual, ich spiele keine Rolle, am allerwenigsten vor mir selbst, denn das ist Selbstbetrug!

Eva Herman: Welche Bedeutung hat für dich das Alter?

Petra Schürmann: Es ist für mich das Selbstverständlichste von der Welt. Wir alle werden älter, und ich verstehe die Frage eigentlich nicht: »Wie werden Sie mit dem Alter fertig?« Ich habe keine Probleme damit. Das wird immer nur von außen an dich herangetragen. Das Altwerden gehört zum Leben dazu. Es fragt dich doch keiner: »Welche Bedeutung hatte für Sie die Geburt?«

Eva Herman: Woran liegt es, dass viele Menschen Probleme damit haben?

Petra Schürmann: Es wird, wie gesagt, viel von außen herangetragen und wenn das täglich passiert, ist man eines Tages wirklich deprimiert.

Eva Herman: Werden wir manipuliert?

Petra Schürmann: Wir werden erheblich manipuliert. Mit dem unglaublichen Jugendfimmel. Das ist absurd. Amerika hat längst davon Abstand genommen. Selbst bei Astronauten nehmen sie Fünfzig-, Sechzigjährige, weil sie die größere Lebenserfahrung haben. Und wenn du in Amerika Television siehst, sind die Protagonisten lauter grauhaarige oder mindestens etwas Ältere. Sie haben doch erst das richtige Format und Souveränität.

Eva Herman: Was ist für dich der Sinn des Lebens?

Petra Schürmann: Ich glaube, Kinder sind der Sinn des Lebens. Der Sinn des Lebens oder ein großer Teil jedenfalls. Nicht ausschließlich, sonst würdest du allen Unrecht tun, die keine Kinder haben.

Eva Herman: Was gehört noch dazu?

Petra Schürmann: Du liegst in der Wiege und hast Talente mitbekommen, der liebe Gott hat außerdem dein Äußeres geprägt. Ein Genpuzzle ohnegleichen setzt sich zusammen. Ich finde, man hat, wenn das Leben einen Sinn haben soll, die Verpflichtung, etwas aus sich zu machen. Es ist ein schöpferischer Auftrag. Es hat etwas mit Schöpfung zu tun, dass du aus dir einen Menschen machst, eine Persönlichkeit. Ich glaube, das ist der eigentliche Sinn des Lebens und wenn du dich dann noch fortsetzt und es dir mit einem Kind nochmal gelingt, dann ist das ein Stückchen Himmel auf Erden.

Petra Schürmann

Freiberufliche ARD-Moderatorin, hauptsächlich für den Bayerischen Rundfunk tätig.

Biographie:
Geboren in Mönchengladbach · 1955 Abitur · 1956 Studium der Philosophie und Kunstgeschichte · 1956 Wahl zur Miss World · Ausbildung zur Journalistin · 1964 Beginn der Fernsehkarriere als Ansagerin und Moderation beim Bayerischen Rundfunk · 1966 Doktorarbeit über Nietzsche (unvollendet)

Preise und Auszeichnungen:
Christopherus Preis · Bayerischer Verdienstorden · Goldene Feder

Veröffentlichungen:
1975 »Knaurs Mädchenbuch. Das Abenteuer, erwachsen zu werden« · 1987 »Das große Buch der Kosmetik und Körperpflege. Schön und gepflegt von Kopf bis Fuß« · 700 Kolumnen im Münchner Merkur · »Frau im Rückspiegel«, Taschenbuch

Petra Schürmann ist verheiratet und lebt am Starnberger See. Wenige Monate nach dem Interview verunglückte ihre einzige Tochter Alexandra tödlich.

ULRIKE WOLF

Ulrike Wolf empfing mich in ihrem hellen, geräumigen Büro im Dresdner Funkhaus. Wir hatten uns einige Jahre nicht gesehen und sie hatte sich kaum verändert.

Schon früher, als sie als Tagesthemen-Moderatorin und später als NDR-Chefredakteurin in Hamburg arbeitete und ich sie häufiger im Funkhaus traf, war mir ihr feines Lächeln aufgefallen, das ihr stets den Ausdruck verlieh, ein wenig belustigt zu sein und die Dinge des Lebens nicht allzu tragisch zu nehmen.

Das Lächeln war geblieben.

Aus Zeitungsartikeln wusste ich, dass die studierte Journalistin Mutter dreier Kinder ist, die inzwischen erwachsen sind und zum Teil auch in den Medien arbeiten.

Dass sie ihre Karriere und die große Familie unter einen Hut bekommen hatte, weckte meine Neugier. Im Laufe des mehrstündigen Gespräches erfuhr ich von Frau Wolf, welchen Kraftaufwand und persönlichen Verzicht das bedeutet hatte. Aber auch, welche Bereicherung die Kinder für ihr Leben waren und sind.

Organisation, heißt ihr Zauberwort. Ihr Rat an alle jungen Frauen, die Karriere und Kind wollen: Eine fundierte Ausbildung ist unabdingbar.

Und falls die ersehnten Kinder erst nach den ersten Karrieresprüngen kommen, sollte man zumindest versuchen, immer ein Bein »drin zu behalten«.

Die Entscheidung, was für sie wichtiger ist, müsse jedoch jede Frau für sich selbst treffen.

Eva Herman: Sie arbeiten als Medienfrau in führender Position, waren neben Hajo Friedrichs lange Jahre Tagesthemen-Moderatorin. Welche charakteristischen Merkmale sind dafür erforderlich?

Ulrike Wolf: Zunächst einmal bin ich von der Pieke auf Journalistin. Für diesen Beruf muss man neben dem Handwerkszeug große Lust und Freude mitbringen. Man muss neugierig sein. Auf Menschen zugehen können, Menschen kennen lernen, Ereignisse reflektieren, sich für das Geschehen in seiner Umgebung interessieren und dann darüber berichten wollen. Ich hab sicher nicht zielgerade daraufhin gesteuert. In der Schulzeit war ich in Deutsch gut, das war mein Lieblingsfach, Mathematik war Mist. Dann schrieb ich bereits in der Schule für Zeitungen kleine Theaterkritiken, und ich spielte in einer Laienspielgruppe mit.

Es war also etwas wie, in gutem Sinne gesehen, Exhibitionismus vorhanden. Das muss sicher auch so sein. Auf einer Bühne zu stehen, eine Rolle zu spielen und die Menschen sehen einem dabei zu, daran muss man Spaß haben.

Eva Herman: Wie wurden Sie Journalistin?

Ulrike Wolf: Durch einen Zufall! Ich wollte alles Mögliche werden, und damals ging das auch noch; wir konnten jedes Fach studieren. Es gab keinen Numerus Clausus. Wir hatten Unterlagen angefordert über Berufe wie Dolmetscher, Rechtspfleger, Schauspieler, das Jurastudium interessierte mich auch. Mein Vater sagte dann, wenn du zusagst, Lehrerin zu werden, kannst du ja studieren, aber sonst nicht.

Da ich so blöd war und ihm nicht zugesichert hatte: Ja, ja ich werde Lehrerin, kam er eines Tages aus der Stadt zurück, hatte mit unserem Lokalverleger gesprochen, und berichtete mir: »Der Mann braucht eine Volontärin, red doch mal mit ihm!« Das habe ich dann getan. Es handelte sich um eine

Kleinstadtzeitung, die im Verbund mit größeren zusammen arbeitete, na ja, und ich sagte, das kann ich ja erst mal machen. Die Arbeit machte mir dann wirklich viel Spaß. Begeistert schrieb ich über Kaninchenzüchtervereine, Stadtverordnetenversammlungen oder Schützenfeste.

Nach einiger Zeit kam die Möglichkeit, zur Münchener Journalistenschule zu gehen. Mein Verleger hatte mir zugeraten: »Bewerben Sie sich. Protektion hilft nichts, Das müssen Sie schon selber machen. Aber wenn Sie angenommen werden, dann kriegen Sie noch zwei Monate vom Volontariat erlassen.« Also bewarb ich mich bei der Münchner Journalistenschule. Es war damals die anerkannteste Ausbildung, die man machen konnte. Glücklicherweise klappte es, und so bin ich dann da gelandet. Da ich schon Jungredakteurin mit abgeschlossenem Volontariat war, und Zeitungen kannte, wollte ich lieber den Rundfunk oder das Fernsehen kennen lernen. So kam ich zum ZDF, zur Drehscheibe. Und dann bin ich bei der Tagesschau gelandet.

Eva Herman: Klingt nach einer sehr spannenden Zeit.

Ulrike Wolf: Es war eine prickelnde, spannende Zeit. Das Aktuelle, die Informationen, die Bilder liefen rauf und runter. Morgens weiß man nicht, was der Tag bringt. Das immer Neue hat mich eigentlich von da an nie wieder losgelassen. Leider war aber keine richtige Stelle frei, mir wurde ein Assistentenjob angeboten. Aber ich hatte schon mitgekriegt: Achtung, als Assistent bleibt man Assistent!

Und dann bin ich zur Zeitschrift »Constanze« gegangen, da war eine Stelle frei. Das war dann schrecklich langweilig.

Eva Herman: Das war ein ziemlicher Bruch …

Ulrike Wolf: Allerdings. Ich hatte viel Zeit, meine Artikel zu schreiben, die dann redigiert zurückkamen. Ich war jedes Mal erstaunt, wie die sich verändert hatten und als sie dann im Blatt waren, sahen sie nochmal anders aus. Also, das war zwar eine interessante Erfahrung, aber aufregend fand ich es nicht. Und drei Monate später hat dann die Tagesschau gesagt: Jetzt hätten wir 'ne Stelle! So bin ich dann da eingestiegen.

Eva Herman: Gab es in dieser Zeit Menschen, die Sie geprägt haben?

Ulrike Wolf: Geprägt, kann ich nicht sagen. Ich fand in meiner Jungredakteurszeit »Sybille« gut, Kolumnistin beim Stern und Herausgeberin der Münchner Abendzeitung. Ich hatte sie in der Journalistenschule mal kennen gelernt. Eine tolle Frau. Und Gerda Bödefeld fand ich auch immer gut. Sie machte wunderschöne Reisegeschichten für die »Brigitte«, fuhr überall in der Welt herum. Die beiden waren, wenn man so will, weibliche Vorbilder.

Eva Herman: Wie stand es mit Mentoren?

Ulrike Wolf: Ich wurde von Anfang an von männlichen Kollegen unterstützt. Schon in der ersten Tagesschauzeit war jemand da, der sich um Volontäre und Hospitanten gekümmert hat. Er ließ mich kleine Filmchen texten. Damals kamen die ja noch als Filmrollen am Flughafen an. Er hat mich texten lassen und natürlich auch bemerkt, dass mir das Spaß machte und ich mich auch nicht ganz blöd anstellte. Später, als ich schwanger war, holte er mich in seine Sonderredaktion. Es ging um die erste Mondlandung. Ich wäre nie auf die Idee gekommen, von mir aus zu sagen, ich möchte in diese Sonderredaktion. Ich? Keine Ahnung von Technik! Aber er sagte, gerade jemand wie ich, der völlig anders an die Sache herangehen wird, wäre hier richtig. So hat sich meine berufliche Entwicklung schrittweise ergeben. Immer ein Schritt nach dem anderen, weil irgend jemand mich gesehen oder beobachtet oder mitgekriegt hatte, wie ich arbeite. Und es waren Chefredakteure, die sagten: »Die Tagesthemen werden neu besetzt. Wie wäre es mit Ihnen?« – »Um Gottes willen, das ist ja ein Riesending, da muss ich erst mal nachdenken.« Die hatten alles längst beredet. Für die Chefredaktion war die Sache längst klar. Im dritten Programm hatten sie gesehen, dass ich aktuelle, journalistische Sendungen moderierte. Und ich überlegte, na ja, mit vierzig kannst ja wirklich noch was anderes versuchen, und so nahm das Schicksal seinen Lauf. Man kann vorher nicht wissen, ob man dazu in der Lage ist. Ich wäre jedoch nie auf die Idee gekommen, mich selber zu bewerben, nach dem Motto: »Würde ich gerne machen …«

Eva Herman: Haben Sie Geschwister, gab es Wettkämpfe?

Ulrike Wolf: Nee. Bei meinem Bruder war völlig klar, dass er in das Geschäft meines Vaters einsteigen sollte und auch wollte. Meine Eltern hatten sich aus ganz kleinen Verhältnissen einen Spielwarengroßhandel aufgebaut. Ich bin in Bautzen geboren, und 1945 ist meine Mutter mit mir im Kinderwagen vor den Russen nach Westfalen geflohen. Es war also klar, dass mein Bruder ins Geschäft sollte, und er wurde auch gezielt darauf vorbereitet. Er ist immer liebend gern mit meinem Vater mitgefahren, und insofern gab es überhaupt keine familiären Vorgaben oder Konkurrenzgeschichten. Wie gesagt, mein Vater hätte es gern gehabt, dass ich etwas ›Sicheres‹ lerne, Lehrerin oder so. Meine Mutter wiederum sagte: »Um Gottes Willen, da wirst du ne alte Jungfer. Mach das bloß nicht!«

Eva Herman: Gab es in der Schule Menschen, die Sie beeinflussten? Lehrer, Freunde, die Sie länger begleiteten?

Ulrike Wolf: Wir hatten das Glück, im Mädchengymnasium in einer sehr kleinen Klasse zu sein. 12 bis 15 Mädchen, und wir hatten einen unglaublich tollen Klassenverband, mit einer kleinen Clique von Freundinnen, zu denen ich bis heute Kontakte habe. Wir haben uns gegenseitig viel gegeben. Die eine bremste mich gelegentlich, wenn ich zu frech wurde, und im Gegenzug stupste ich sie immer mal ein bisschen, denn ich wusste genau, dass sie von allem Ahnung hatte. Lehrer haben mich eher wenig geprägt. Wir hatten zu einer bestimmten Zeit eine sehr spannende Phase, weil man anfing, während unserer Schulzeit die NS-Zeit aufzuarbeiten. Da war vorher großes Schweigen, und dann ging es plötzlich in der Schule los. Man kam nach Hause und hörte die Ansichten der Eltern, und in der Schule hörte man wiederum eine andere Seite. Das war eine intensive Zeit, in der wir sehr kontrovers diskutierten. Die Lehrer nahmen sich damals viel Zeit, mit uns zu sprechen, auch sie gerieten zuweilen unter heftige Kritik nach dem Motto: »Wie konnten Sie denn damals, und Sie waren doch dabei, und heute laufen Sie hier mit Goethe und der Bibel unterm Arm rum.« Ich glaube, dass meine Schulzeit ein großes Glück war.

Eva Herman: Würden Sie Ihre physische und psychische Belastbarkeit als durchschnittlich oder als überdurchschnittlich gut bezeichnen?

Ulrike Wolf: Ich glaube, ich bin ziemlich belastbar. Ich bin auch nicht konfliktscheu, aber ich suche die Probleme nicht um jeden Preis. Um Himmels willen nicht. Mir gehen die Dinge manchmal mehr unter die Haut, als man es mir anmerkt. Ich habe sehr schwierige Zeiten durchlebt, vor allem, wenn sich Konflikte, aus welchen Gründen auch immer, vielleicht sogar durch Intrigen, sofort in der Öffentlichkeit abspielten. Man schlägt morgens die Zeitung auf und liest wieder eine Geschichte über sich und weiß selbst genau, es stimmt nicht. Irgendwann kommt man nicht mehr dagegen an. Trotzdem musste ich jeden Morgen erscheinen, meinen

Job tun, in Konferenzen gehen. Und da saß die »Meute« vor mir, und ich spürte das Ziel: Na, wie können wir sie jetzt kriegen? So etwas schüttele ich nicht einfach weg. Verarbeiten kann ich das nur allein, oder ich rede mit einigen wenigen Menschen. Oder ich werde auch schon mal laut. Das passiert auch.

Eva Herman: Wer ist für Sie prägender gewesen, Ihre Mutter oder Ihr Vater?

Ulrike Wolf: Ich glaube, mein Vater.

Eva Herman: Hatten Sie ein enges Verhältnis zu ihm?

Ulrike Wolf: Ich hatte zu meinem Vater über lange Zeit innerlich eine stärkere Verbindung als zu meiner Mutter, obgleich meine Mutter die dominierende Person in unserer Familie war. Wenn sie etwas wollte, dann hat mein Vater irgendwann nachgegeben. Mit meinem Vater konnte ich stundenlang diskutieren, während meine Mutter schon längst ins Bett gegangen war. Leider ist er sehr früh gestorben. Danach wurde die Beziehung zu meiner Mutter wesentlich besser. Ich sah, wie sie es verstand, ihr Leben allein zu meistern, nicht zu jammern, Optimismus und Lebensfreude auszustrahlen. Ich bekam großen Respekt und denke in Anerkennung an sie zurück.

Eva Herman: Warum war das Verhältnis zu Ihrer Mutter nicht so gut?

Ulrike Wolf: Es war ja nicht schlecht, aber ich hatte einfach eine andere Beziehung zu meinem Vater als zu meiner Mutter.

Eva Herman: War sie berufstätig?

Ulrike Wolf: Ja, meine Mutter arbeitete in unserem Geschäft mit und war sehr tüchtig. Ohne sie wäre es, genau genommen, wahrscheinlich gar nicht gegangen. Wenn mein Vater mal down war, dann hat sie ihn wieder aufgepeppt und uns alle mit.

Eva Herman: Wirkte die Stärke Ihrer Mutter manchmal erdrückend auf Sie?

Ulrike Wolf: Nein, ich fühlte mich nicht erdrückt. Ich fühlte mich nur manchmal bestraft, weil mein Bruder, der ja so viel fürs Geschäft machte, eine andere Rolle spielte.

Ich musste abends meistens das Abendbrot machen, durfte Schuhe putzen und solche Dinge tun. Und das hat mich ziemlich geärgert, weil ich mir sagte: »Der kann auch mal die Schuhe putzen« Aber er machte ja für das Geschäft so viel! Dass einer die Hausarbeit verrichten musste, war ja klar, meine Mutter konnte nicht aus dem Geschäft weg. Richtig geärgert habe ich mich dann, wenn alle nicht pünktlich kamen und ich weg wollte.

Eva Herman: Ist das öfter passiert?

Ulrike Wolf: Ja, das kam schon vor, aber irgendwann bin ich dann abgehauen nach der Devise: Ihr könnt mich mal. Also – wirklich geschadet hat mir das alles nicht! Meine Kindheit war schön.

Eva Herman: Waren Sie ein selbstbewusstes Kind, eine eigenständige Jugendliche?

Ulrike Wolf: Ich glaube, ich litt nicht unter Minderwertigkeitskomplexen.

Eva Herman: Es gibt viele Diskussionen über typisch weibliche Eigenschaften im Beruf. Wie sehen die Ihrer Meinung nach aus?

Ulrike Wolf: Frauen sind sehr viel direkter, auch konfliktfähiger. Männer weichen Konflikten eher aus oder versuchen, sie auf die lange Bank zu schieben, versuchen sie hintenrum oder halbherzig zu lösen. Oder auf eine ganz brutale Art.

Eva Herman: Und was machen Sie?

Ulrike Wolf: Ich neige eher dazu zu sagen: »Hier haben wir ein Problem«, und dann kommen diejenigen, die es angeht, zusammen und wir diskutieren darüber. Das kann auch hart zur Sache gehen. Ich hoffe auch gerecht. Und danach wird entschieden. Das muss nicht immer allen gefallen, aber es muss sein. Oder es gibt inhaltliche Auseinandersetzungen. Zum Beispiel bei der Abnahme von Filmbeiträgen. Da sitzt man stundenlang und diskutiert mit den Autoren. Dazu gesellt sich häufig der Justitiar, der natürlich keine journalistische Einschätzung gibt, aber pausenlos Dinge sagt wie: »Dies kann euch passieren, jenes könnte euch übel genommen werden.« Abnahmen für die Sendung Panorama waren meine Sache als Chefredakteurin. Es kam schon vor, dass mir anschließend gesagt wurde, ich hätte das eine oder andere Stück journalistisch verbessert. Immerhin! Irgendwann kam Luc Jochimsen als Feature-Chefin. Sie war nicht meine Wahl, sage ich ganz offen, ich wollte damals eine andere Kollegin, die schon für die Feature-Abteilung gearbeitet hatte. OK, es wurde Luc Jochimsen. Sie soll gesagt haben: »Ich leiste mir mit Frau Wolf keinen Konflikt, und schon gar keinen Frauenkonflikt, weil er natürlich sofort als Frauenkonflikt ausgelegt wird.« Alle Achtung! Ich muss sagen, das lief absolut professionell mit ihr. Und inhaltlich arbeitete sie einfach gut. Typisch Frau. Es wurden Feature-Konzepte angeboten, und sie wusste genau, wo etwas kribbelig war. Wir diskutierten darüber, und sie hielt mich auf dem Laufenden. Wir bemühten uns um journalistische Maßstäbe, auch bei kontroversen Entscheidungen. Diskussionen, wie ich sie bei Männern erlebt hatte, die dann hinter meinem Rücken intrigierten, gab es nicht. Auch in der aktuellen Redaktion waren wir witzigerweise nur Frauen, professionell und auch belastbar.

Es kam einmal ein Volontär vorbei, der fragte: »Nehmt ihr eigentlich nur Frauen?« So war es jedoch nicht, es war reiner Zufall. Wir sagten immer, alle reden drüber, wir machen es schon längst.

Eva Herman: Was bringt Sie beruflich aus der Fassung?

Ulrike Wolf: Wenn mir Entscheidungen aufgedrängt oder übermittelt werden, die ich nicht nachvollziehen kann, und wenn ich mich ungerecht behandelt fühle. Dann neige ich dazu, etwas ungehalten zu werden, was nicht immer ganz geschickt ist.

Eva Herman: Wir sprachen über weibliche Eigenschaften. Es gibt auch typisch männliche Arbeitsweisen. Welche davon fehlen Ihnen?

Ulrike Wolf: Nehmen wir den Begriff Macht: Was heißt das? Macht hat etwas zu tun mit Herrschen und Beherrschen, das liegt mir fern. Eine Arbeit, die ich übertragen bekommen habe, möchte ich ordentlich und gut machen, den Ehrgeiz habe ich schon. Mit Machtstreben jedoch würde ich das nicht gleichsetzen.

Eva Herman: Macht heißt aber auch, Entscheidungen selbständig treffen zu können.

Ulrike Wolf: Ich bin der Meinung, dass man heute noch viel weniger als früher Entscheidungen ganz selbständig treffen kann. Es gibt zwar permanent Dinge, die man verfügt, unwichtige und wichtigere, und damit werden Arbeitsabläufe und Strukturen eines ganzen Hauses beeinflusst. Doch in der Regel sind das keine einsamen Entscheidungen.

Eva Herman: Können Sie das näher ausführen?

Ulrike Wolf: Wenn es sich um eine ganz knifflige Geschichte handelt, die das ganze Haus betrifft, beraten wir uns in der Geschäftsleitung. Auch der Intendant kann nicht alles allein durchsetzen. Das muss von den Hierarchien des Hauses getragen werden. Aber selbst das genügt nicht. Die Entscheidung muss transparent gemacht, muss weiter transportiert werden. Die Chefs können zwar Beschlüsse fassen und sie per Dienstanweisung an die Tafel hängen, aber was nutzt es ihnen, wenn die Mitarbeiter im Haus den Kopf schütteln und sagen: »Was haben die denn beschlossen?« Menschen müssen informiert und gut motiviert werden, um ihren Job auch gut zu machen.

Eva Herman: Ich bin erstaunt über die Art und Weise der Beantwortung dieser Frage. Männer hätten sich wahrscheinlich viel kürzer gehalten: »Macht ist dafür gut, etwas allein zu entscheiden.« Ihre Einstellung, Macht zu einer Gemeinschaftsverantwortung zu erklären, könnte typisch weiblich sein, oder?

Ulrike Wolf: Nein, eher plausibel und nachvollziehbar.

Eva Herman: 14 % aller deutschen Frauen möchten nur halbtags arbeiten. Wie schätzen Sie das ein?

Ulrike Wolf: Das kann ich gut verstehen. Aber dann dürfen Sie hinterher nicht jammern, weil die Männer durchstarten und weitermarschieren, und man selbst stagniert. Ich kann diese alte Diskussion nicht mehr hören, warum es so wenige Frauen »da oben« gibt. Die Männer machen halt keine Familienpause, in der Regel jedenfalls, obwohl sich das allmählich etwas ändert.

Eva Herman: Wie alt waren Sie, als Sie Ihr erstes Kind bekamen?

Ulrike Wolf: 26, ein Junge. Er ist jetzt dreißig. Ich entschied mich für einen kompletten Ausstieg aus der Festanstellung, also aus der Tagesschau. Ich gründete ein Anzeigenblatt und arbeitete von zu Hause aus. Als dann meine Tochter kam, engagierte ich mich bereits ehrenamtlich in der Kommunalpolitik. Schließlich kam das dritte Kind. Und ausgerechnet in dieser Zeit hatten wir eine wirtschaftlich schwierige Situation. Ich brauchte dringend einen festen Job. Nach sieben

Jahren schoss es mir durch den Kopf, wieder einmal in der Tagesschau anzurufen. Ich tat es und die Antwort war, am nächsten Tag sofort vorbei zu kommen. Man bot mir einen befristeten Vertrag an. Und so hab ich von heute auf morgen praktisch wieder angefangen zu arbeiten. Aber auch ziemlich weit hinten, in der damals niedrigsten Redakteursgruppe.

Eva Herman: Das heißt, sieben Jahre fehlten Ihnen.

Ulrike Wolf: Sieben Jahre fehlten, ja. Also jedenfalls in diesem Genre. Aber ich füge noch einmal hinzu: Wenn ich diesen Druck damals, diese besondere familiäre Situation nicht gehabt hätte, hätte ich mir sehr wohl vorstellen können, auch nur halbtags wieder einzusteigen oder sonst was zu machen, denn mit drei Kindern muss ich nicht unbedingt sagen: »So, nun will ich wieder voll einsteigen.«

Eva Herman: Ist das nicht sehr schwierig für Sie gewesen?

Ulrike Wolf: Ich war froh und glücklich, dass ich diese Möglichkeit bekommen hatte. Aber am Anfang war es schon auch Stress. Der Job ist sehr hektisch, wie Sie wissen, und ich hatte so viele Jahre nicht im aktuellen Tagesgeschäft gearbeitet. Am Schlimmsten war der Zeitdruck, die Sendung im Nacken, »Du musst dann und dann fertig sein«. Technisch hatte sich vieles verändert. Ich erinnere mich noch genau an diesen Gang zu den MAZ-Räumen (Magnetaufzeichnungs-Räumen). Diesen langen Schlauch gibt's gar nicht mehr. Ich hatte Albträume. Ich dachte, wenn du hier hinfällst und niemand vorbei kommt, dann Gute Nacht. Dieser Druck hat mich am Anfang ziemlich fertig gemacht.

Eva Herman: War der Druck andererseits groß, den Jüngsten, der ein halbes Jahr alt war, allein zu lassen?

Ulrike Wolf: Ich hatte zum Glück eine Dame gefunden, die sich auf meine Anzeige beworben hatte. Sie war vom ersten Tag an bei den Kindern. Ohne sie hätte ich keine Chance gehabt. Davor waren immer mal Kinderpflege-Praktikantinnen bei uns im Haus, sodass ich zwischendurch einige Dinge erledigen konnte. Oder ich konnte wenigstens einmal die Tür zumachen und etwas arbeiten. Aber ich hätte niemals mit der Regelmäßigkeit arbeiten gehen können ohne diese wertvolle, zuverlässige Frau. Sie hat das alles fabelhaft gemeistert, und wir sind ihr heute noch dankbar. Wir alle haben noch Kontakt zu ihr.

Eva Herman: Trafen Sie die Entscheidung, mehrere Kinder zu bekommen, bewusst?

Ulrike Wolf: Ich hatte mir das gar nicht so konkret überlegt. Früher war ich mir eigentlich sicher, dass ich nie Kinder kriegen wollte. Und dann wollte ich es plötzlich doch. Gott sei Dank!

Eva Herman: Als Sie wieder arbeiteten und drei Kinder zu Hause hatten, wie gut war das alles mit der Partnerschaft vereinbar?

Ulrike Wolf: Mein Mann hat mich sehr unterstützt. Er hat am Abend oder am Wochenende mit den Kindern was gemacht, wenn ich bei der Tagesschau war. Dass das vielleicht dann doch auch auf Kosten des Privatlebens ging, will ich nicht ausschließen, aber das ist bei andern Jobs auch so.

Eva Herman: Gab es am Arbeitsplatz für Sie Probleme wegen der Kinder? Mangelndes Verständnis?

Ulrike Wolf: Überhaupt nicht. Ich hatte meinem Chefredakteur Peter Schiwy gesagt: »Herr Schiwy, wenn mit meinen Kindern was ist, müssen Sie damit rechnen, dass ich weg bin. Ich habe drei Kinder, und wenn da bei mir zu Hause was ist, was kribbelig ist, oder wo ich als Mutter gefordert bin, bin ich weg.« Das hab ich ihm von Anfang an gesagt. Und er:

»Das ist in Ordnung.« Ich hab's dann, glaube ich, kaum in Anspruch genommen. Aber ich hatte es geklärt.

Eva Herman: Es funktionierte gut zu Hause?

Ulrike Wolf: Es war organisiert. Die Kinder sind auch manchmal mitgekommen. Sie haben Anteil genommen an meinem Beruf, das fanden sie auch ganz spannend, sie konnten auch mal im Studio rumlaufen. Nach dem Wochenspiegel haben wir dann in dem Fernseh-Casino gegessen. Also, ich hoffe, sie machen mir nicht irgendwann doch noch Vorwürfe. Bisher jedenfalls nicht. Die trauen sich schon zu sagen, was sie meinen. Ich glaube, sie haben das akzeptiert, was ich da gemacht habe.

Eva Herman: Gab es schon mal die Beschwerde: »Du warst selten da!?«

Ulrike Wolf: Eigentlich nicht. Meine Tochter hat mal gesagt: »Immer wenn ich dich brauchte, warst du da.« Ich muss sagen, ich konnte es mit dem Tagesschaudienst ganz gut vereinbaren. Der Schichtdienst war für meine Planung ideal. Manchmal wäre ich gern etwas eher nach Hause gekommen, um abends noch die Kinder zu erleben. Das ging aber vor allem kaum noch in der Leitungsfunktion, in der ersten NDR-Aktuell-Redaktion. Da saß man abends auch noch, oder es kam ein Anruf »Kläre mal das!« oder »Ihr müsst jemanden losschicken.« Oder meine schlimmste Geschichte, ein Barkassenunglück. Da war ich schon im Mantel. Es war kurz vor acht, da rief die Tagesschau an: »Da soll irgendwo in der Elbe eine Barkasse verunglückt sein. Recherchiert doch mal!« Ja, damit war die Nacht natürlich gelaufen. Mein Sohn war alleine zu Haus, was weniger ihn als mich beunruhigte. Und da hab ich ihn einfach mitgenommen.

Eva Herman: Sind Sie der Meinung, dass Kinder grundsätzlich einen Anspruch auf die Anwesenheit der Mutter haben?

Ulrike Wolf: Also, wenn man Kinder fragen würde, möchten sie am liebsten heile Welt haben. Vater, Mutter, beide so viel wie möglich zu Hause, umeinander herum glucken, immer auf die Kinder eingehen, das ist ein ganz idyllisches Gemälde. Hat ja auch was! Ob Kinder, Eltern oder Familien so viel glücklicher wären, weiß ich nicht. Wichtig ist, glaube ich, dass die Familie nicht zu kurz kommt und Kinder merken, man ist für sie da. Das ist nicht immer leicht.

Eva Herman: Waren Sie hin und wieder am Rande Ihrer Kräfte?

Ulrike Wolf: Das kann ich eigentlich nicht sagen. Ich bin allerdings einmal sehr krank gewesen. Mich hat in reifen Jahren das Pfeiffersche Drüsenfieber erwischt und das hatte ich verschleppt. Das hat mich insgesamt drei Monate gekostet, vom Krankenhaus bis zum Rollstuhl. Als Erwachsener bekommt man Lähmungserscheinungen, und die Ärzte sind relativ machtlos. Danach hab ich mir gesagt, das war ein richtiger Schuss vor den Bug, jetzt lässt du es mal ein bisschen langsamer angehen.

Eva Herman: Wie alt waren Sie?

Ulrike Wolf: Ich muss so um die vierzig gewesen sein, es war kurz vor den Tagesthemen.

Als ich zurück kam, standen sie an, die Tagesthemen. Und dann kam Hajo Friedrichs, und wir machten uns zum ersten Mal bekannt. Er rauchte und sagte bewundernd »Sie rauchen ja gar nicht!« Ich sagte: »Ich war im Krankenhaus längere Zeit, da habe ich es mir abgewöhnt.« Dabei ist es dann leider aber nicht geblieben.

Eva Herman: Sie haben 1985 mit den Tagesthemen angefangen, da waren Sie noch verheiratet. War es ein Problem für Ihren Mann, dass Sie dann jemand wurden, den man auf der Straße erkennt?

Ulrike Wolf: Nee, er fand das ganz toll. Er hat meine Arbeit eigentlich immer unterstützt.

Eva Herman: Später, als Sie auseinander waren, gab es Probleme mit Männern, wenn Sie öffentliche Veranstaltungen besucht haben und man erkannte Sie? Ist das für den Partner erträglich?

Ulrike Wolf: Dazu gehört schon ein Partner, der damit umgehen kann, der nicht irgendwo in der Ecke steht, oder Neid entwickelt oder Minderwertigkeitsgefühle, ein Partner, der souverän ist, das akzeptiert und schön findet und deshalb nicht seine Persönlichkeit beschädigt sieht. Aber ich glaube, dass das für Männer ein Problem sein kann. Schon extrem schwierig, wenn jemand so herausgehoben im Rampenlicht steht, dass ihn nun wirklich jeder Zweite erkennt oder auf einen zustürzt. Das hat ja manchmal auch was mit Rummel zu tun, und das kann für den Partner schwierig sein.

Eva Herman: Haben Sie sich schon mal in einer Partnerschaft verändern müssen? Dass Sie zu Hause jemand anderer sein mussten als im Job?

Ulrike Wolf: Es kann schon sein, dass ich mir nach draußen eine andere Schale zulege. Weil ich mit bestimmten Dingen nicht konfrontiert oder auch nicht verletzt werden will. Aber eine andere Rolle zu Hause – nein, das kann ich mir nicht vorstellen.

Eva Herman: Glauben Sie, dass Ihr Wesen sich durch diesen Beruf verändert hat?

Ulrike Wolf: Ich weiß jetzt nicht, ob das so berufsspezifisch ist. Man wird einerseits selbstbewusster, das ist klar. Das bringt schon die Zeit mit sich. Es macht einem keiner mehr so schnell was vor, man sagt sich eher mal, du kannst mich mal, oder muss ich nicht. In manchen Dingen wird man aber auch nachdenklicher, vorsichtiger, auch was Menschen betrifft.

Eva Herman: Mit dem Vertrauen?

Ulrike Wolf: Urteile über Menschen zu fällen, das geht ja manchmal ganz schnell. Das ist mir hin und wieder früher mal so gegangen, dass ich so dachte, »Na, das kannst du jetzt wohl abhaken«, oder »Den oder die schätzt du so und so ein«, und dann merkt man doch, dass man gelegentlich schief gelegen hat oder auch ungerecht gewesen ist. Da bin ich vorsichtiger, vielleicht auch nachsichtiger geworden.

Eva Herman: Das heißt nicht, dass man in diesem Beruf als Frau verhärten muss?

Ulrike Wolf: Nein, das heißt es nicht. Jedenfalls nicht härter als in einem anderen Beruf, wo man ja auch Hierarchien hat, Entscheidungen, Vorgesetzte. Ich glaube, dass man es als Frau gelegentlich sogar leichter hat, wenn man nicht so knallhart ist.

Eva Herman: Was ist aus Ihrer Sicht der Sinn des Lebens?

Ulrike Wolf: Schwere Frage, hm … Der Sinn des Lebens aus meiner Sicht ist, mit sich im Reinen zu sein, mit seiner Familie, mit Menschen, die einem nahe stehen. Da kann ich keinen Knatsch gebrauchen. Dann Dinge zu treiben, die Spaß machen, was auch den Beruf betrifft. Ich könnte keinen Beruf machen oder gemacht haben, der mir keinen Spaß macht. Und der macht mir Spaß bis heute. Das strahlt natürlich auch ab auf das, was man außerhalb des Berufs macht. Glaubwürdig zu sein, glücklich zu sein, dann kommt wieder die Frage »Was ist Glück?« Das ist, glaube ich, kein Dauerzustand, sondern das sind die Momente, wo man sich sagt: »Das ist jetzt Glück!« Das ist schon viel, wenn man Momente hat, die man gerne festhalten möchte.

Eva Herman: Wie wichtig ist Ihren Freunden Ihre Position?

Ulrike Wolf: Also, für meinen engen Freundeskreis, hoffe ich, spielt das keine Rolle, aber ich mache mir keine Illusionen, dass bei erweiterten Kreisen diese Position ganz sicher mitspielt.

Eva Herman: Ist das manchmal schwierig?

Ulrike Wolf: Ich hoffe nicht, dass es einmal schwierig werden könnte. Im Moment natürlich nicht, da bin ich ganz realistisch.

Eva Herman: Es gehört zum Spiel dazu?

Ulrike Wolf: Gehört zum Spiel, will ich nicht gerade sagen, gehört zum Leben dazu. Es könnte eines Tages mal schwierig werden, wenn man nicht darauf vorbereitet ist.

Eva Herman: Was könnte dann passieren?

Ulrike Wolf: Ganz praktisch verschwindet man mehr und mehr von den Einladungslisten, der Bekanntenkreis wird wahrscheinlich kleiner. Darauf muss man sich schon einstellen.

Eva Herman: Welche Vorteile genießen Sie durch die Prominenz?

Ulrike Wolf: Ich lerne zum Beispiel interessante Menschen kennen, denen ich sonst nie begegnet wäre. Ich lerne vieles kennen, wozu ich sonst nicht eingeladen würde oder wo ich nicht hinfahren könnte. Das ist schon ein Privileg, dass man Dinge erleben kann, die man normalerweise nicht so aus der Nähe miterlebt.

Eva Herman: Sie sind eine attraktive Frau. Wie wichtig war das, als Sie anfingen? Wie wichtig ist Attraktivität?

Ulrike Wolf: Ganz drastisch gesagt: Mit einem Buckel und humpeln wäre es schon schwieriger! Männer fanden das eigentlich ganz angenehm, dass da mal hin und wieder eine Frau in der Runde saß. Der Ton wird gelegentlich anders, oder sie versuchen es so ein bisschen auf die amüsant-charmante Art. Das muss man nicht sonderlich ausspielen, aber

warum denn nicht? Das Leben muss ja nicht immer bier-
ernst sein. Also, ich glaub, wenn man das richtig ausspielt,
ausspielen würde … Bei einigen funktioniert dann was, aber
meist ist das nicht sehr langlebig.

Eva Herman: Obwohl Männer ja schon ziemlich blöd sein
können in diesem Punkt …

Ulrike Wolf: Ich weiß nicht, ich hab das nicht ausprobiert.
Das hält meist nie lange, entweder kracht dann diese Beziehung, oder andere kriegen es spitz, oder diejenige, die sie
dann protegiert haben, die bringt's nicht, und dann hilft das
alles nichts.

Eva Herman: Welche Bedeutung hat Aussehen, wenn man
älter wird?

Ulrike Wolf: Also natürlich finde ich das schön, wenn man
gut aussieht oder sich selber leiden kann.

Eva Herman: Würde für Sie ein Lifting infrage kommen?

Ulrike Wolf: Nein, überhaupt nicht. Ich muss nicht unnötig
an mir herumschnippeln lassen.

Eva Herman: Würden Sie manchen Männern ein Lifting vor-
schlagen, die im Fernsehen vor dem Schirm arbeiten?

Ulrike Wolf: Nee. Ich muss die nicht mögen, aber die müssen sich auch nicht liften lassen.

Eva Herman: Haben Sie Angst vor dem Alter, wenn dieses
berufliche Leben vorbei ist?

Ulrike Wolf: Ich hab keine Angst vor dem Alter, obwohl das
ja immer näher kommt. Ich habe Angst vor Krankheiten. Mit
alt muss man sich abfinden, das kommt zwangsläufig, aber
krank zu sein, flößt mir Furcht ein.

Eva Herman: Was bedeutet es für Sie, eine Frau zu sein, was
heißt es, weiblich zu sein?

Ulrike Wolf: Also, weiblich zu sein, heißt vielleicht am Ende
doch nachgiebiger zu sein, verständnisvoller, nicht mit dem

Kopf durch die Wand zu wollen, nachsichtiger, ja und damit vielleicht auch doch ein bisschen liebevoller.

Eva Herman: Wenn heute eine junge Frau auf der Suche ist nach ihrem beruflichen Weg, gleichzeitig aber auch Kinder haben möchte und eine Familie. Hätten Sie einen Rat für sie?

Ulrike Wolf: Ich würde ihr erst mal raten, eine fundierte Ausbildung zu machen. Das kann ihr nie genommen werden, und sie kann, ich habe das bei mir gesehen, auch nach einer Auszeit daran anknüpfen. Eine fundierte Ausbildung kann ein Studium sein, eine Lehre und es wäre gut, wenn sie dann noch Berufspraxis hätte. Familienplanung lässt sich organisieren. Mit dem Partner, mit Menschen oder Möglichkeiten, die hilfreich sein können. Also, ich würde schon versuchen, so ein Beinchen immer drin zu behalten, um irgendwann mal wieder Anschluss zu kriegen. Organisieren lässt sich das schon, aber man muss auch zu Kompromissen bereit sein. Die Entscheidung, was wichtiger ist, kann einem niemand abnehmen.

ULRIKE WOLF
Direktorin des MDR-Landesfunkhauses Sachsen.

Biographie:
1944 Geboren in Bautzen/Sachsen · 1964 Redaktionsvolontariat »Südländer Volksfreund«/»Lüdenscheider Nachrichten« · 1965 bis 1966 Deutsche Journalistenschule, München · 1967 Redakteurin bei der »Tagesschau« · 1977 Redaktion »ARD-Aktuell« · 1982 Leitung der NDR-Redaktion Aktuelles, Moderation im 3. Programm/Politik in Norddeutschland · 1985 Moderation der »Tagesthemen«/ARD-aktuell im wöchentlichen Wechsel mit Hanns-Joachim Friedrichs · 1987 Chefredakteurin NDR-Fernsehen »Politik + Zeitgeschehen« · 1991 Direktorin MDR Landesfunkhaus Sachsen

Preise und Auszeichnungen:
1986 Goldene Kamera

Ulrike Wolf hat drei erwachsene Kinder und lebt in Dresden.

Eva Herman

wurde 1958 in Emden geboren.

Nach einer Ausbildung im Hotelfach ging sie 1983 zum Bayerischen Rundfunk.

Dort absolvierte sie über mehrere Jahre eine journalistische Ausbildung in der aktuellen Redaktion des Bayerischen Fernsehens. Bei Dieter Traupe, dem Sprecherchef des BR, wurde sie innerhalb von fünf Jahren zur Sprecherin ausgebildet. Daneben moderierte sie aktuelle und tägliche Sendungen bei Bayern 3 und arbeitete als Sprecherin und Moderatorin im Bayerischen Fernsehen.

Sie erstellte Hörfunk- und TV-Beiträge.

1989 wechselte Eva Herman nach Hamburg zum Norddeutschen Rundfunk.

Seitdem arbeitet sie als Tagesschau-Sprecherin im festen Team. Zusätzlich war sie viele Jahre bei NDR2, dem populären Radio-Sender, als Moderatorin tätig. Sie führt durch zahlreiche Sendungen der ARD und der Regionalprogramme.

Durch die aktuelle N3- Abendsendung »DAS«, die sie fünf Jahre lang wochenweise moderierte, wurde sie in Norddeutschland bekannt.

Ebenfalls beim NDR bekam sie 1997 gemeinsam mit ihrer Kollegin Bettina Tietjen ihre eigene Talkshow »Herman &

Tietjen«. Diese Sendung läuft mit großem Erfolg im Abend-
programm von N3.
Im Frühjahr 2001 erschien ihr erster Roman »Dann kamst
du« im Hoffmann und Campe Verlag und wurde ein Best-
seller.
Eva Herman lebt in Hamburg und hat einen Sohn.